"意+"传统产业融合发展研究系列丛书 第一辑

彦 主编

"文化创意+"金融业融合发展

李勇辉 刘卫江 著

知识产权出版社
全国百佳图书出版单位

图书在版编目（CIP）数据

"文化创意+"金融业融合发展/李勇辉，刘卫江著. — 北京：知识产权出版社，2019.10
（"文化创意+"传统产业融合发展研究系列丛书/牛宏宝，耿秀彦主编. 第一辑）
ISBN 978-7-5130-6432-3

Ⅰ. ①文… Ⅱ. ①李… ②刘… Ⅲ. ①金融业—产业发展—研究—中国 Ⅳ. ① F832

中国版本图书馆 CIP 数据核字（2019）第 188866 号

内容提要

发展文化创意产业不仅能够促进产品和服务创新，更能催生新业态，培育新动能。本书以"文化创意+金融"融合、促进文化产业发展为视角，有针对性地阐释了文化创意与金融融合的本质、必要性，揭示了我国文化创意与金融融合的特征和新的业态发展趋势，对文化创意与金融融合的路径选择、融合机制、融合模式及政策保障支持进行了系统的探讨。

责任编辑：李石华　　　　　**责任印制：**刘译文

"文化创意+"传统产业融合发展研究系列丛书（第一辑）

牛宏宝　耿秀彦　主编

"文化创意+"金融业融合发展
"WENHUA CHUANGYI+" JINRONGYE RONGHE FAZHAN

李勇辉　刘卫江　著

出版发行：知识产权出版社 有限责任公司	网　址：http://www.ipph.cn
电　话：010-82004826	http://www.laichushu.com
社　址：北京市海淀区气象路50号院	邮　编：100081
责编电话：010-82000860转8072	责编邮箱：lishihua@cnipr.com
发行电话：010-82000860转8101	发行传真：010-82000893
印　刷：三河市国英印务有限公司	经　销：各大网上书店、新华书店及相关书店
开　本：720mm×1000mm　1/16	印　张：18.5
版　次：2019年10月第1版	印　次：2019年10月第1次印刷
字　数：320千字	定　价：68.00元

ISBN 978-7-5130-6432-3

出版权专有　侵权必究
如有印装质量问题，本社负责调换。

序言

未来的竞争，不仅仅是文化、科技和自主创新能力的竞争，更将是哲学意识和审美能力的竞争。文化创意产业作为"美学经济"，作为国家经济环节中的重要一环，其未来走势备受关注。

党的十八大提出"美丽中国"建设。党的十九大报告提出"推动新型工业化、信息化、城镇化、农业现代化同步发展""推动中华优秀传统文化创造性转化、创新性发展""不忘本来、吸收外来、面向未来、更好构筑中国精神、中国价值、中国力量，为人民提供精神指引"。毋庸置疑，未来，提高"国家内涵与颜值"，文化创意产业责无旁贷。

2014年1月22日，国务院总理李克强主持召开国务院常务会议部署推进文化创意和设计服务与相关产业融合发展。会议指出，文化创意和设计服务具有高知识性、高增值性和低消耗、低污染等特征。依靠创新，推进文化创意和设计服务等新型、高端服务业发展，促进与相关产业深度融合，是调整经济结构的重要内容，有利于改善产品和服务品质、满足群众多样化需求，也可以催生新业态、带动就业、推动产业转型升级。之后，"跨界""融合"就成了我国国民经济发展，推动传统产业转型升级的热词。但是，如何使文化更好地发挥引擎作用？文化如何才能够跨领域、跨行业地同生产、生活、生态有机衔接？如何才能引领第一产业、第二产业、第三产业转型升级？这些都成了我国经济结构调整关键期的重要且迫在眉睫的研究课题。

开展"'文化创意+'传统产业融合发展研究",首先要以大文化观、大产业观梳理出我国十几年来文化创意产业发展中存在的问题,再以问题为导向,找到问题的症结,给出解决问题的思路和办法。

我国发展文化创意产业至今已有十几个年头,十几年来,文化创意产业的发展虽然取得了非常显著的成就,但也存在一些发展中的困难和前进中的问题,制约了文化创意产业的更大、更好发展。习近平总书记的"美丽中国""文化自信""核心价值观"以及"培育新型文化业态和文化消费模式"的提出,无不体现党和国家对文化、文化产业以及文化创意产业的高度重视。2017年8月,北京市提出"把北京打造成全国文化创意产业引领区,打造成全国公共文化服务体系示范区"的发展思路,建设全国文化中心。这可以说再一次隆重地拉开了文化创意产业大发展的序幕,同时也为全国的城市发展和产业转型升级释放出发展的信号,指明了一个清晰的发展方向——建设文化引领下的城市与发展文化引领下的产业。

现在,到了认真回顾发展历程与展望未来的一个重要时间节点。当前,我们应该沉下心来,冷静思考,回顾过去、展望未来。回顾过去是为了总结经验,发现不足,梳理思路,少走弯路,找出问题的症结;展望未来会使我们更有信心。回顾过去的十几年,大致可分为五个阶段。

第一阶段:798阶段。自2002年2月,美国人罗伯特租下了798的120平方米的回民食堂,改造成前店后公司的模样。罗伯特是做中国艺术网站的,一些经常与他交往的人也先后看中了这里宽敞的空间和低廉的租金,纷纷租下一些厂房作为工作室或展示空间,798艺术家群体的"雪球"就这样滚了起来。由于部分厂房属于典型的现代主义包豪斯风格,整个厂区规划有序,建筑风格独特,吸引了许多艺术家前来工作、定居,慢慢形成了今天的798艺术区。2007年,随着党的十七大"文化大发展、大繁荣"战略目标的提出,全国各地的文化创意产业项目开始跃跃欲试,纷纷上马。

在这个阶段,人们一旦提起文化创意产业就会想起798艺术区;提起什么才是好的文化创意产业项目,人们也会认为798艺术区是个很好的范例。于是,全国各地负责文化产业的党政干部、企事业相关人员纷纷组成考察团到798艺术区参观、学习、考察,一一效仿,纷纷利用闲置的厂区、空置的车间、仓库引进艺术家,开始发展各自的文化创意产业。然而,几年下来,很多省市的"类798艺术区"不但产业发展效果不明显,有的甚至连艺术家也没有了。总之,大同小异,存活下来的很少。总体来说，这个阶段的优点是工业遗存得到了保护；缺点是盈利模式单一，产业发展效果不尽人意。

第二阶段：动漫游戏阶段。这个阶段涵盖时间最长，基本上可以涵盖2005—2013年，覆盖面最广，范围最大，造成一些负面影响。在这个阶段，文化创意产业领域又出现了一种普遍现象，人们一旦提起文化创意产业就一定会提到动漫游戏；一旦问到如何才能很好地发展文化创意产业，大多数人都认为打造文化创意产业项目就是打造动漫产业项目。于是，全国各省市纷纷举办"国际动漫节"，争先恐后建设动漫产业园，好像谁不建动漫产业园谁就不懂得发展文化创意产业，谁不建动漫产业园谁就跟不上时代的步伐。建设动漫产业园之势可谓是浩浩荡荡、势不可当。浙江建，江苏也建；河北建，河南也建；广东建，广西也建；山东建，山西也建。一时间，全国各省市恨不得都做同样的事，也就是人们都在做同样的生意，因此形成了严重的同质化竞争。几年下来，全国建了一批又一批动漫产业园，大多数动漫产业园基本上又是一个模式、大同小异：很多房地产开发商纷纷打着文化的牌子，利用国家政策，借助政策的支持，跑马圈地。其结果是不但动漫产业没发展起来，甚至是连个像样的产品都没有，结果导致很多动漫产业园又成了一个个空城。归纳一下，这个阶段的优点是游戏得到了很好的发展，尤其是网络游戏；缺点是动漫产业发展不尽人意，动漫产业园更是现状惨淡，可谓是一塌糊涂。

第三阶段：文艺演出、影视阶段。随着文化创意产业发展的不断深入，我国文化创意产业又开始进入文艺演出热阶段，在这个阶段一旦提起文化创意产业，人们又开始认为是文艺演出、文艺节目下乡、文艺演出出国、文艺演出走出去等，可谓是你方唱罢我登场，热闹非凡。在这个阶段，人们都又开始把目光投到文艺演出上，具体表现在传统旅游景点都要搞一台大型的文艺演出、各省市借助传统民俗节庆名义大搞文艺演出活动，甚至不惜花费巨资。2010年1月，随着《国务院办公厅关于促进电影产业繁荣发展的指导意见》的出台，我国又开始掀起电影电视产业发展新高潮。有一项调查表明：2009年、2010年、2011年连续三年每年都拍1000多部影视剧，但是其中20%盈利、30%持平、50%赔钱，这还不包括那些没有被批准上映的影视剧。在全国各省市轰轰烈烈开拍各种各样题材的影视片的同时，一些对国家政策较为敏感的企业，尤其是房地产企业，也把目标瞄向了影视产业，开始建立影视产业园，于是影视产业园如雨后春笋般地出现在全国各省市。其形式同动漫产业园基本类同，不外乎利用政策的支持，变相跑马圈地。这个阶段的优点是文艺演出、影视得到了相应的发展；缺点是大多数影视产业园名不副实。

第四阶段：无所适从阶段。2013年，经过前几个阶段后，可以说是直接把文化创意产业推入了一个尴尬的境地，其结果是导致文化创意产业直接进入第四个阶段。可以说，几乎是全国各地各级管理部门、各企事业单位，甚至是整个市场都进入了一个无所适从阶段。在这个阶段，人们认为什么都是文化创意产业，什么都得跟文化、创意挂钩，恨不得每个人都想从文化创意产业支持政策中分得一杯羹。总之，在这个阶段，政府犹豫了，不知道该引进什么项目了；企业犹豫了，不知道该向哪个方向投资了；更多的人想参与到文化创意产业中来，又不知道什么是文化、什么是创意、什么是文化创意产业，真可谓是全国上下无所适从。

第五阶段：跨界·融合阶段。2014年2月26日，《国务院关于推进文化创意和设计服务与相关产业融合发展的若干意见》的发布，真正把我国文化创意产业引向了一个正确的发展方向，真正把我国文化创意产业发展引入了一个正确发展轨道——跨界·融合的发展之路。如何跨界、如何融合？跨界就是指让文化通过创造性的想法，跨领域、跨行业与人们的生产、生活、生态有机衔接。融合就是让文化创意同第一产业、第二产业、第三产业有机、有序、有效融合发展。可以这么说，2014年是我国文化创意产业发展的一个新的里程碑，也是一个分水岭，对我国文化创意产业的良性发展产生了积极的促进作用。

回顾过去五个阶段，我们深深意识到，中国经济进入发展新阶段处在产业转型期，如何平稳转型落地、解决经济运行中的突出问题是改革的重点。现在，虽然经济从高速增长转为中高速增长，但是进入经济发展新常态，必须增加有效供给。文化产业、文化创意产业作为融合精神与物质、横跨实物与服务的新兴产业，推动供给侧结构性改革责无旁贷。

在经济新常态下，文化的产业化发展也进入了一个新常态，在产业发展新常态下，文化产业的发展也逐步趋于理性，文化、文化产业、文化创意产业的本质也逐渐清晰。随之而来的是文化产业的边界被逐渐打破，不再有局限，范围被逐渐升级和放大。因此，促使文化加快了跨领域、跨行业和第一产业、第二产业、第三产业有机、有序、有效融合发展的步伐。

在产业互联互通的背景下，文化创意产业并不局限于文化产业内部的跨界融合，而正在和农业、工业、科技、金融、数字内容产业、城乡规划、城市规划、建筑设计、国际贸易等传统行业跨界融合。文化资源的供应链、文化生产的价值链、文化服务的品牌链，推动了文化生产力的高速成长。

在产业大融合的背景下，文化创意产业以其强大的精神属性渐趋与其他产业融合，产业之间的跨界融合将能更好地满足人们日益增长的个性化需求。打通文化创意产业的上下游链条，提升企业市场化、产业化、集约化程度，是有效推动我国经济结构调整，产业结构转型升级的必然选择。

基于此，我们整合了来自政府部门、高等院校、科研机构、领军行业等的相关领导、学者、专家在内的百余人的研究团队，就"'文化创意+'传统产业融合发展"进行了为期三年的调查研究和论证，形成了一个较为完善的研究框架。调研期间，我们组成26个课题组，以问题为导向，有的放矢地针对国内外各大传统产业及相关行业进行实地调研，深入了解"文化创意+"在传统产业发展中的定位、作用、重点发展领域以及相关项目。在调研成果基础上，我们从"农业""电力工业""旅游业""金融业""健康业""广告业""会展业""服饰业""动漫游戏""生态环境产业""产城融合""国际贸易"等26个角度，全方位剖析"文化创意+"与传统产业融合发展的路径与模式，力图厘清"文化创意+"与传统产业融合发展的当下与未来，找到我国经济结构调整、传统产业转型升级的重要突破口。

同时，在每个子课题内容上，从案例解析、专家对话与行业报告等多个层面进行叙述，研究根植于"文化创意+"传统产业融合发展的实践过程，研究结果也将反作用于"文化创意+"传统产业融合发展的实践，从提出问题入手，全面分析问题，对趋势进行研判。研究成果将能够为文化建设、文化产业转型升级、传统产业可持续发展的实际提供借鉴，最终探索出"文化创意+"与传统产业融合发展的现实路径。

截至今日，已完成系列丛书的第一辑，共12分册，即《"文化创意+"农业融合发展》《"文化创意+"电力工业融合发展》《"文化创意+"旅游业融合发展》《"文化创意+"健康业融合发展》《"文化创意+"金融业融合发展》《"文化创意+"服饰业融合发展》《"文化创意+"动漫游戏融合发展》《"文化创意+"广告业融合发展》《"文化创意+"会展业融合发展》《"文化创意+"产城融合发展》《"文化创意+"生态环境产业融合发展》《"文化创意+"国际贸易融合发展》。其余的课题，将会陆续完成。

本套丛书紧紧围绕如何服务于党和国家工作大局，如何使文化产生更高生产力，如何使文化发挥引擎作用，引领第一产业、第二产业、第三产业转型升级展开，以问题为导向，本着去繁就简的原则，从文化创意产业的本质问题和 26 个相关行业融合发展两方面展开。

第一方面以大文化观、大产业观深刻剖析文化创意产业的本质。2016 年 3 月，此课题被列入"十三五"国家重点出版物出版规划项目后，我们随即组织专家学者，重新对文化创意产业的本质问题就以下几个核心方面进行了系统梳理。

1. 文化创意产业的相关概念与定义

文化是人类社会历史发展过程中所创造的物质财富及精神财富的总和。是国家的符号，是民族的灵魂，是国家和民族的哲学思想，是城市与产业发展的引擎，更是供给侧的源头。

创意是指原创之意、首创之意。是智慧，是能量，是文化发展的放大器，是文化产业发展的灵魂，是传统产业转型升级的强心剂，更是新时代生产、生活、生态文明发展的核心生产力。

产业是指行业集群。是国家的支柱，是命脉，是人们赖以生存的根本，更是文化发展、国家经济结构调整的关键所在。

文化创意产业是把文化转化为更高生产力的行业集群。是文化产业与第一产业、第二产业、第三产业的整体升级和放大，是新时代最高级别的产业形态。

2. 我国发展文化创意产业的意义

文化创意产业项目的规模和水平，体现了一个国家的核心竞争力，我国发展文化创意产业，对于调整优化我国产业结构，提高我国经济运行质量；传承我国优质文化，弘扬民族先进文化；丰富人民群众文化生活，提升人民群众文化品位，增强广大民众的历史使命感与社会责任感；培育新型文化业态和文化消费模式，引领一种全新而美好的品质生活方式；提升国家整体形象，提升我国在国际上的话语权，增强我国综合竞争力，促进传统产业的转型升级与可持续发展都具有重大战略意义。

3. 我国发展文化创意产业的目的

我国发展文化创意产业的目的是使原有的文化产业更具智慧，更具内涵，更具魅力，更具生命力，更具国际竞争力，更能顺应时代发展需要；能够使文化发挥引擎作用，激活传统产业，引领其转型升级。

我国发展文化创意产业，从宏观上讲，是赶超世界先进发达国家水平，提升国家整体形象；从微观上讲，是缓解我国产业转型升级压力，弥补城市精神缺失，解决大城市病的问题；从主观上讲，是丰富人民群众文化生活，提升人民群众文化品位，使人民群众充分享受文化红利，缩小城乡居民待遇差距；从客观上讲，是全国人民自愿地接受新时代发展需要的产城融合，配合文化体制、城乡统筹一体化的改革。

总之，我国发展文化创意产业的最终目的是，把文化转化为更高生产力；把我国丰富、优质而正确的文化内容通过创造性的想法融入产品、产业发展的审美之中，融入人们的生产、生活、生态的审美之中，然后按照市场经济的规律，把它传播、植入、渗透到世界各地。

4. 文化创意产业的经济属性、原则和规律

文化创意产业，说到底还是经济行为，既然是经济行为，就应该有经济属性，文化创意产业的经济属性是美学经济，因为文化创意产业的所有板块均涉及如何将丰富的文化内容创造性地融入其产品的审美之中。

美学经济是文化创意产业发展的规律和原则，也就是说原有产业由于美之文化的介入，会增加内涵、提升魅力并形成正确而强大的精神指引，以此促使产业链的无限延伸与裂变。文化创意产业所指的美是需要设计者、创作者等能够充分了解美的一般规律和原则，并遵循这个规律和原则。既然是规律就要遵循、既然是原则就不可违背，所以说文化创意产品必须是美的，不但表现形式美，更要内容美，也就是说一个好的文化创意产品必须是从内到外都是美的，因为美就是生产力。

5. 文化创意的产品特点、产业特征、产业特性

产品特点：原创性，具有丰富、优质、正确、正能量的文化内涵，有一定的艺术欣赏价值和精神体验价值，低成本、高附加值，可以产生衍生品且其衍生品可大量复制、大规模生产，有一条完整的产业链。

产业特征：以文化为本源，以科技为后盾，以艺术体验为诉求，以市场为导向，以产业发展为出发点，以产业可持续发展为落脚点，以创意成果为核心价值，以美学经济为发展原则。对资源占用少，对环境污染小，对经济贡献大。

产业特性：以文化为价值链的基础，进行产业链的延伸与扩展，文化通过创意与相关产业融合使其产业链无限延伸并形成生物性裂变，从而使文化创意产业形成几何式增长。

第二方面了解文化创意与传统产业融合发展的方向、方式和方法。关于这方面内容，在各个分册中有详细阐述。

总之，我国文化创意产业的兴起，标志着生活艺术化、艺术生活化，产业文化化、文化产业化，产业城市化、城市产业化，文化城市化、城市文化化时期的到来；意味着文史哲应用化时期的开始；预示着一种全新而美好的品质消费时代的降临。基于此，在这样一个全新的历史时期，文化创意产业应如何发展？文化创意应如何引领传统产业转型升级？文化创意产业重点项目应如何打造？又如何把它合理规划并形成可持续发展产业？是我国经济发展的迫切需要；是直接关系到能否实现我国经济结构调整、传统产业转型升级并跨越式发展的需要；是我们如何顺应时代潮流，由"文化大国"向"文化强国"迈进的重大战略的需要；是我们有效践行"道路自信、理论自信、制度自信、文化自信"的需要。

在我国经济结构调整、传统产业转型升级的关键时期，要发展我国文化创意产业，就必须加快推进文化创意与传统优质产业融合发展的国际化进程，在生产方式和商业模式上与国际接轨；必须做到理论先行，尽快了解文化创意产业的本质，确立适合自身发展的商业模式；必须尽快提高文化创意产业项目的原创能力、管理水平、产业规模和国际竞争力，在国内与国际两个市场互动中，逐步向产业链上游迈进；在产业布局上，与国际、国内其他文化创意产业项目避免同质竞争，依托我国深厚而多元的文化优势、强大而充满活力的内需市场加之党和国家的高度重视、大力支持以及社会各界的积极参与。可以预见，一定会涌现出越来越多的属于我国自身的、优秀的独立品牌；必将会形成对我国经济结构调整、传统产业转型升级的巨大推动效应；必将会成为国际、国内一流的战略性新兴产业集聚效应的成功典范；也必将成为国际关注的焦点。

本套丛书的出版，将是新时代理论研究的一项破冰之举，是实现文化大发展、经济大融合、产业大联动、成果大共享的文化复兴的创新与实践。当然，一项伟大的工程还需要一个伟大的开端，更需要有一群敢为天下先的有志之士。纵观中国历史上的文化与产业复兴，没有先秦诸子百家争鸣，就没有两汉农业文明的灿烂；没有魏晋思想自由解放，就没有唐明经济的繁荣；没有宋明理学深刻思辨，就没有康乾盛世的生机盎然。基于此，才有了我们敢于破冰的勇气。

由于本人才疏学浅，其中不乏存在这样或那样的问题，还望各位同人多提宝贵意见和建议；希望能够得到更多有志之士的关注与支持；更希望"'文化创意+'

传统产业融合发展研究"这项研究成果，能够成为我国经济结构调整、产业结构转型升级最为实际的理论支撑与决策依据，能够成为行业较为实用的指导手册，为实现我国经济增长方式转变找到突破口。

最后，我谨代表"十三五"国家重点出版物出版规划项目"'文化创意+'传统产业融合发展研究系列丛书"课题组全体成员、本套丛书的主编向支持这项工作的领导、同人以及丛书责任编辑的辛勤付出表示衷心感谢！由衷地感谢支持我们这项工作的每一位朋友。

是为序！

耿秀彦
2019年3月

前言

　　文化是凝结在物质之中又游离于物质之外的，能够被传承的，国家或民族的历史、地理、风土人情、传统习俗、生活方式、文学艺术、行为规范、思维方式、价值观念等，它是人类之间进行交流的、普遍认可的一种能够传承的意识形态。近年来，文化振兴与文化产业促进已经成为国家战略的重要组成部分。早在国家"十二五"规划建议中，就明确提出"推动文化产业成为国民经济支柱性产业"。在"十三五"规划建议中，又指出要"深化文化体制改革，实施重大文化工程，完善公共文化服务体系、文化产业体系、文化市场体系"。党的十八大在全面建成小康社会的目标中明确提出文化产业成为国民经济支柱性产业，文化产业的发展在我国经济社会发展全局中的地位日益凸显。"文化是一个国家、一个民族的灵魂。文化兴国运兴，文化强民族强。"习近平总书记在十九大报告中也指出，要坚定文化自信，推动社会主义文化繁荣昌盛。满足人民过上美好生活的新期待，必须提供丰富的精神食粮，文化产业正迎来新的历史发展机遇。

　　文化创意是以文化为元素、融合多元文化、整理相关学科、利用不同载体而构建的再造与创新的文化现象。文化创意产业是指依靠创意人的智慧、技能和天赋，借助于高科技对文化资源进行创造与提升，通过知识产权的开发和运用，产生出高附加值产品，具有创造财富和就业潜力的产业。发展文化创意产业不仅能够促进产品和服务创新，更能催生新业态，培育新动能。当前，文化创意产业在中国已经进入了高速发展的阶段，成为主导的市场力量。同时，文创产业也成为我国经济转型和发展的重要产业，它是传统经济增长模式的创新，为现代经济发展革新了观念。

在现代市场经济中，金融是核心，资本是血液。文化创意产业的发展壮大，离不开金融资本的介入和支持。特别是在科技创新引领文化创意产业的发展过程中，金融的支持必不可少。文化是软实力，金融是推动力，促进金融资本与文化产业的融合，实现文化产业与金融的有效对接，对于培育新的经济增长点，把文化产业培育成为国民经济发展的支柱性产业，促进我国实现文化大发展、大繁荣等都有着无可比拟的作用。当前，国家文化发展在综合国力建设中越来越重要，文化产业规模越来越庞大，文化与其他产业的相关性、融合性持续加强，没有资本作为产业驱动力是难以想象的。资本需求增长和资本供给短缺之间的矛盾依然是我国文化产业发展的主要矛盾之一，资本在文化产业的持续发展中具有不可替代的作用。党的十八届三中全会提出了"鼓励金融资本、社会资本、文化资源相结合"的要求，将文化金融合作纳入了全面深化改革的总体格局，体现了国家层面对文化金融合作的高度重视，为文化金融合作发展指明了方向。2014年，文化部、中国人民银行、财政部三部委联合发布的《关于深入推进文化金融合作的意见》中提出，要着力在文化金融的瓶颈环节、薄弱领域下功夫，创新符合文化产业发展需求特点的金融产品与服务，加快推进文化企业直接融资，加大金融支持文化消费的力度。这体现出文化金融合作的开拓创新，文化金融合作进入了新的发展阶段。

在我国经济社会发展走向现代化、全球化的进程中，构建文化强国、提升软实力也成为民族复兴的必由之路。人民日益增长的文化需求对我国文化产业发展提出了新要求，不断创新文化产品，推动社会主义文化繁荣昌盛，满足人民对于美好生活的新期待是文化产业发展新的历史使命。文化创意产业正迎来重要的战略发展机遇期，而这也为文化金融发展打开了新的空间。加快文化金融产品创新和模式创新，完善文化金融体系，有效衔接产业发展，对于文化产业健康持续发展，建设社会主义文化强国意义深远。金融是一国经济与事业发展的核心支撑要素，也是为文化大发展提供"新鲜血液"的"主动脉"。在新形势下，金融与文化创意如何实现共赢、共享式发展成为当前极其重要的理论与实践命题。

目录

第一章 文化创意、文化创意产业内涵

第一节 文化创意产业的内涵 /2
第二节 文化创意产业与文化产业的关系界定 /6
第三节 文化创意产业的特征 /9
　一、文化创意产品内容的不确定性，导致文化创意产业的产资转化风险较大 /9
　二、文化创意产业是注重创意创新的服务型产业 /10
　三、文化创意产业是一种具有高附加值的知识密集型产业 /11
　四、文化创意产业具有强融合性的特征 /11
　五、文化创意产业轻资产、高人力资源资本化特征 /12
　六、文化创意产业缺少传统的抵押担保物 /12
　七、文化创意产业知识产权缺乏有效保护 /13
第四节 文化创意产业的分类 /14

第二章 产业金融视角下的"文化创意+"金融特征

第一节 "文化创意+"金融的内涵 /26

第二节　文化资本的概念及特征 /27
　　一、文化资本的起源及概念 /27
　　二、文化资本的特征 /28

第三节　文化创意金融的基本特征 /30
　　一、服务性较强 /30
　　二、符合一般资本市场的规律 /30
　　三、具备一系列"消费资本化"的预期效应 /31
　　四、价值的衡量标准难以统一 /31
　　五、产业发展核心理念符合中国经济发展方式转变的需求 /32
　　六、为投资者提供分享中国经济增长的投资机遇 /32

第四节　文化创意金融融合的基本条件 /33

35 第三章　我国"文化创意+"金融互动发展的表现与特征

第一节　我国"文化创意+"金融发展的表现 /36
　　一、金融创新"助力"文化产业发展 /37
　　二、互联网技术推动文化创意与金融的融合 /47
　　三、文化创意金融产品创新 /54

第二节　我国"文化创意+"金融发展的特点 /66
　　一、政策性、导向性强 /66
　　二、直接投融资市场发展迅速 /69
　　三、内容产业呈现典型的文化金融特征 /81

第三节　我国"文化创意+"金融发展存在的问题 /89
　　一、财政投入方面 /89
　　二、有效联动方面 /90
　　三、结合性方面 /92
　　四、金融中介体系方面 /93
　　五、文化金融立法方面 /94

第四章 金融驱动下的文化创意产业新业态分析

第一节 金融驱动下文化创意产业的基本格局 /98
一、金融环境和文化创意产业资本结构的变化相关性 /98
二、多层次、多元化的文化创意金融业态 /99
三、文化创意金融产业业态区域发展 /101

第二节 "文化创意+"金融市场的基本构成分析 /104
一、债权类文化创意金融市场 /104
二、股权类文化创意金融市场 /105
三、风险管理类文化创意金融市场 /107

第三节 "文化创意+"金融合作形态分析 /108
一、银行：文化创意产业融资主力军 /108
二、文交所：跨界创新，打组合拳 /109
三、担保公司弥补文化创意产业高风险缺陷 /111
四、文化创意投资集团 /112
五、政府相关部门 /113
六、民间资本 /113

第四节 "文化创意+"金融业态发展趋势分析 /115
一、文化创意金融产业政策与保障体系进一步加强 /115
二、互联网金融与金融科技发展的影响相互交织 /116
三、股票市场为上市文化创意产业提供强力融资 /118
四、新三板市场成为中小文化创意企业主场 /119
五、文化创意金融产业的资本化趋势 /120

第五章 国外"文化创意+"金融现状与经验

第一节 国外"文化创意+"金融的特征 /124

一、文化创意产业的产值特征 /124

二、文化创意产业的地域分布特征 /125

三、文化创意产业的融资特征 /127

第二节 国外"文化创意+"金融合作的模式 /131

一、市场主导模式 /131

二、政府引导模式 /134

三、政府与社会资本共同投入模式 /136

第三节 国外"文化创意+"金融发展的政策环境 /139

一、文化创意金融发展的法律政策 /140

二、文化创意金融发展的投融资政策 /141

三、文化创意金融产品的出口政策 /144

第四节 国外"文化创意+"金融发展的启示 /146

一、构建文化产业发展良好的政策环境 /146

二、建立健全多元化、市场化的投融资体系 /148

三、推动文化金融产品和服务的创新 /149

第六章 "文化创意+"金融的结合机制与模式选择

第一节 "文化创意+"金融的结合机制 /154

一、资金投入机制是推动文化发展的关键 /154

二、国家战略与市场机制相结合是文化发展的基础 /156

三、建立完善的风险制约机制是前提 /158

四、激励机制是文化与金融结合的动力 /164

五、政策导向机制是文化与金融结合的保障 /167

第二节 "文化创意+"金融融合的模式选择 /170

一、综合服务产业链模式 /170

二、中心服务集成模式 /172

三、生态链建构模式 /173

　　　　四、垂直整合行业链条模式 /178
　　　　五、资源集成模式 /180
　　第三节　文化金融合作区：文化金融融合创新探索 /182
　　　　一、文化金融合作区内涵与发展模式研究 /182
　　　　二、文化金融合作区的运营机制研究 /185
　　　　三、文化金融合作区案例研究 /188

第七章　"文化创意+"金融产业支撑体系与运营机制建设

　　第一节　文化创意金融产业核心支撑要素 /204
　　　　一、"文化创意+"金融与投融资平台 /204
　　　　二、"文化创意+"金融与产融结合 /208
　　　　三、"文化创意+"金融与征信体系 /212
　　第二节　文化创意金融产业的其他支撑体系 /217
　　　　一、文化创意金融产业的科技支撑体系 /217
　　　　二、文化创意金融产业的人才支撑体系 /224
　　第三节　文化创意金融运营机制建设 /234
　　　　一、文化金融服务组织形式 /234
　　　　二、文化金融中介服务体系 /238

第八章　我国文化创意金融产业政策分析

　　第一节　中国文化创意产业政策概述 /246
　　　　一、文化创意产业政策概念 /246
　　　　二、我国文化创意产业政策特征 /247
　　第二节　中国文化创意金融产业政策体系 /252
　　　　一、文化产业政策的演化 /252
　　　　二、文化创意产业政策组成 /254

三、文化创意金融产业政策的分类 /255

第三节　中国文化创意金融产业政策的瓶颈 /258

一、政策缺失滞后、针对性弱 /258

二、政策依赖性强、市场意识薄弱 /259

三、政策可操作性弱、流程不完整 /260

四、监管考核机制不完善 /260

第四节　完善中国文化创意金融产业政策体系 /261

一、指导思路与体系构建 /261

二、中长期战略与政策协调 /263

三、政府引导市场与文化创意企业发展 /265

四、政策流程与可操作性 /267

五、财政投入与政策监管 /267

271 主要参考文献

275 后记

第一章 文化创意、文化创意产业内涵

　　文化创意是以文化为元素,在"文化"的基础下创出新意,或者说是文化创新的成果。文化创意最核心的就是"创造力"。文化创意产业则是把知识的原创性与变化性融入具有丰富内涵的文化之中,使它与经济结合起来,发挥出产业的功能,是一种使知识与智能创造出高附加值产品的产业。本章主要对文化创意产业的定义、文化创意产业的分类以及文化创意产业的特点进行了概述。

第一节　文化创意产业的内涵

文化创意是以文化为元素、融合多元文化、整理相关学科、利用不同载体而构建的再造与创新的蕴含文化底蕴和人类创新思维的文化现象。

"创意"是产生新事物的能力，这些创意必须是独特的、原创的以及有意义的。"创意"或者"创造力"包括两个方面。一是"原创"，这个东西是前人和其他人没有的，完全是自己首创的，如京剧、昆曲、武术就属于中国原创；二是"创新"，它的意义在于虽然是别人首先创造的，但将它进一步地改造，形成一个新的东西，就可以给人新的感觉，在文化这个领域类创出新意。[①]

文化创意，或指文化创新的成果。实际上，文化创意最核心的东西就是"创造力"。也就是说，文化创意的核心其实就在于人的创造力以及最大限度地发挥人的创造力。

而文化创意产业是一种在经济全球化背景下产生的以创造力为核心的新兴产业，强调一种主体文化或文化因素依靠个人（团队）通过技术、创意和产业化的方式开发、营销知识产权的行业。[②] 文化创意产业主要包括广播影视、动漫、音像、传媒、视觉艺术、表演艺术、工艺与设计、雕塑、环境艺术、广告装潢、服装设计、软件和计算机服务等方面的创意群体。

"文化创意产业"概念的提出开始于德国的西奥多·阿多诺（Theodor Wiesengrund Adordo）和马克斯·霍克海默（M.Max Horkerheimer）在1947年出版的《启蒙的辩证法》中的"cultural industry"一词。文化创意产业在不同国家被

[①] 常玉娥.浅议文化创意产业及其辐射影响力[J].当代经济，2012（10）.

[②] 沈杰，周继详，王雯莹.上海文化创意人才认定标准和发展环境[J].科学发展，2018（5）.

称为"创意产业""创意经济"或是"文化创意产业",不同名称在各国的侧重点有所区别,但基本上都蕴含文化底蕴和人类创新思维,是文化与产业结合的产物。因此,很多学者认为"文化创意产业"和"创意产业"概念是相同的,本文亦是如此。联合国教科文组织(UNESCO)将文化创意产业界定为:按照工业标准生产、再生产、储存及分配文化产品和服务的一系列活动[①],具体包括出版印刷业的著作文献、文化遗产、视听媒体、表演艺术、视觉艺术、音频媒体、社会文化活动、体育和游戏等十大类。这并非文化创意产业的唯一定义,各个国家(地区)由于政治、经济、文化、社会发展阶段不同,对文化创意产业概念的界定角度和理解也不同,因而对文化创意产业并没有统一的界定。但各种概念均强调了文化创意产业的内涵是创新,是文化、创意和产业自由融合的产物。

以文化大国自居的英国,预见到了文化与经济相结合的巨大潜力,于是将面向 21 世纪的文化战略调整提上日程。但是,传统意义的文化与产业是相互分割和矛盾的,顾虑到文化保守人士对于文化的产业化有悖于文化追求的高雅品质而庸俗化的批评态度,当时执政英国的布莱尔政府并没有直接推行文化产业,而是强调文化为塑造英国民族特征所起到的独特作用及其在文化多元化方面的重要性,为文化事业自我发展的产业化经营模式寻求新的路径。于是以文化大臣为首,包括政府各部高级官员和社会知名人士的创意产业行动小组成立,文化作为创意产业的一部分名正言顺地为产业发展做贡献。这也帮助政府化解和淡化了诸多矛盾,并为政府针对创意产业里文化发展的政策导向和资金支持提供了一个变通的说法。

与英国的"创意产业"发展历程相比,美国则早在 1990 年就采用"版权产业"的分类方法,其国际知识产权联盟(简称 IIPA)利用"版权产业"的概念来计算这一特定产业对美国整体经济的贡献。

新加坡政府对创意产业的定义是:行业中的群体或个人的创造力和技术,通过知识产权的保障形成具有经济价值的产业。丹麦被称为"设计立国",其文化中心主席艾瑞克·密施斯密特说,"创意是脑袋里产生的经济",它不需要厂房、不需要大型机器,"看起来似乎很简单",但创意又充满挑战,创意需要宽松自由的环境。

在全球范围来看,文化产业与创意产业正在快速发展,已成为很多国家经济

---

① 厉无畏. 上海创意产业发展的思路与对策 [J]. 上海经济, 2005 (1).

发展的支柱和理论研究的热点。虽然两者存在差异，但这两个概念都是由国外传入中国的，而文化创意产业与它们完全不同。

世界上最先使用"文化创意产业"概念的是中国台湾地区。我国台湾地区在2002年制定的《文化创意产业的发展规划和行动方案》中将文化创意产业描述为"源自于创意或文化积累，透过智慧财产的形式与运用，具有创造财富与就业机会潜力，并促进整体生活提升之行业"。2005年，我国香港地区沿用了这一概念，将文化创意产业定位为经济发展的新增长点之一，并进行大力的政策扶持。[①]

与"文化产业"的称谓相比较，"文化创意产业"只是在名称上多了"创意"两个字，意义却相差甚多。新名称的内涵除了延续过去的"文化产业"，同时联结上欧美流行的"创意产业"潮流，于是新创了全世界独一无二的"文化创意产业"名词。

我国大陆地区最早使用文化创意产业的是北京市，其在2005年明确提出"要将文化创意产业作为首都经济未来发展的重要支柱之一"，并相继出台了一系列的促进政策，对文化创意产业进行重点扶持和发展。在北京市的"十一五"规划中，文化创意产业被界定为"以创作、创造、创新为根本手段，以文化内容和创意成果为核心价值，以知识产权实现和消费为交易特征，为社会公众提供文化体验的具有内在联系的行业集群"。同样适用此概念的城市有南京、杭州、成都等。2006年，中共中央办公厅、国务院办公厅印发了《国家"十一五"时期文化发展纲要》，"文化创意产业"这一概念首次出现在国家级的重要文件之中。2009年7月22日，国务院常务会议通过了《文化产业振兴规划》，其明确指出："国家将重点推进的文化产业包括：文化创意、影视制作、出版发行、印刷复制、广告、演艺娱乐、文化会展、数字内容和动漫等。"

国家统计局在《2004中国文化及相关产业统计概况》（以下简称《统计概况》）中将"文化创意产业"的概念界定为："为社会公众提供文化、娱乐产品和服务的活动，以及与这些活动有关联的活动的集合。"《统计概况》还明确了《文化创意产业及相关产业分类》的标准，将文化创意产业的外延具体划分为"核心层""外围层"和"相关层"三个层次。新闻服务、出版发行和版权服务、广播电视电影服务、文化艺术服务是文化创意产业的"核心层"；网络文化服务，文化休闲娱乐服务，

---

① 喻静，林孔团.浅析文化创意产业相关概念[J].经济研究导刊，2012（30）.

其他文化服务（含经纪代理、广告会展、艺术品拍卖等新兴产业）是文化创意产业的"外围层"；文化用品、设备及相关文化产品的生产与销售是文化创意产业的"其他相关层"。

综上所述，文化创意产业可以理解为将传统文化产业赋予"创意""创新"内核，呈现具有时代活力和创新力的新型文化业态。更具体来说，文化创意产业是指依靠创意人的智慧、技能和天赋，借助于高科技对文化资源进行创造与提升，通过知识产权的开发和运用，产生出高附加值产品，具有创造财富和就业潜力的产业。[①]

从文化创意产业的定义可以知道，文化创意产品的内涵是指与一定民族和地区的文化背景相联系，源自个人才情、灵感或智慧，并通过产业化的方式进行生产、营销和消费的，满足人们精神需要和欲望的任何有形产品和无形服务。[②] 文化创意产品满足人们的精神需要可以从核心产品、形式产品、期望产品、延伸产品和潜在产品五个方面进行分析。文化创意产品的外延可以从国别和层次两个角度进行划分。

各国应该根据本民族地区的文化特色和经济发展的现实需要，选择发展文化创意产业的目标和方式。文化创意产品按照层次划分，可以分为核心文化创意产品、外围文化创意产品和延伸文化创意产品三类。将传统文化产业赋予"创意""创新"内核，呈现了具有时代活力和创新力的新型文化业态。

---

① 兰建平，傅正.创意产业、文化产业和文化创意产业［J］.浙江经济，2008（4）.
② 郝鑫.浅析文化创意产品的内涵和外延［J］.现代交际，2012（7）.

第二节　文化创意产业与文化产业的关系界定

近年来,"文化产业""文化创意产业"频繁出现在我国各级政府的重要规划文件或工作报告之中,如《关于深入推进文化金融合作的意见》《国务院办公厅关于金融支持小微企业发展的实施意见》《关于金融支持文化产业振兴和发展繁荣的指导意见》《文化产业振兴规划》,还有北京市出台的《"十一五"时期文化创意产业发展规划》,上海市制定的《关于加快本市文化创意产业创新发展的若干意见》等。但是,理论界和决策层对于三个概念的内涵以及相互关系莫衷一是,这在客观上制约了文化产业实践发展和理论研究的深化。

文化产业的渊源可以追溯到法兰克福学派的阿多诺和霍克海默在1947年出版的《启蒙的辩证法》中建构的"文化工业"(cultural industry)这一概念,其激烈批判了工业化的文化产品生产模式破坏了文化的"个性的、一次性的、独一无二的存在"的本质。随着社会经济的发展和历史语境的变化以及认识程度的加深,文化产业(cultural industries)这一概念慢慢变为中性,在世界范围内被称为"大众文化""通俗文化""媒体文化""内容产业""版权产业""娱乐文化业""创意产业"等。其中,联合国教科文组织把文化产业定义为:"按照工业标准生产、再生产、储存及分配文化产品和服务的一系列活动。"[1]

我国关于文化产业的定义,最早出现于2001年全国政协与文化部所组成的文化产业联合调查组的调查报告中,其认为:"文化产业是指从事文化产品生产和提供文化服务的经营性行业。"2004年4月,国家统计局颁布的《文化及相关产业分类》中又进一步明确了文化产业的内涵和范围。该文件指出,文化产业是"为社会公众提供文化、娱乐产品和服务的活动,以及与这些活动有关联的活动的集合"。

---

[1] 喻静,林孔团.浅析文化创意产业相关概念[J].经济研究导刊,2012(30).

从以上对文化产业与文化创意产业概念渊源的介绍中,已经可以看出两者具有一定的历史顺承关系和概念的交叉性,但是这绝不意味着两者可以混淆或等同,也不是简单的逻辑包容关系。

首先,文化产业提出的时间远远早于创意产业。文化产业的提出可以追溯到20世纪初法兰克福学派的描述,创意产业作为一种国家产业发展战略概念的提出是在20世纪末,与文化产业相比,创意产业是后起之秀。其次,从产业形态上说,创意产业是对文化产业的扩充和发展,它既保留了传统文化产业那些带有明显创意特征的核心门类和外围门类,又拓展到日常生活品的生产和制造业。最后,从产业发展重点上看,文化产业更强调文化的工业化复制和商品化推广,强调的是文化与经济的双向互融;创意产业在这一过程中则更加突出创意的融入,更加强调创意作为商品的主导和标志性元素,进而提高商品的附加值。

此外,在世界创意产业之父霍金斯的理论中,将创意产业分为"文化类创意产业"(如新闻出版、广播电视、音乐电影等)和"科技类创意产业"(如设计服务、咨询规划、软件研发等)两部分。同时,根据创造性比重,将文化产业分为"传统类文化产业"(如传统戏剧表演、传统手工工艺、传统民间活动等)和"创意类文化产业"(如新闻出版、广播电视、音乐电影等)两个部分。进而,根据逻辑演绎,指出"文化类创意产业基本等同于创意类文化产业,也就是创意产业与文化产业的交叉部分"。

也有观点反对将文化创意产业与文化产业作为简单的同心圆关系加以理解或者认为文化创意产业是高端的文化产业,而认为虽然文化创意产业和创意产业是同义反复,但是文化创意产业与文化产业存在着不同的产业范围、产业运行状态和驱动力基础,着重强调"文化创意产业超越了一般的产业概念、产业属性和产业分类,打破了传统的产业界限,是对产业链中文化创意环节的提炼、分解和重组。文化创意产业已经渗透到从制造业到服务业,从文化产业到一般产业的所有产业之中,任何产业都会因为成功的文化创意而获得价值的提升"。[①]

两种观点客观地从不同侧面反映了文化产业、创意产业和文化创意产业的演变趋势和发展规律,但前者尽管在定量统计意义上比较简要便捷,但是忽略了文

---

① 吴建华.从文化产业到文化创意产业:现实走向与逻辑路径[J].浙江学刊,2007(6).

化产业和文化创意产业；后者虽指出了其不同，但是过于学理的定性分析不利于产业发展的实践。因此，有必要融合两种观点，在异质定性的基础上进行利于定量统计操作的简单交叉分类，通过此种分类方法，可以深化文化产业、创意产业和文化创意产业的认识并推动其发展。

举一个简单的例子，古玩市场属于文化产业的细分市场，但古玩市场往往是对既有的古董的交易，很难有创意的发挥余地，因此古玩市场不属于文化创意产业。而当前大热的故宫 IP 却将创意融入文物与古董的展示之中，生产了大量与故宫相关的周边产品，获得了广大人民的喜爱，一度成为热点，赋予了故宫博物院以新的生命力，成为各个省市博物馆争相效仿的对象，是文化创意产品的典范，见专栏 1-1。

专栏 1-1　故宫文化创意馆拓展文化创意市场

作为一个拥有近 600 年历史的文化符号，故宫拥有众多皇宫建筑群、文物古迹，成为中国传统文化的典型象征。近年来，在文创产业带动下，故宫化身成为"网红"。经过 7 年院藏文物清理，25 大类 180 余万件文物藏品得以呈现，成为文化创意研发最宝贵的文化资源。截至 2018 年 12 月，故宫文化创意产品研发超 1.1 万件，文创产品收入在 2017 年达 15 亿元。

自从故宫博物院开始转变思路，从"故宫商店"到"故宫文化创意馆"，不仅是名称的改变，而且体现出故宫文化创意产品设计和营销思路的转变。

深度挖掘丰富的明清皇家文化元素，努力为故宫的建筑、文物和历史故事找到一个当代人喜欢的时尚表达载体，研发出具有故宫文化内涵、鲜明时代特点，贴近于观众实际需求，深受消费者喜爱的故宫元素文化产品。多年来，故宫博物院文化创意产品研发已经卓有成效，风格多样的文化产品已经蔚然成系列，受到了各个年龄段消费者的欢迎。

由此可见，文化创意产业是在知识经济背景下文化产业发展的新阶段，是文化产业进一步发展和提升产业价值的新源头及推动力。

第三节 文化创意产业的特征

文化创意产业作为新兴的轻资产产业，是产业发展的新趋势。当前文化创意产业与金融的结合，基本都是模仿其他领域的金融创新而来。但文化创意产业的特殊性，往往会限制这种金融创新方式的发展甚至是导致其失败。因此有必要认识文化创意产业在哪些层面上有别于其他产业，从而在更好地利用文化创意产业的优势的同时，弥补其限制性的条件。

一、文化创意产品内容的不确定性，导致文化创意产业的产资转化风险较大

文化创意产品，是指以文化为基础，发挥创意研发的产品，是文化创意产业中能批量产出的任何制品或制品的组合，主要为消费者提供审美情趣，满足消费者多元化精神需求。[1] 文化创意产业存在的产资转化困难的问题，很大程度上是源于文化创意产品内容的不确定性。

就文化创意产品的经济特征来说，第一，文化创意本身具有无形性，而文化创意产品的价值主要源自无形资本，有形的载体在文化创意产品价格中的比重非常小。这种资本的价值实现形式具有很大的不确定性，而创造性的投入成本较高，因而加大了文化创意产品投资的风险性。

第二，文化创意产品属于人类较高层次的精神需求或附加值生产需求，它的需求弹性较大。相对于大量的物质性的产品，文化创意产品基本上属于非刚性的软性需求产品，主要是满足精神性的直接消费需求或提升附加值的生产需求，前

---

[1] 彭建刚，周彬，刘志迎.文化创意产品的定价策略研究[J].软科学，2012（8）.

者如音乐会、戏剧演出、电影等文化创意产品,后者如广告促销、建筑设计、工业设计等。① 因此,文化创意产品的价格变动对于市场需求的影响比较显著,这对文化创意产品的定价将造成一定的困难。

文化创意产品的经济属性导致其内容成分的市场认可程度难以被准确预判。文化创意市场的巨大不确定性意味着投资方的投资风险,导致大部分人选择谨慎观望。此外,文化创意产品的定价困境也是必须考虑的。这些都是导致文化创意产业的产资转化风险的原因。文化创意公司要生存发展就必须把创意产品化,并通过市场化推广,销售给最终的消费者。但由于文化创意公司的创业者往往缺乏市场销售经验,导致创意产品化转化率低。②

二、文化创意产业是注重创意创新的服务型产业

文化创意产业的核心就在于"创造力",即人的创造力以及最大限度地发挥人的创造力。"创意"是一种将现实存在的资源组合方式进行挖掘和激活,从而提升资源价值的新的抽象思维和行为潜能。

大多文化产品都是内容产品,其价值的实现往往取决于创意的好坏。尤其是在"内容为王"的时代,无论是电视影像、期刊平面这样的传统媒介产品,还是数码动漫等新兴产业,所有资本运作的基础都是优良的产品,而在竞争中脱颖而出的优良产品恰恰来源于人丰富的创造力。因此,文化创意产业在本质上就是一种"创意经济",其核心竞争力就是人自身的创造力。可以说,文化创意产品的生命力就在于人的"创造力"。

此外,文化创意产业仍然属于服务业,它的目标是满足人们的精神文化以及娱乐需求。在这一过程中,要求文化创意产业不断地将新思路、新创意付诸实践,产出、创作新的文化产品,将创意作为主要推动力。

---

① 魏鹏举.内生增长理论视野中文化创意产业的八大特征[J].投资北京,2008(7).
② 于小薇.新形势下文化创意企业面临的七大风险[EB/OL].(2013-09-07)[2018-09-07].http://news.163.com/13/0907/19/986O64FJ00014JB5.html.

三、文化创意产业是一种具有高附加值的知识密集型产业

创意产业与信息技术、传播技术和自动化技术等具有广泛而密切的联系，以信息、知识、文化和技术等无形资产为核心生产要素，属于高知识密集型产业。

与传统文化产业相比，文化创意产业不再以手工的、少量生产产品为主，而是与信息服务业、设计和软件业以及传媒业相结合，呈现出智能化、特色化、个性化、艺术化的特点，从而为文化创意产业的发展提供了创新视野、创新方式、创新渠道、创新内容和广阔市场前景。这些都体现在其具有高附加值的产品中，如文化创意产品可能比服装、汽车等产品的利润更高。

正因为文化创意产业具有高附加值、知识密集型、资源消耗少的特征，有利于调整产业结构，促进传统产业升级，实现经济转型，促进产业结构高级化进程的实现。

四、文化创意产业具有强融合性的特征

文化创意产业发展的数字融合趋势使得其具备了产业融合中的"无边界产业"的特征，具有高度的融合性、较强的渗透性和辐射力。

《国务院关于推进文化创意和设计服务与相关产业融合发展的若干意见》中曾明确提出，应加强文化创意与设计服务发展，塑造制造业新优势，加快数字内容产业发展，提升人居环境质量，提升旅游发展内涵，挖掘特色农业发展潜力，拓展体育产业发展空间。文化创意产业与制造业相融合有利于激发产业升级的动力；文化创意产业需要寻求与高科技产业融合，因为高科技产业是核心支撑、重要引擎；文化创意产业与城市规划、建筑设计业结合，有利于提高城乡规划和建筑、园林与装饰设计的文化品位以及人性化水平；旅游着重体现在人对文化的体验和享受，文化创意产业与旅游业融合是打造旅游魅力的智核；文化创意产业与农业融合有利于提升农产品附加值，提高城乡现代化水平；体育与文化创意产业的融合是升级体育产业的强大引擎、重要路径，并能形成新型的"体育产业"业态。文化创意产业与金融业的融合为文化创意产业发展提供造血之源、经济后盾。

文化创意产业的强融合性特征有利于其带动相关产业的发展、推动区域经济发展，在深度融合的过程中提供一种新的发展模式，整合现有资源，实现产业的

创新和产业总体价值的最大化。

五、文化创意产业轻资产、高人力资源资本化特征

文化创意产品一般是以文化、创意理念为核心的。因此，文化创意产业是将人的活动、知识、智慧和灵感物化表现的行业，创意产业的发展依赖于创意者而非设备或技术。

人力资源资本化是指经过教育、培训、健康与迁移等投资而形成有价资源，将人力资源优势转化成人力资本优势的过程。从创意产业从业人员来看，主要是在文化产品生产和传播方面具有较强创意性的知识型劳动者，往往是需要大量脑力劳动以及灵感激发的设计高手和特殊专才。因此，创意者一般都要求较高的薪酬，从而导致文化创意产业人力成本投入较高。然而在文化创意产业融资的过程中，人力资本不像设备和技术那样可以有效评估，很难在文化产品市场产生有效的金融创新。

从创意产业组织形式来看，产业组织呈现集群化、网络化，企业组织呈现小型化、扁平化、个体化、灵活化的特点。[①] 创意产业的发展往往依赖集群化的环境，如文化创意园区等，能够为园区内企业提供较为宽松的工作环境，集体的互动和联系等。此外，文化创意企业往往具有轻资产特征，呈现出小型化、扁平化、个体化、灵活化的特点，可以概括为"轻、薄、短、小、弱"。同时，文化创意企业往往以中小企业为主，可能员工数量较少，但其设计创意人员占据关键地位。

六、文化创意产业缺少传统的抵押担保物

文化创意企业主要依赖于无形资产，在现有的金融担保制度下，缺乏传统的抵押担保物。由于行业"轻资产、高风险"的特征，金融机构为了把控风险，往往会拒绝对版权、著作权等无形资产质押发放贷款。此外，文化创意项目的测评、无形资产的评估没有形成相应的标准和体系，各金融机构难以形成合力。因此，

[①] 新元文智库. 文化创意产业具有哪些特征［EB/OL］.（2012-01-20）［2017-09-07］.http：//blog.sina.com.cn/s/blog_3ec0e09d0102dujs.html.

文化创意缺少传统抵押担保物，使提供资金的金融机构的风险控制提高了难度。

七、文化创意产业知识产权缺乏有效保护

文化创意产业的产品创造成本高、投入大，但复制容易、复制成本很低，在大数据技术、网络化技术、大数据终端产品的发展和应用过程中，文化创意产品的复制成本将急剧下降。这导致文化创意产品更容易遭到侵权，文化创意产业的知识产权不能得到有效保护。

此外，我国知识产权保护体系不够完善，侵权现象严重，维权成本过高。同时，文创企业在知识产权及智慧、创意权属确认上存在保护范围过窄、程序烦琐、费用过高等阻碍发展的因素。①

知识产权的有效保护是文化创意产业可持续发展的重要保障。缺乏知识产权保护的文化创意产业，也难以获得有效的金融支持。

---

① 于小薇.新形势下文化创意企业面临的七大风险［EB/OL］.（2013-09-07）［2018-09-07］.http：//news.163.com/13/0907/19/9860O64FJ00014JB5.html.

第四节 文化创意产业的分类

为了在文化产业中对文化创意产业有一个更好的界定，建立科学、系统、可行的文化创意产业定量统计操作，应当对文化创意产业按照一定标准进行分类。

分类标准是文化产业统计工作的前提和基础，也是对文化产业细分行业界定的重要体现。2004 年，为规范文化产业的统计范围，建立科学可行的文化产业统计，我国研究制定了《文化及相关产业分类》，并作为国家统计标准颁布实施。这也是文化产业分类标准的首次亮相。该分类首次明确了我国文化产业的统计范围、层次、内涵和外延，为启动和开展文化产业统计工作奠定了根基。

2012 年，为适应我国文化产业发展的新情况、新变化，国家统计局参考了联合国教科文组织制定的《文化统计框架（2009）》，根据《国民经济行业分类（GB/T 4754—2011）》对分类进行修订完善，形成了《文化及相关产业分类（2012）》，使分类更加切合发展需要。

随着文化创意产业的不断发展，以"互联网+"为依托的文化新业态不断涌现并发展迅猛，日益成为文化产业新的增长点，理应把这些新业态及时纳入统计范围。2017 年 6 月 30 日，新的《国民经济行业分类（GB/T 4754—2017）》正式颁布。同年 8 月 29 日，国家统计局发文要求从 2017 年统计年报和 2018 年定期统计报表起统一使用新标准，见表 1-1。该分类的修订吸收了近年来文化体制改革的有关成果，突出了文化核心领域内容，体现了文化生产活动的特点，类别结构设置符合我国文化改革和发展管理的现实需要和认知习惯，兼顾文化管理需要和可操作性。

表 1-1 文化及相关产业分类表（2018）

第一部分文化核心领域	
新闻信息服务	1. 新闻服务
	2. 报纸信息服务
	3. 广播电视信息服务
	4. 互联网信息服务
内容创作生产	1. 出版服务
	2. 广播影视节目制作
	3. 创作表演服务
	4. 数字内容服务
	5. 内容保存服务
	6. 工艺美术品制造
	7. 艺术陶瓷制造
创意设计服务	1. 广告服务
	2. 设计服务
文化传播渠道	1. 出版物发行
	2. 广播电视节目传输
	3. 广播影视发行放映
	4. 艺术表演
	5. 互联网文化娱乐平台
	6. 艺术品拍卖及代理
	7. 工艺美术品销售
文化投资运营	1. 投资与资产管理
	2. 运营管理
文化娱乐休闲服务	1. 娱乐服务
	2. 景区游览服务
	3. 休闲观光游览服务

续表

第二部分文化相关领域	
文化辅助生产和中介服务	1. 文化辅助用品制造
	2. 印刷复制服务
	3. 版权服务
	4. 会议展览服务
	5. 文化经纪代理服务
	6. 文化设备（用品）出租服务
	7. 文化科研培训服务
文化装备生产	1. 印刷设备制造
	2. 广播电视电影设备制造及销售
	3. 摄录设备制造及销售
	4. 演艺设备制造及销售
	5. 游乐游艺设备制造
	6. 乐器制造及销售
文化消费终端生产	1. 文具制造及销售
	2. 笔墨制造
	3. 玩具制造
	4. 节庆用品制造
	5. 信息服务终端制造及销售

资料来源：国家统计局。

表1-1所显示的国家统计局颁布的新修订的《文化及相关产业分类（2018）》作为国家统计标准，从2018年开始正式实施，对各地区和各部门的统计机构均具有约束力。

此外，在中国国民经济行业分类中，将文化创意产业分为九大类，并增设了国民经济行业代码，对文化产业的大类和编码进行了简洁明了的划分，具体分类情况见表1-2。

表1-2 中国文化产业分类表

分类项目	分类
文化艺术	1. 文艺创作、表演及演出场所
	2. 文化保护和文化设施服务
	3. 群众文化服务
	4. 文化研究与文化社团服务
	5. 文化艺术代理服务
新闻出版	1. 新闻服务
	2. 书、报、刊出版发行
	3. 音像及电子出版物出版发行
	4. 图书及音像制品出租
广播、电视、电影	1. 广播、电视服务
	2. 广播、电视传输
	3. 电影服务
软件、网络及计算机服务	1. 软件服务
	2. 网络服务
	3. 计算机服务
广告会展	1. 广告服务
	2. 会展服务
艺术品交易	1. 艺术品拍卖服务
	2. 工艺品销售
设计服务	1. 建筑设计
	2. 城市规划
	3. 其他设计
旅游、休闲娱乐	1. 旅游服务
	2. 休闲娱乐服务
其他辅助服务	1. 文化用品、设备及相关文化产品的生产
	2. 文化用品、设备及相关文化产品的销售
	3. 文化商务服务

对于不同的国家而言，其文化创意产业发展的时间不一样，甚至其发展重点、发展方式也不尽相同，这就决定了各国政府都要从本国经济的实际情况出发，将自己的文化创意产业划分为不同的类别。要想对文化创意产品的外延有深入的了解，务必对不同国家的文化创意产业进行分析，这里选择了日本、英国、美国三个国家和中国的北京、上海作为典型。

日本把提高文化竞争力作为提升日本产品竞争力的重要举措，认为通过文化产品可以加深世界对日本文化的理解，使日本重新获得尊重，从而使日本产品提高文化含量和附加值。在此背景下，2001年日本明确提出知识产权立国战略，将其文化创意产业大致分为休闲产业、时尚产业和内容制造产业三大类（见表1-3）。

表1-3 日本文化产业分类

分类项目	分类
休闲产业	个人计算机、工作站、网络 电视 多媒体系统建构 数字影像处理 数字影像信号发送 录像软件 音乐录制 书籍杂志 新闻 汽车导航
时尚产业	时尚设计和化妆
内容制造产业	学习休闲 鉴赏休闲 运动设施、学校、补习班 体育比赛售票 国内旅游 电子游戏 音乐伴唱

资料来源：北京国际城市发展研究院中国领导决策信息系统数据库，中国政务信息网：www.ccgov.net.cn，原载科技信息参考2005SSTII 研究报告。

根据英国政府对"创意产业"的定义界定,在创意产业涵盖门类的界定上,英国文体部把就业人数、成长潜力、原创性三个原则作为标准,选定了13个门类作为创意产业的范畴。这13个行业部门包含广告、建筑、艺术和古玩市场、工艺品、设计、时尚设计、电影与录像、互动休闲软件、音乐、表演艺术、出版、软件和计算机服务、电视与广播(见表1-4)。

表1-4 英国创意产业分类

范畴	核心活动
广告	消费者研究、客户市场营销计划管理、消费者品味与反应识别、广告创作、促销、公关策划、媒体规划、购买与评估、广告资料生产
建筑	建筑设计,计划审批,信息制作
艺术和古玩市场	1.艺术品古玩交易,包括绘画,雕塑,纸制作品,其他艺术(如编织),家具,其他大量生产产品(如大量生产的陶制品,玻璃制品,玩偶,玩具屋,广告,包装材料等),女装设计(含珠宝),纺织原料,古玩,武器及防弹车,金属制品,书籍,装订,签名,地图等 2.零售,包括通过拍卖会、画廊、专家现场会、专门店、仓储店、百货商店、因特网的零售
工艺品	纺织品、陶器、珠宝/银器、金属、玻璃等的创作、生产及展示
设计	设计咨询(服务包括品牌识别、企业形象、信息设计、新产品开发等),工业零部件设计,室内设计与环境设计
时尚设计	服装设计、展览用服装的制作、咨询与分销途径
电影与录像	电影剧本创作、制作、分销、展演
互动休闲软件	游戏开发、出版、分销、零售
音乐	录音产品的制造、分销与零售、录音产品与作曲的著作权管理、现场表演(非古典)、管理、翻录及促销、作词与作曲
表演艺术	内容原创,表演制作,芭蕾、当代舞蹈、戏剧、音乐剧及歌剧的现场表演,旅游,服装设计与制造,灯光
出版	原创,书籍出版:一般类、儿童类、教育类,学习类期刊出版,报纸出版,杂志出版,数字内容出版
软件和计算机服务	软件开发,包括系统软件、合约、解决方案、系统整合、系统设计与分析、软件结构与设计、项目管理、基础设计
电视与广播	节目制作与配套(资料库、销售、频道),广播(节目单与媒体销售),传送

资料来源:DCMS(2001)。

按照英国文体部的《英国创意产业比较分析》研究报告，上述 13 个创意产业门类可以进一步划分为产品（Production）、服务（Services）以及艺术和工艺（Arts and crafts）三个大类。其中产品大类包括出版、电视和广播、电影和录像、互动休闲软件和时尚设计 5 个门类，服务大类包括软件和计算机服务、设计、音乐、广告和建筑 5 个门类，艺术和工艺大类包括表演艺术、艺术与古玩和工艺 3 个门类。

与英国沿用的"创意产业"相比，美国则采用"版权产业"的分类方法。早在 1990 年，美国国际知识产权联盟（International Intellectual Property Alliance，IIPA）已利用"版权产业"的概念来计算这一特定产业对美国整体经济的贡献。1990 年，IIPA 第一次调查与版权保护有关的产业对经济的影响和在贸易中的地位，第一次将美国版权产业的不同组成部分归到了一起。1990 年 11 月，IIPA 委托有关机构首次发表《美国经济中的版权产业》报告；1992 年 9 月，发表《美国经济中的版权产业：1977—1990 年》；此后分别于 1993 年 10 月、1995 年 1 月、1996 年 10 月、1998 年 5 月、2000 年 12 月、2002 年 4 月、2004 年发表美国版权产业系列报告，从增值、就业和出口等方面反映了美国版权产业概况及对美国经济做出的贡献。在《美国经济中的版权产业：2004 年报告》中，IIPA 采用了由世界知识产业组织界定的四种版权产业分类，即核心版权产业、交叉版权产业、部分版权产业、边缘版权产业（见表 1–5）。

表 1–5 美国版权产业分类

分类项目	定义	主要产业群
核心版权产业	受版权保护的作品或其他物品的创造、生产与制造表演、宣传、传播与展示或分销和销售的产业	出版与文学；音乐、剧场制作、歌剧、电影与录影；广播电视；摄影；软体与数据库、视觉艺术与绘画艺术；广告服务；版权集中学会
交叉版权产业	从事生产、制造和销售受版权保护产品的产业，其功能主要是为了促进版权作品制造、生产或使用其设备的产业	电视机、收音机、录音机、CD 机、DVD 机、答录机、电子游戏设备及其他相关设备，包括这些设备的制造与批发零售
部分版权产业	指部分产品为版权产品的产业	服装、纺织品与鞋类；珠宝与钱币；其他工艺品；家具；家用物品、瓷器及玻璃；墙纸与地毯；玩具与游戏；建筑、工程、测量；室内设计；博物馆；工业设计

续表

分类项目	定义	主要产业群
边缘版权产业	其他受版权保护的作品或其他物品的宣传、传播、分销或销售而又没有被归为核心版权产业的产业	发行版权产品的一般批发与零售；大众运输服务；电信与网络服务

综观以上代表性国家的分类，可以反映出各国文化创意产业所关注及发展重点的不同。电影行业是世界各国最为关注和大力发展的行业，也是发展比较快的产业。软件、电视、音乐、广告紧随其后，是各国比较关注和发展的行业。这些行业的发展，大大带动了各国文化创意产业的发展。

由于各个国家的经济发展、产业结构以及地域文化发展历程各不相同，其文化创意产业的内涵和发展的侧重点也各有不同。深入对比研究各个国家文化创意产业的概念内涵，有利于我们认清自己的优势和缺点，从而充分发挥长处，使文化创意产业更好地推动我国经济文化的和谐发展。

在《杭州市文化创意产业发展"十三五"规划》中，杭州市政府提出要把杭州市建设成为具有国际影响力的全国文化创意中心，明确文化创意产业的八大发展重点。为此，2017年杭州市政府印发了《杭州市文化创意产业八大重点行业统计分类》，见表1-6。

表1-6 杭州市文化创意产业八大重点行业统计分类

分类项目	分类
一、信息服务业	1. 互联网信息服务
	2. 软件服务
	3. 广播电视传输
二、动漫游戏业	1. 动画和漫画业
	2. 网络游戏业
	3. 其他计算机服务（含网吧服务）
三、设计服务业	1. 工业设计
	2. 建筑设计
	3. 广告设计
	4. 咨询策划业

续表

分类项目	分类
四、现代传媒业	1. 印刷
	2. 广播
	3. 影视
	4. 出版
	5. 发行
五、艺术品业	1. 艺术品设计
	2. 艺术品制造
	3. 文化艺术活动
六、教育培训业	1. 中等专业教育
	2. 职业中学教育
	3. 技工学校教育
	4. 其他中等教育
	5. 普通高等教育
	6. 成人高等教育
	7. 职业技能培训
七、文化休闲旅游业	1. 旅游休闲
	2. 运动休闲
	3. 部分文化艺术活动
八、文化会展业	1. 会议及展览服务
	2. 图书馆
	3. 博物馆
	4. 文具用品批发
	5. 文具用品零售

上海市分类规定的文化创意产业是指以人的创造力为核心，以文化为元素，以创意为驱动，以科技为支撑，以市场为导向，以产品为载体，以品牌为抓手，综合文化、创意、科技、资本、制造等要素，形成融合型的产业链，融合文化产业与创意产业发展的新型业态。该分类中列明了符合文化及相关产业定义的活动小类，其中包括了互联网文化娱乐平台、观光旅游服务、可穿戴文化设备和其他智能文化消费设备制造等文化新业态，具体分类标准见表1-7。

表1-7 上海市文化创意产业分类标准

第一部分文化创意服务业	
媒体业	1. 新闻出版服务
	2. 广播、电视、电影服务
艺术业	1. 文艺创作、表演及演出服务
	2. 文化保护和文化设施服务
	3. 群众文化服务
	4. 文化艺术培训服务
	5. 文化艺术策划及代理服务
工业设计业	1. 工业产品设计
	2. 科学与技术设计
	3. 电影服务
建筑设计业	1. 规划管理
	2. 工程勘察设计和管理服务
	3. 绿化管理
	4. 建筑装饰业
时尚创意业	1. 时尚服饰
	2. 时尚用品
	3. 时尚美容美发及用品

续表

第一部分文化创意服务业	
网络信息业	1. 互联网信息服务
	2. 广播、电视、卫星传输
软件与计算机服务业	1. 软件及计算机辅助设计
	2. 计算机应用服务
咨询服务业	1. 商务咨询
	2. 科技咨询
	3. 社科咨询
	4. 其他咨询
广告及会展服务业	1. 广告服务
	2. 会展服务
休闲娱乐服务业	1. 旅游服务业
	2. 文化消费及休闲娱乐服务
第二部分文化创意相关产业	
文化创意相关产业	1. 文化创意用品、设备的生产
	2. 文化创意用品、产品、设备的销售

第二章 产业金融视角下的"文化创意+"金融特征

文化与金融进行融合的初衷，是文化产业发展需要金融的助力，金融的发展也需要文化产业的各种产品和内容。文化金融作为一种新的产业业态不断涌现的特征，推动了文化创意产业的快速发展。文化创意产业与金融的融合过程是文化创意产业精神性、创造性与金融业资本性相结合的过程，利用文化资本发展文化创意产业成为文化产业发展的大趋势。

第一节 "文化创意+"金融的内涵

"文化创意+"金融业是指文化创意产业与金融业融合。金融业的主要功能在于融资以及进行风险管理。因此,文化创意产业与金融的融合,则主要指为了发展从事文化创意产品生产和提供文化创意服务的营利性产业而采取的各种各样筹集资金的行为以及风险管理行为。它是一种跨界经营,既有文化企业不断尝试突破产业边界、跨界经营金融业务的过程,也有金融行业不断创新产品、支持文化产业的过程。在这一过程中,文化创意与金融业的融合在不断尝试、摸索中不断营造新的商业和增长点,形成新的业态。

从本质上来说,文化创意产业与金融的融合的过程,就是文化创意产业的精神性、创造性与金融业资本性相结合的过程。因此,研究"文化创意+"金融业就不能不涉及文化资本。"文化创意+"金融业的发展离不开文化金融产业体系的支持和支撑,更离不开文化资本血液的滋养以及文化资本市场的驱动。"文化创意+"金融业发展的特性及其规律,可以说更多地取决于文化资本的精神性与创造性的统一。文化资本在精神消费的背景下不断发展,这就决定了其除了基本的物质属性之外,可以更加强调资本增值过程中的精神性与创造性。也可以这样说,精神性是文化资本运动与增值的基础,而文化资本的创造性则可以称为文化资本的增值源泉,也许正是站在创造这么一个结合点上,文化资本才真正与艺术创作以及审美有了一个共同的基点,那就是创造。文化资本是精神资源与创新能力的相互支援与推进,所以在研究文化资本的增值过程中,要将创造放在一个相当重要的核心位置,否则,研究与分析文化资本就难以切中命门。[①]

---

① 李镇西.中国文化金融导论[M].北京:中国书店出版社,2013.

第二节　文化资本的概念及特征

研究文化创意产业与金融业结合的发展，还应了解文化资本的特殊性。如果说金融产业体系的支持是文化创意产业的生命源泉，那么，文化资本便是来自血脉的滋养。文化资本既是文化创意生产的投入要素也是文化创意生产的成果，文化创意产业的发展规律及其与金融业的融合特性，可以说更多地取决于文化资本的特性。

一、文化资本的起源及概念

文化最早被视为资本，始于社会学之父孔德，他在《社会政治体制》中提到的"积累"是文化资本概念的最初萌芽。到20世纪，法国社会学家皮埃尔·布迪厄（Pierre Bourdieu）在探讨教育再生产、文化消费、社会等级等问题时提出"文化资本"的概念，并进行深入分析。他提出的文化资本，用来表示本身即作为一种资本形式的文化，此外，文化资本在形式上表现为一种具体化的文化资源，本质则是人类劳动成果的一种积累。

文化资本是文化价值积累而成的能够带来收益的财富存量，具有文化价值和经济价值双重性，其经济机制主要取决于文化价值含量。[①] 本文所指的文化资本指的是具有文化特性的单一生产要素。

从价值角度，可以划分为创意资本、版权资本和品牌资本三个细分类型。创意资本包括设计形成的资本、版权资本包括版权和特许权形成的资本，品牌资本则是指企业在品牌广告方面投入形成的品牌价值。

---

① 王云，龙志和.产业价值链视角下的文化资本特征与经营模式[J].经济地理，2009（12）.

二、文化资本的特征

由文化资本的内涵可以知道,文化资本与其他资本相比具有一定的特殊性与复杂性。

(一)文化资本价值增值的复杂性与多维性

资本的核心在于创造新的价值,文化资本也不例外,它在生产的各种文化产品以及提供的文化服务中实现新的文化价值与经济价值。

德国经济学家弗里德里希·李斯特[1]从宏观经济的角度诠释资本除了物质资本,还应当包含精神资本,即个人所固有的或个人从社会环境和政治环境得来的精神力量和体力。他认为,国家物质资本的增长有赖于国家精神资本的增长。

但文化资本与其他资本相比有其增值过程中的复杂性和构成上的多维性。[2]文化资本增值过程的复杂性是由文化资本的生存状态以及非理性的精神消费推动的。而文化资本价值增值构成的多维性、多层次性,则源于其在精神消费过程中的不断生长,受到诸如文化、历史、心理等诸多软因素的决定性影响。

(二)文化资本运动的精神取向性

资本无休止的运动是资本取得价值增值的必要条件和前提。一旦停止运动,资本就不能增值。文化资本的增值过程也是一种运动,其特殊性表现在这种运动是在精神消费的过程中完成的。

文化资本运动是以精神消费为载体的,也根植于精神消费。消费主体进行特定方式的文化消费时,消费主体特定的文化修养能力会影响其价值选择。消费主体在消费实践中不断生产、再生产着自己的习性、嗜好、品味,实现文化资本的运动。文化资本在精神消费中运动的过程决定了文化资本不同于其他资本的精神取向性。

---

[1] 弗里德里希·李斯特.政治经济学的国民体系[M].陈万煦,译.北京:商务印书馆,1961.

[2] 李镇西.中国文化金融导论[M].北京:中国书店出版社,2013.

(三) 文化资本倾向于借助符号性影响与其他社会资本联姻

文化资本的文化属性所带来的文化价值决定了其经济价值。这种文化价值并不表现为直接的经济利益，而是为占有者带来物质的、符号的、甚至影响力方面的利益。

借助这种符号化的影响，文化资本得以通过向有形的经济资源或社会资源的转化实现其价值，如转化为经营收入、某个领域的话语权、版权、品牌等。

(四) 文化资本的创新性

文化资本的价值往往来源于其被赋予的特殊属性。文化资本的创造者和拥有者通过不断的创新求异来提高文化资本的价值，原因在于改变了文化资本的稀缺性和差异性。文化资本需要具有创造性、独特性与超越性的产出，从而给人们带来新奇的精神享受或开启新的经营模式。只有在开发文化资源以及生产文化创新产品和服务的过程中维护好文化资本的稀缺性、带来创造性的产出，才能更好地创造新的财富和收入，实现文化资本的增值。

(五) 文化资本的开放性

文化资本为文化生产提供了具有开放性的世界舞台。一方面，文化资本的经济价值主要在于其可以共享的、无形的文化价值。一部分人对文化资本的占有不会损害到其文化载体，而仍然可以实现与另一部分人的共享，如绘画作品、电影等。

另一方面，资本的特性是追求利益最大化，文化资本也不例外。文化资本的这一特性使之能够轻易在流通中渗透到不同区域中，而不囿于政策、文化等屏障。文化资本不断追求利益最大化的过程，将会推动文化资本市场的全球化进程，为文化生产提供一个更具开放性的平台。

正因为文化资本在精神取向性、创新性以及开放性等方面的特征，其在文化生产的价值运动中表现出其他物质形态经济资本所不具备的特征，即边际效用递增、外部经济效应等特征。[1] 可以预见，文化资本的溢出效应将随着全球化进程的加快越来越明显。

---

[1] 王云，龙志和. 产业价值链视角下的文化资本特征与经营模式[J]. 经济地理，2009 (12).

第三节　文化创意金融的基本特征

由于文化创意产业以及文化资本的特殊性，文化创意产业与金融业的结合也与传统的基础设施、重工业、能源产业等行业有着本质区别。

一、服务性较强

与文化创意产业融合的金融业是以文化创意为服务对象，并为其提供资金的行业。由于文化创意产业注重精神消费，因此相对于钢铁、能源、房地产等其他产业，更注重产业的服务性，也更侧重于现代服务业，与文化创意融合的金融业因而也具备了服务性较强的特征，致力于满足人们的精神文化娱乐需求，将资金投入到大众喜闻乐见的文化产品和服务中去。

二、符合一般资本市场的规律

根据文化资本的特征可以知道，文化资本在增值和运动中虽然具备一些特殊性，但仍然符合增值性、运动性、规避风险等一般资本市场的基本特征。文化创意金融资本的使命是追求价值的增值，而这一过程必须通过在生产领域与流通领域的不断运动实现。此外，文化创意金融还是要求在规避风险的条件下追求利益的最大化的工具，安全性是文化创意金融谋取利益的前提。这些都符合一般资本市场的规律，但是文化创意金融在资本市场中也扮演着特殊的角色，为文化创意产业提供血液之源，从大局上规定了资金再分配的方向和形式。

三、具备一系列"消费资本化"的预期效应

文化创意产业主要用于满足人类较高层次的精神需求或附加值生产需求，它的需求弹性较大。[①] 文化创意金融主要服务于人们的精神需求。从需求出发来看文化消费者的购买行为，根据消费资本化理论，文化创意金融可能产生一系列经济效应：一是规模经济效应；二是消费聚拢效应；三是资本沉淀效应；四是社会资本效应；五是市场压力效应等。

规模经济效应是指追赶创新产品的消费者将在新闻媒体或社交媒体的引导下凝聚在最初尝试消费资本化的企业和产品周围，有利于文化创意企业的产品范围和地域范围的扩张，规模经济将非常明显。

消费聚拢效应是指通过消费资本化将消费者作为本企业一位投资人和成员，分享企业的发展成果，这种诚意、周到的服务和互动将培养消费者忠诚度，使消费者聚拢到这样的企业周围。

资本沉淀效应是指随着消费的扩大，消费者的消费额为企业沉淀出一个十分庞大的并将以算数或几何级数递增的资本存量，为企业获取持续的资金支持。

社会资本效应是指文化创意企业通过纵向联系、横向联系和社会联系摄取稀缺资源，从而丰富企业的社会资本量、整合市场资源，形成以企业为核心、由消费者推动的强势市场。

市场压力效应是指消费者对企业的投资和对企业生产销售的浅层参与有利于给文化创意企业带来建设性的市场压力，进而提高企业的质量管理意识，推动产权改革、现代企业制度建设方面的变革。

四、价值的衡量标准难以统一

在进行文化创意行业投资的过程中，很容易对物化表达的部分进行衡量，但却很难对内容部分的价值进行量化。因此，文化创意金融往往在价值判断上难以形成统一的标准，给文化创意金融的投融资活动带来一定的阻碍。

---

① 魏鹏举.内生增长理论视野中文化创意产业的八大特征[J].投资北京,2008（7）.

五、产业发展核心理念符合中国经济发展方式转变的需求

文化创意产业具有高知识性、资源消耗少的特征，结合文化资本的特征可以知道，文化创意金融是符合"创新、协调、绿色、开放、共享"的发展理念的。文化创意金融产业业态的多元化、多层次发展会是一个长期的生态发展过程，有利于推动我国产业结构高级化进程。

六、为投资者提供分享中国经济增长的投资机遇

文化创意产业的价值发现过程需要文化创意金融的支持，在经济稳定发展的情况下，中国文化创意市场将成为投资的绝佳领域之一。此外，中国在全球具有最大的经济储备，经济崛起带来的增长以及充足的流动性，使得文化创意金融产业成为分享中国经济增长的又一投资工具。

第四节　文化创意金融融合的基本条件

鉴于文化创意金融的特殊性，文化创意与金融的跨界融合发展不是简单的资金融通或投资行为，而是在尝试摸索中不断营造新的商业和增长点并形成新业态。在这一过程中，文化创意金融融合发展需要具备一定的条件。

第一，文化创意金融需要较为成熟的金融市场。当前我国金融市场中，金融工具产品及金融机构日益成熟完备，使得文化创意企业参与金融市场开展融资成为可能。一方面，部分文化创意企业具备较为先进的资本运作理念，能够熟练运用各类现有金融工具，包括新设金融机构、开展并购或成立股权投资金融机构等，有效实现了资金融通。另一方面，成熟的金融市场已有较为成熟的、多元化的金融机构以及文化创意金融产品和工具，为中小文化创意企业提供融资渠道等金融服务，推动文化创意产业加速发展。

第二，政府政策支持为文化创意金融融合提供强有力驱动。文化创意产业由于具有特殊性，往往存在融资难的问题，需要政府部门对金融机构进行引导，为文化创意产业提供政策上的支持。从英、美、日等发达国家经验来看，政府在政策上对文化创意金融的引导和规范，是文化创意产业发展的一大先决条件。近年来，党中央、国务院陆续出台一系列支持民营资本进入金融业的政策，提出"加快发展民营银行等中小金融机构、鼓励民间资本设立产业投资基金"，进一步为文化创意企业金融融合发展提供有利条件。

第三，金融人才队伍的培养与扩大为文化创意产业提供了大量智力资源。随着高校对金融人才的培养和个人对职业生涯规划的重视程度逐渐加深，传统供职思维定式和人才对业态的选择已被打破，金融人才流动速度逐渐加快，因此文化创意产业与金融的融合上更容易找到具有金融从业经验的人才，为文化创意金融的融合发展提供了人才基础。

第四，技术的不断革新使得文化创意企业规模不断扩大，创造巨大的资金需求，为文化金融融合发展提供契机。随着传播技术的不断更新和文化企业的规模性生产，文化创意企业不断突破传统文化企业的发展路径，利用媒体传播资源及公众影响力，扩大了影响力和文化创意产品的传播范围。这样的文化创意企业在进行融资的同时，能借助其影响力给投资方形成较好的投资案例，形成营销和品牌助力，因而尤其受到资金方的青睐。随着文化创意企业规模的扩大，越来越多的融资需求将为文化创意金融融合提供契机。

第五，金融创新有助于天使投资、PE/VC 股权投资、互联网金融等新兴领域跨界支持文化创意产业。文化创意企业的特殊性导致其对融资和风险管理等金融服务上有特殊的需求，往往造成文化创意企业的融资困境，只有在金融创新的基础上，为文化创意企业提供与之相适应的金融服务，建立与之相匹配的资产评估体系，才能促进文化创意产业与金融融合的健康有效发展。

第三章 我国"文化创意+"金融互动发展的表现与特征

　　发展文化创意产业既能促进产品和服务创新,更能催生新业态,培育新动能。在文化产业发展过程中,金融发挥着文化产业助推器的作用,同时,当代金融的创新也需要与文化产业相融合。文化产业在我国从兴起到全面发展,得益于国家相关政策的支持,尤其得到金融政策的鼓励和扶持。随着人民消费水平的提高,对美好生活的需求度越来越高,文化创意与金融的融合作为服务产品和精神产品的代表,正逐渐迸发出巨大的能量。

第一节　我国"文化创意+"金融发展的表现

随着我国人民消费水平的提高,对美好生活的需求度越来越高,文化创意与金融的融合作为服务产品和精神产品的代表,正逐渐迸发出巨大的能量。自2012年以来,国家层面上出台了多个促进文化金融合作的政策文件,各地政府在实践领域的共同探索,逐渐形成了包括银行信贷、债券融资、投资基金、社会投资、资本市场等在内的多层次、多渠道、多元化的文化创意产业投融资体系。[①]

2012—2018年,文化创新驱动了中国经济的发展。在传统社会领域方面,国家推动教育、体育等方面的改革,并大量增加医疗、养老等服务供给;在新兴产业方面,发展壮大新动能,做大做强新兴产业集群,促使产业与"互联网+"强强联手;在精神文化方面,深入实施文化惠民工程,培育新型文化业态,繁荣文艺创作,发展新闻出版、广播影视、档案等事业,加快文化产业发展。[②] 同时深入中外人文交流,增强中华文化影响力,以中国特色社会主义文化的繁荣兴盛,凝聚起实现民族复兴的磅礴精神力量。[③] 本文接下来将分别从金融创新"助力"文化企业发展、互联网技术促进文化创意与金融的融合和文化创意与金融产品推陈出新三个角度阐述文化创意与金融发展的表现。

---

① 张振鹏.文化金融合作的现状与趋势[EB/OL].(2018-12-27)[2019-03-01]. http://www.sohu.com/a/284784465_712171.

② 张晓燕.聚焦新时代传播好声音:两会新闻出版热点综述[J].中国报业,2018(5).

③ 张贺.党的十九大报告在文艺界反响热烈 抒写民族复兴的文化篇章[N].人民日报,2017-11-02.

一、金融创新"助力"文化产业发展

金融是现代经济的核心，文化建设要高质量发展，要满足人民日益增长的美好生活需要，不论是文化公共基础设施的建设、文化产业的跨越发展，还是文化领域供给侧改革的深入推进，都离不开金融资本的支撑。文化建设高质量需要金融创新，进一步加快文化金融创新步伐，才能更加有效地激发文化创造和金融创新活力。

（一）文化产业融资环境逐步改善

1. 政策环境

自 2005 年以来，我国文化产业一直保持中高速增长。2017 年，文化产业发展过程中，资本市场投融资活动活跃。监管趋严背景下，新的文化金融政策内容对风险较高领域持谨慎策略，文化金融各领域发展格局日渐清晰，调整之下，文化金融政策的主体部分得到进一步延续和深化，主要表现在三个方面。

第一，中央和文化主管部门出台的国家级政策文件中的文化金融内容，延续了以往发展文化金融的政策基调。

2017 年国家部门出台的文化政策文件主要包括 2017 年 5 月 7 日中共中央办公厅、国务院办公厅印发的《国家"十三五"时期文化发展改革规划纲要》、2017 年 2 月 23 日文化部印发的《"十三五"时期文化发展改革规划》、2017 年 4 月文化部印发的《关于推动数字文化产业创新发展的指导意见》等规划性或指导性文件。《国家"十三五"时期文化发展改革规划纲要》作为顶层规划文件，在"完善和落实文化经济政策"中明确要求"发展文化金融"：鼓励金融机构开发适合文化企业特点的文化金融产品；支持符合条件的文化企业直接融资，支持上市文化企业利用资本市场并购重组；规范引导面向文化领域的互联网金融业务发展；完善文化金融中介服务体系，促进文化金融对接；探索开展无形资产抵押、质押贷款业务；鼓励开发文化消费信贷产品。

第二，地方政府出台文化经济政策，结合本地实际延续和贯彻既定文化金融政策。

各地方政府在 2017 年至 2018 年年初的相关政策中也重点涵盖了文化金融的内容，北京、上海、江苏、广东、陕西等地在文化金融政策制定和执行方面较有成效。总体上，各地在相关文化产业发展规划中继续延续和贯彻了文化金融政策，结合本地实际细化了国家政策并出台具体落地方案；各地政策关于文化金融的内涵已经比较清晰；各地对文化金融的定位不同，因而发展方向不同。

第三，地方出台的文化金融专门政策虽然较少，但在实施层面深化和细化了文化金融政策。

自从2014年《关于深入推进文化金融合作的意见》出台以来，各地方政府根据这一政策纷纷出台相应的"实施意见"，如《上海市关于深入推进文化与金融合作的实施意见》等，主要集中发布于2015年和2016年。按照一般规律，2017年应对前期出台的文化金融政策的执行情况进行评估。虽然2017年新的文化金融专门政策较少，但很多地方根据国家政策出台了就特定事项细化落实的政策文件，如文化金融合作试验区、投贷奖等。

2. 经济环境

从文化金融目前的发展态势来看，文化产业的经济规模和文化金融市场的规模越来越大。从市场规模、参与的机构、文化金融产品的创新，到融资渠道、金融科技在文化领域的应用，包括文化金融政策体系的建设，都有长足的进步。

自2010年以来，文化创意金融业一直呈现增长上行趋势，现在已经形成基本的政策体系框架。2016年之后，文化金融受到内外部因素的影响，呈现较大的结构性波动，各类金融资产在文化产业里波动的程度和产生的原因并不一致，其中传统的影视制作受影响较大。2018年，国家经济形势稳中有变，整体经济环境对文化产业形成了压力，需要在未来2~3年内取得突破。以民营经济的争论为例，文化产业里，民营文化企业有4万多家，占整体文化企业总数的73%，营收7.6万亿元，占了整体文化企业利润总额的83%。

从文化金融角度讲，如果在文化产业里，民营经济发展受到限制，同时又缺少文化金融的支持，中国可能会退回到计划经济时代，那么文化金融将是无源之水、无本之木。另一个影响因素是中美贸易战，贸易战将对文化金融、文化产业金融造成直接而广泛的影响。一方面，文化产业可能被整体边缘化，另一方面，国家文化产业与国际文化产业融合发展道路可能被阻断。

文化产业作为第三产业的重要组成部分，对于我国经济增长、经济转型升级、拉动消费和降低失业率具有重大意义。2017年，我国第三产业增加值为42.70万亿元，比2016年增长8%，其中文化产业增速大大高于第三产业平均增速，2013年文化产业增速占第三产业增速比例为8.13%，为历年最高；2017年全国文化及相关产业增加值为34722亿元，第三产业增加值427032亿元，占比又达巅峰8.13%（见图3-1）。①

图3-1 2004—2017年文化及相关产业在第三产业增加值的比重

数据来源：根据公开资料整理。

连续高速增长的中国经济，为我国文化产业创造了巨大的直接精神性需求和丰富的间接生产性需求。自2005年起，我国的文化产业真正起步腾飞，其产业规模在不断扩大，文化创意产品在设计水平、生产品质乃至经销层面均取得了较大进步，文化创意能够真正融入产业发展当中，由精神理念渗透到产品设计制作，并由生产销售体系实现经济转化，创造着越来越多的经济价值。2010年和2016年文化产业占GDP的比重分别是2.70%和4.14%，2017年全国文化及相关产业增加值为34722亿元，占GDP的比重为4.20%（见图3-2），比上年提高0.06个百分点，2017年文化及相关产业增加值保持平稳快速增长，占GDP比重稳步上升，在加快新旧动能转换、推动经济高质量发展中发挥了积极作用，不仅实实在在地实现了自身产业规模的扩大，还在夯实基础、实现持续发展的同时带动了其他产业的发展。②

---

① 张洪生，金巍. 创新的力量：美丽中国建设路径探析［M］. 北京：中国传媒大学出版社，2014.

② 李春影. 中国文化产业经济增长影响因素的实证研究［J］. 时代金融，2016（15）.

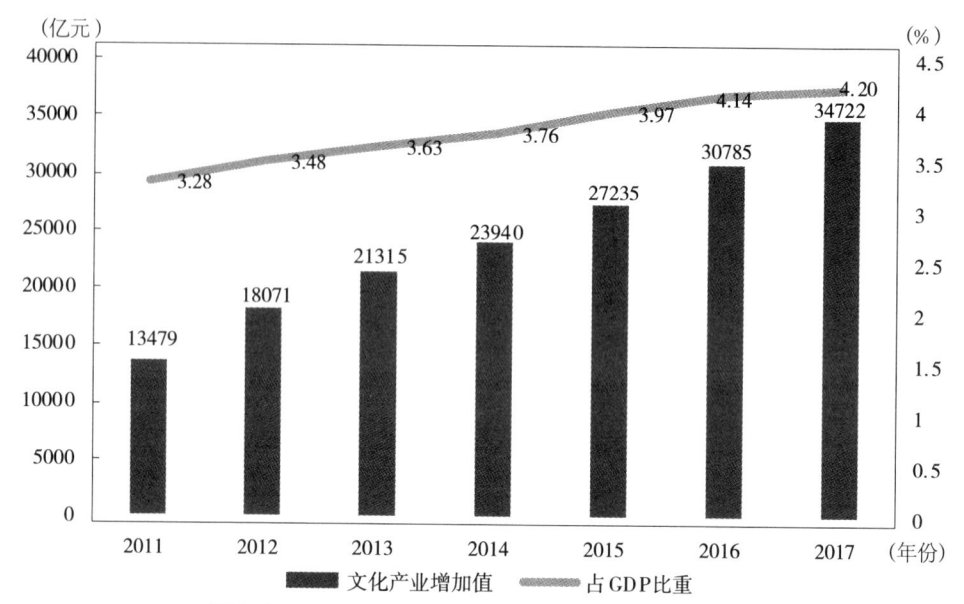

图 3-2　2011—2017 年文化产业增加值及其占 GDP 比重

数据来源：根据公开资料整理。

3. 金融环境

金融环境日益优化，公共财政对于文化领域的扶持力度不断加大，文化产业发展的基础公共环境大幅改善；银行信贷资本对文化产业投资价值的认知日益深入，艺术品等投资理财产品越来越受欢迎；风险偏好型的资本表现出了对文化产业的高度兴趣，投入的力度和规模不断加大。

传统金融机构中，以银行、保险公司、信托公司、证券公司为代表，纷纷推出文化金融产品，保监会和文化部推出的试点方案中将 11 个险种归属为文化保险。文化企业通过债券市场进行融资，文化融资租赁企业、文化融资担保企业等成立，以政府为依托的文化产业投资集团成为重要的投资力量，各类文化产业投资基金开始运营，民间资本通过私募基金等渠道投资文化产业。在全国各地文化产业与金融合作政策的推动下，各类资本逐渐向文化产业广开融资之门。2014 年和 2015 年是资本进入文化产业最为迅猛的两年，其中 2014 年文化产业资金流入规模达 3253.16 亿元，较同期增长 275.43%；2015 年，文化产业资金流入 3241.8 亿元。文化企业贷款方面，不少银行针对文化企业"轻资产、高发展、重创意"的特点，采取了差异化的审核标准，建立文化金融绿色审批通道，加大了对文化产业的支持力度。文化企业债券方面，文化企业发行债券的比例增加、融资规模扩大，深受保险等资金的青睐。文化产业投资基金方面，在文化部的推动下，文化产业投资基金成立且一直保持较快的增长，大量机构包括建设银行、凤凰卫视、大摩等均发起设立文化产业基金，引导了一波文化产业基金热潮。①

（二）融资创新推动文化资源整合

十八届三中全会提出要建立多层次的文化产品和要素市场，鼓励金融资本、社会资本、文化资源相结合，推动融资模式不断创新。"十三五"规划也指出，要鼓励金融机构开发适合文化企业特点的文化金融产品，支持符合条件的文化企业直接融资，支持上市文化企业利用资本市场并购重组，利用互联网发展文化领域的业务，并建立健全文化中介服务体系，发展多样化、个性化的文化金融产品。

传统金融机构的业务模式正逐渐更新，包括文化产业与保险、融资租赁、众筹和融资担保等模式，这些业务创新解决了文化企业资产轻、无抵押品的难题，满足了大多数文化企业的资金需求，既解决了大制作的规模化投资，也推动了许多小众类和创新类文化项目。并且融资模式的改变加快了不同区域与行业间的文化资源的结合，一些有影响力和竞争力的文化企业脱颖而出，初步构建了新生态文化产业链和文化消费市场，推动了产业的转型与升级，成为整个文化产业行业发展的动力和新的增长点。②

目前我国文化企业融资主要被分为两种，即债权类和股权类。债权类主要指文化企业通过无形资产的抵押或者质押的方式向银行信贷融资和发债，例如将根据每个企业的产品特点设计的金融产品拿到银行作为抵押品，取得信贷资金。

股权类则是直接融资，是文化企业融资的主要方式，如通过新三板市场、四板市场和众筹市场等进行股权融资等。闫玉刚等人通过研究60家文化类上市公司的财务数据发现，股权融资对于上市公司总资产收益率的贡献远高于债务融资的贡献（平均高出5个百分点）。③ 专栏3-1以北京市首家融资租赁公司的情况为例，了解文化无形资产融资的新模式。

---

① 杨涛，金巍.中国文化金融发展报告（2017）[M].北京：社会科学文献出版社，2017.
② 肖昊宸.金融创新激发文化产业活力[J].中国社会科学报，2017（12）.
③ 闫玉刚，王潇斐.我国文化产业上市公司债务融资与股权融资的效率解析[J].中国传媒大学自然科学报（自然科学版），2017（6）.

专栏3-1 内地首家文化融资租赁公司于北京成立

北京市国有文化资产监督管理办公室于2014年9月1日成立内地首家文化融资租赁公司，以期开创文化无形资产融资新模式，可为文化企业提供总额112亿元的融资服务。2014年，公司已针对广播影视、动漫、游戏、文艺演出、新闻出版、广告等文化细分行业迅速建立起18种融资租赁经营模式，不仅提供实体硬件设备租赁，还通过"直租"和"售后回租"的方式，在国内率先开展文化无形资产融资租赁服务。

为破解文化无形资产融资难的困境，北京市文资办将成立文化产权交易中心和第三方文化无形资产评估机构，建立对文化企业无形资产科学评估、认定、确权的机制；建立文化无形资产融资风险补偿机制，设立总额上亿元的风险补偿金；利用已成立的文化投资发展集团、文化基金、文化担保等文化金融实体，打出"服务组合拳"。

该公司与爱奇艺、四达时代集团等17家文化企业签订合作协议，启动文化融资租赁业务，首期提供26亿元的融资额度。作为文化融资租赁公司的首批合作伙伴之一，北京爱奇艺科技有限公司CEO龚宇表示，爱奇艺在用户规模、市场方面已是行业翘楚，企业利润率却不高，原因在于企业每年购买的电影电视剧版权费用过于庞大，公司有意借助文化融资租赁公司平台，买入其所需电影电视剧版权后再回租，以此迅速提高利润率。

虽然国家政策、金融机构和社会资本等都对文化产业给予了大力支持，但由于人们文化生活水平的提高，市场对文化产品的需求不断递增，可以通过金融与文化创新的模式来解决现阶段文化产业资金规模不足和金融产品不足的问题。创新文化产业的融资模式有多重意义，首先，能够帮助企业进行跨地区的并购与重组，利用优质资源，打造产业链。其次，可以丰富文化产品体系，构建形式多样、层次高的文化产品，促进产业内的技术创新、模式创新、内容创新，提高企业的产品效率，持续激发产品的创造力。值得强调的是，除了上述的要素创新，资本的产生和利用方式也不可忽视，它是金融创新的核心。创新的资本方式能够极大节约使用成本、提高使用效率，增强企业资本管理能力和治理能力，不仅能解决外部约束问题，同时也是解决产业内生动力问题的关键。

文化供需均衡的意义在于：一是提高企业管理能力，完善治理结构，提升文化产业整体治理水平。企业通过不断完善自身的融资结构和资金使用效率，融资能力大幅提升；二是有利于金融机构不断开拓思路，丰富多元化的融资手段，利用资本市场为文化产业发展提供充足的资本供给；三是满足人们精神生活的需求，强化文化产业的经济属性，推动文化产业融入国民经济体系。[①]

（三）金融创新支持文化产业路径多样化

文化已成为我国综合国力的重要组成部分，是国家"软实力"的集中体现，而金融作为引导资源配置、调节经济运行、服务社会经济的中介，能够以市场化的方式推动文化产业的发展。《中共中央关于全面深化改革若干重大问题的决定》指出，建立多层次文化产品和要素市场，鼓励金融资本、社会资本、文化资源相结合。因此，要创新金融支持文化产业的途径，改变原有发展的状况，借助新型资本力量，实现文化产业与金融业的无缝对接，推动经济持续发展。金融支持文化产业应采取以下对策。

首先，应凝聚金融支持文化产业的共识。文化作为国家"软实力"的集中体现，在提高全民素质、增强民族凝聚力方面发挥着重要作用。但是相对于其他较为成熟的行业，文化产业的发展水平低、实力较弱，单纯依靠自身积累很难实现文化产业大发展大繁荣的战略目标。因此，要发挥金融的"催化剂"作用、资源配置的"调节器"作用，以创新视野跳出传统窠臼，畅通文化产业与金融业对接通道，借助资本的力量实现快速发展，改变以往主要依赖"政策性投入"输血的状况，既符合经济转型、产业升级的总基调，又能顺理成章地实现金融与实体经济的良性和谐发展。

其次，应营造金融支持文化产业的良好环境。

一是发挥财政资金的杠杆作用。政府文化管理和财政等相关部门要重视与金融部门的沟通协调，通过工作联系和信息交流，及时掌握国家出台的支持文化产业发展的优惠政策和措施。通过设立文化产业发展专项资金和文化产业投资基金、项目补贴、补充资本金、风险补偿等方式，对金融支持符合产业发展规划、具有龙头带动作用的文化企业或项目给予贷款贴息，对新增文化产业贷款或担保代偿形成的损

[①] 肖昊宸.金融创新激发文化产业活力[N].中国社会科学报，2017-06-09.

失给予补偿，鼓励引导金融机构及各类社会资本参与文化产业运营。逐步提高文化产业的规模化、集约化、专业化水平，进一步提高文化产业整体的市场化水平。

二是探索建立知识产权融资的交易平台。加快制定和完善规范版权等无形资产的评估，培育流转市场，为金融进入文化产业的产权和资产的转让、租赁、退出提供渠道，降低处置成本，提供优质服务，由银企双方根据市场原则双向选择合作项目。加快配套制度和中间服务体系建设。首先，设立文化产业中间服务机构，加强与文化产业相关的各部门之间的联动，打造综合服务平台。其次，政府出台相关政策，如《文化产业信贷贴息与风险补偿办法》，对文化企业给予一定的补贴，并且对为文化企业提供信用担保的企业给予政策优惠。再次，实行税收返还或者税收减免政策，根据不同类型的文化产业制定不同的税率标准，如对机构或者企业实行差别税率，对个人或者团体给予所得税优惠。最后，推动抵押、担保、评估金融机构的发展，建立版权、著作权等无形资产的评估和交易平台，明确规定版权的抵押、担保、质押制度及版权评估制度，制定合理的版权评估标准及办法，解决文化企业的无形资产定价难的问题。[①]

三是建立中小文化企业信息测评体系。中国人民银行分支机构要加强货币政策的传导，引导支持金融机构改变现行的信用等级评定中过多依赖财务指标体系测评企业信用的规模歧视，将测评重点放在文化产业中小微企业主的个人信用记录、企业快速发展和增长潜力等方面，逐步建立适合中小文化企业特点的信用等级测评体系。

四是扩大文化产业担保范围。借鉴中小企业担保公司的成功经验，拓展现有中小企业担保公司的担保范围，鼓励其开发适应文化产业融资需要的担保业务，发挥担保公司合理分担风险的作用。

五是引导中小文化企业"强身健体"。政府相关部门、银行、工商联、行业协会等联袂合作，发挥社会综合服务功能，帮助文化类中小企业解决管理、诚信等问题，全面提升素质，"强身健体"，"练好内功"，以实际行动取信于银行，让银行放心地为其放贷。

同时，要创新适应文化产业特征的金融服务。一是制定适应文化产业特点的信贷政策。金融机构应将文化产业列入朝阳产业信贷支持类，在担保、利率等方

---

① 候英.以金融资本助推文化产业发展［N］.光明日报，2014-01-12.

面给予优惠。对文化产业设置有别于工商企业的信用评级模块,制定版权、知识产权等无形资产质押贷款指引等,为文化企业提供优质服务。二是创新支持文化企业信贷模式。适应文化产业缺乏固定资产作抵押物而拥有版权等知识产权的运营方式和特点,弱化对其财务指标的考核,转变以设备、厂房等有形资产抵押的担保思路,开办知识产权、专利权、商标权、著作权、版权等无形资产质押贷款、企业联保互保贷款等,创新以版权质押为核心、辅以专业担保的方式向文化产业提供信贷支持,以及对优质文化企业给予信用贷款。三是简化贷款程序。针对不同层次的文化企业客户采取不同的贷款流程,简化贷款流程,每个流程环节制定标准化操作方法、风险评估及相应的控制手段,设置标准化的业务受理模板,为中小文化企业客户群提供标准化、批量式,方便、快捷的信贷产品。四是提供个性化的金融服务。针对资产规模小,尤其是租赁经营的文化类小微企业,尝试开发针对法定代表人的信贷产品,由法定代表人作为承贷主体,承担还本付息责任。对资金需求量小、频次多的小微文化企业,可实行一次核定、周转使用的机制,采取灵活的还款方式,推动银行信贷批量投入中小文化企业集群。① 国内首家互联网知识产权金融平台的案例见专栏3-2。②

专栏3-2 国内首家互联网知识产权金融平台

近年来,政策制度开始明确支持知识产权金融的发展。2017年1月,国务院发布了《"十三五"国家知识产权保护和运用规划》,"创新知识产权金融服务"首次被列入国家重大专项规划。

在这样的历史时机下,知商金融利用自身多年知识产权领域的经验优势快速切入了这一领域。作为中国首家互联网知识产权金融平台,知商金融在整个互联网金融圈中也独具特色。知商金融定位于解决企业用知识产权作为主要质押物来融资的平台,创建的初衷就是帮助创新型企业以知识产权与资本有效对接,并不涉及其他资产类型的融资,如车贷、房贷、消

---

① 易笑薇.金融支持文化产业的路径要多样化[J].中国文化长廊,2013-05-31.
② 国内首家互联网知识产权金融平台,知商金融解决科创企业融资困局[EB/OL].(2018-08-28)[2018-09-28].http://www.sohu.com/a/250512518_117373.

费金融等。

知商金融成立于2015年6月,其母公司是全球领先的知识产权运营机构——汇桔集团。汇桔集团包括四大板块:知识产权金融服务平台知商金融;知识产权与企业服务资源共享平台汇桔网;国际知识产权众创空间知商谷;知识产权交易平台IPCC(汇桔交易中心)。

在知商金融的平台上,借款人通过自有知识产权质押向平台提出融资需求,平台风控审核后,将优质借款需求公开推荐给众多投资人进行投资,募集大众资金以满足借款人的发展需求,借款人同时承担一定的利息回报给投资人,知商金融平台收取一定的委托交易服务手续费,实现借款人、投资人和平台三方共赢。

此外,要拓展文化产业多元化融资渠道。发挥保险公司机构投资者的作用和保险资金的融资功能,鼓励保险公司投资文化企业的债券和股权,引导符合条件的保险公司参与文化产业投资基金。同时,要支持文化产业面向市场融资。在融资方面,首先,政府财政要支持,直接给文化项目拨款。积极鼓励民营企业家成立私募股权和风险投资类公司,直接投资于项目,帮助文化项目做大做强。其次,鼓励文化企业利用股票、债券市场进行融资。在股票市场上,通过"政府鼓励、行业推动、企业主导、投资机构参与"的模式,提高文化企业的上市速度;在债券市场上,降低发债标准,修改信用评级,鼓励文化企业发债筹集资金,筹资方式有发行企业债券、私募债、集合票据等。集合票据是指依靠协会或者组织集体发行来规避单个企业不够格的情况,提高发债效率。还可以通过知识产权交易和新三板来融资,或者利用民间资本融资和国外资本融资,通过独资、合资、合作、联营等方式进入文化市场。[①] 然后,要加强间接融资的支持力度,创新文化产业信贷产品。由于我国多元化和多层次的资本市场还未建立,文化企业的融资渠道基本上都是商业银行,因此要加大商业银行对文化企业的贷款支持。同时由于我国文化产业资产轻,文化产业价值低,一般的传统金融机构不愿意去尝试,导致融资的流程复杂,时间也花费较长,对此可以建立专门为文化企业融资服务的金

---

① 王迪,朱学全,马云平.我国文化创意产业投融资问题的探讨[J].中国集体经济,2015(12).

融机构，提高融资效率。在创新文化产业信贷产品方面，开发合适的信贷产品和贷款模式，商业银行应该积极探索联保联贷等方式向中小文化企业提供金融支持，鼓励保险机构开发适合文化产业发展需要的保险产品，分散银行对文化产业的信贷风险。[①] 温州银行的融资担保模式创新的情况如专栏3-3所示。[②]

> **专栏3-3　温州银行的融资担保模式创新**
>
> 针对文化行业企业"轻"资产的实际现状，温州银行从创新融资模式入手，积极缓解贷款发放中的抵质押难题。通过与温州市信用联盟担保中心有限公司合作，搭建了温州地区小企业融资担保平台，如在对某一家娱乐企业贷款发放中，完全采取担保公司作保的形式，克服了该企业抵押品不足的问题。又例如中信银行温州分行对于影视业，先期可有选择性地介入行业龙头企业和优质企业，尝试探索"软"资产质押的担保方式，如版权质押、知识产权质押、应收账款质押、国内保理等，对具备一定产出规模的企业，摸索多个影视项目打包贷款等授信方式；农行温州分行针对信用等级AA级以上、2010—2012年经常性收支结余之和大于零、主要收入从该分行归集的文化产业法人客户，在以收费权质押作为补充风险控制措施后，可以以信用方式办理信贷业务，解决了企业抵押担保难的问题。

二、互联网技术推动文化创意与金融的融合

随着国家对文化产业的重视，扶持力度的加大，利好政策的密集出台，文化体制改革的不断深化，我国文化产业发展已从探索培育的初级阶段进入了加速发展的关键时期，文化产业市场更加亲民，行业成长空间明显，迎来了前所未有的发展机遇。互联网金融在我国呈现出爆发式的增长态势，而"互联网+文化+金融"是文化产业发展的必然趋势。文化金融产业借助互联网平台，有效融合利用

---

① 张世君.创新文化产业金融担保制度［N］.人民日报，2014-09-30.
② 黄泽敏.文化产业呼唤银行发力［N］.温州商报，2012-11-12.

平台的优势，将使文化产业的潜质得到充分释放，从而长久健康发展。[①]

目前互联网思维正在为中国文化产业带来前所未有的巨大机遇。互联网通过整合创意、硬件、软件、资本等要素，正在形成具有极大包容性的文化商业生态系统，将文化企业和文化消费者的隔阂逐步消融。此举重塑了文化产业的平台经济，形成了平台型企业和平台经济集群，以"免费"和"开放"作为广泛吸附合作伙伴的终极武器。大数据的到来也使中国文化产业能够采用可量化的精确市场定位技术，推动了文化产业对客户的精准服务。在这种环境下，互联网、文化、金融等之间势必越来越呈现融合趋势。[②]

（一）互联网促进文化创意发展的表现

互联网经济引发了全新的商业模式，带来了新的产品和服务，改变了企业生产和销售产品的方式，促进了经济的增长。文化产业需要与互联网相融合，走新型产业化之路，以信息化带动内容产业化，以产业化促进内容信息化，实现文化产业的跨越式发展。利用互联网带来的社会变革，重构文化价值链和文化产品的生产流程及商业模式。

第一，"互联网+"重塑和优化文化产业链。从纵向上看，互联网可以实现文化产业从内容创作、营销推广到文化产业链上游、中游、下游的结构优化，从而实现文化产业的线上、线下联动，整合文化产业链的各个环节，使文化产业多元化发展，为文化产业创造更多价值。从横向上看，互联网打破了文化产业壁垒，推动了各产业要素的流通和跨界融合，将创意、人才资本、技术等资源进行充分整合，打造成跨领域、协同发展的文化产业大平台。

第二，"互联网+"催生文化产业新模式和新业态。"互联网+"影响着文化产业创作、营销到消费、衍生品开发的各个阶段，从根本上改变了文化产品的产业链，催生出互娱模式、协同模式、价值模式等新兴产业模式。同时，互联网还催生了新的文化业态，如自制剧、自媒体以及社群化等。

第三，"互联网+"拓宽文化产业融资渠道。金融机构介入文化产业领域，主

[①] 束勾杏."互联网+"金融的新模式会带动文化金融么[EB/OL].（2017-04-13）[2018-04-13].https://www.zhihu.com/question/58423119/answer/156920157.

[②] 花建.互联网是文化产业发展的新发力点[N].光明日报，2014-12-15.

要从事的是文化产品融资、艺术品信托、艺术基金等几个方面的工作，这些都推动了文化与金融结合的进程和步伐。越来越多的金融机构意识到文化产品值得投资，文化产业也需要资本助力才能进一步壮大。中国艺术品市场研究院副院长西沐曾表示，文化与金融的对接不再是零散的、点对点的，或者仅仅是产品级的，而是体系性的形成，这是文化与金融真正进入体系化发展的阶段，标志着文化创意与金融时代的到来。

第四，"互联网+"突破文化金融发展瓶颈。一方面，互联网由于进一步突破了时空的局限，极大地推动了文化产业本身的发展，不仅刺激了大众的文化消费热情，而且加快了虚拟的文化创意与现实的相关产业的融合，使得文化创意产业链及经营模式不断延展。另一方面，与传统产业的大规模生产和批量化销售相比，互联网经济中创意本身的数量是巨大的，使用互联网的人的数量也是巨大的，因而每一个小的创意都可以转化为现实的需求，供给和需求的对应关系会被互联网以大数据的形式保存下来，成为金融信用的数据源，使得虚拟的创意可能直接成为融资的标的。

（二）文化创意与金融有效融合的内外条件

1. 互联网金融类文化金融平台的出现

互联网金融是共享金融，充分发挥社会资源潜力是互联网金融得以存在的价值基础。P2P、众筹、第三方支付等新模式是当前互联网金融的主要形式，目前互联网金融机构纷纷采用新技术新模式为客户提供服务，使交易更快，成本更低。众筹模式可以直接建立起创业者和用户间沟通的桥梁，帮助创业者实现价值。例如，中国首部以众筹方式融资成功的动画电影《十万个冷笑话》取得了不菲的票房；三亚玫瑰谷景区联合淘宝网成为国内首个旅游众筹项目；海筹上线后，首个登录该平台的文化项目——韩剧《浪漫满屋》中国版连续剧启动众筹，向大众募集资金。2015年3月10日，京东和腾讯视频的"东乐计划"上线，助力挖掘音乐领域新人，开始通过众筹开启原创音乐的新模式。

互联网金融的发展对于推动大众创业、万众创新有很大的积极作用。对于风险投资、天使基金、信贷、债权等方式，国家放开限制，并有明确支持措施。同时，互联网的开放性特点让它具备打破信息不对称、降低交易成本的优势。例如一些798艺术区①内艺术家的艺术品线上交易已经高端量化，有不同的购买人群，例如线上6000元的产品，在画廊里大概卖8000元到10000多元。这种线下和线上交易对接，存在大量信用机制和信息机制在对流交汇。②

2. 文化创意与金融融合的基础性条件的完善和夯实

金融要求收益性、安全性和流通性。收益性和流通性在互联网时代被放大了，如IP的出现，但安全性问题在文化产业领域比较难解决。因为文化企业和文化产品的一个特点是风险性高，难以评估。在新技术条件下，新的评估体系将完成构建，当前有很多公司推出了基于大数据的文化项目评价服务，为文化金融服务提供了可靠的基础，这是大数据金融的一种形式。

3. 中小金融机构作为文化金融的主力成为可能

对于多数小微企业来说，融资难是制约它们发展最关键的问题。但是现代技术增强了中小金融机构的核心竞争力，使得金融服务的范围扩大，这为中小微文化企业提供了新的发展机遇。例如南京市有1.7万多家文化企业，其中90%以上是小微文化企业，文化企业是典型的以文化创意设计、人脑智力思维为主的"轻资产"型企业，它们在经营发展中对于资金的获取更加困难。南京市文化投资控股集团有限责任公司从"文化+互联网+金融"产业融合的角度，通过开展文化金融中介服务、大数据信用服务、专业化特色融资服务、综合文化消费服务等解决了文化小微企业发展难题。

（三）互联网下文化创意与金融的结合模式

如何拓宽融资渠道是文化产业可持续发展面临的重要难题，在互联网平台下，众筹、IP金融、区块链等新的文化金融模式正在出现。

1. 众筹模式

文化产业的本质是内容创新和科技创新的融合。高风险行业很难通过银行贷款、上市融资、债券信托等金融渠道进行融资。而互联网的技术特征催生了草根

---

① 798艺术区：位于北京市朝阳区酒仙桥街道大山子地区，原为原国营798厂等电子工业的老厂区所在地。如今798已经引起了国内外媒体和大众的广泛关注，成为北京都市文化的新地标，因当代艺术和798生活方式闻名于世，798也指这一艺术区引申出的一种文化概念，以及LOFT这种时尚的居住与工作方式，简称798生活方式或798方式。

② 鲁元珍."互联网+"：给文化产业带来什么 创新文化金融合作模式［N］.光明日报，2015-03-19.

创新，个人和小微企业的无形资产比重较大，投资风险较大，收益很难控制，因此催生了互联网众筹融资模式。众筹融资模式是一种基于互联网的全新商业模式，是指一些人通过互联网众筹融资平台为一些创意项目提供资金支持，项目发起者在融资平台展示项目，投资者进行投资并最终通过实物或股权获益。众筹模式可以为小微创业者提供资金和技术支持，解决小微企业融资难的问题。众筹不仅仅为文化产业提供资金支持，也是一种高效的营销方法，使文化创意与消费者的距离更加贴近，能够在产品上市前得到较精准的消费者个性化需求以及即时的市场反馈，大大降低了产品投入市场的风险，使文化产业的创意生产力大大提高。但是众筹模式在法律和行业监管上仍然存在着一定的不确定性和风险。中国众筹金融模式刚刚起步，如淘宝网及一些视频网站已经在践行这种众筹模式，草根创意者、艺术家和小微企业可以通过互联网平台展示创意，预先向投资者募集资金。在中国的国情下，需要在法律框架和行业监管范下孵化创意，变创意为产业生产力，为小微企业提供金融服务和创意产品的营销推广服务。

众筹不同于传统意义的集资，就因为其互联网特性和新的市场规则。股权众筹、债权众筹通过互联网技术实现跨地域、跨越传统人际关系，产品众筹、奖励众筹更使得消费者能够参与生产，消费者意见不是通过问卷而是"投票"传递给厂商。因此，众筹虽小，但却具有很深刻的社会意义和市场意义。[1]

2.IP 金融

IP 金融，是以专利、商标、著作权等无形资产为主要标的的投融资活动。通常通过定价、作价、担保和保险等操作，将 IP 的内含价值转化为具有客观价格、能够流通的金融产品或收益权，如证券化产品、质押权、股权或众筹份额等。IP 金融要达到的目的是引导金融资本进入知识产权领域，实现 IP 与金融资源有效融合，促进 IP 的形成与价值挖掘，对传统产业进行转型升级，以及对战略性新兴产业培育发展。当前来看，IP 技术越来越走进我们的生活，如专栏 3-4 所示。[2]

---

[1] 金巍.互联网经济背景下的文化金融新形态［EB/OL］.（2016-09-13）［2018-09-13］.http://collection.sina.com.cn/wjs/jj/2016-09-13/doc-ifxvukhv8269561.shtml.

[2] 钟基立.IP 金融是什么？如何从中寻找机会？［EB/OL］.（2016-06-18）［2018-06-18］.https：//bbs.mysipo.com/article-7514-1.html.

从传统的 IP 分类来看，在 IP 金融的发展上，商标、著作权以及专利权正呈现不同的局面。在商标方面，2015 年商标局共办理商标质押登记 1123 件，个别省份累计融资金额破百亿元，越来越多的银行和担保机构参与进来，质押数量与融资金额节节攀升。而从商标注册总量来开，这些交易只占很小一部分，因此还将有巨大的发展空间。在著作权方面，特别是影视 IP 融资，也产生了些"泡沫"。近年来，亿元电影项目贷款司空见惯，期间出现了"将来 IP 融资"，以及利用社交媒体进行的"类证券化融"模式。直到《叶问 3》票房造假风波，才出现调整声音，但热潮却丝毫未减。相较之下，专利方面的发展比较少，原因在于 IP 内含价值转化为客观价格的难度大。

专栏 3-4　IP 技术走进生活的案例

案例一：包子都卖到美国了知道吗？还包着当地盛产的龙虾。如果觉得这太通俗了，那可看扁了卖包子的。包子可是中国传统饮食文化，制作过程富含工匠精神；重新用视觉、嗅觉、味觉、触觉四个维度来教外国人体验包子。涉及的技术，只限于你的想象，从关键成分超临界萃取、云端 ERP 到保鲜冷链等尖端技术，全都用来增加包子的风味与营养。而 IP 的加值，自然就是利用专利来固化这些创新，对特殊配方技术诀窍进行保护，并以商标和著作权强化品牌形象价值。

案例二：泡茶机。如果这只让你想到老家客厅桌上的那副茶具，那你可能错过了"NESPRESSO 胶囊咖啡机"上市时的巨大轰动，忽视了它的茶叶版所可能具有的商业潜力。文化上，中国"茶道"自然蕴含着深邃的内涵。而科技加值，从精密机械、芯片设计、传感器、人工智能到农业 4.0 物联网，全都能给茶艺的品位和便利性提升好几个档次。想象一下，中国有上百茶种，存在土质环境、气候条件、烘焙发酵、储存年份的差异，经由农业 4.0 物联网所建立的生产履历，下载到你手里的 APP，人工智能分析你的偏好，当你还在家门口停车时，按个按键，开门入户，香味四溢的茶汤便在桌上等着你了。

3. 区块链技术

互联网领域中，技术可以高效地解决某些传统法律问题，对于法律无法及时做出回应的新业态，技术就是产业规范，是法律的重要补充。区块链技术在文化创意产业中的现实生活应用表现主要有以下几个方面。

（1）打击网络盗版。文化创意产业包括了影视、文学、动漫、音乐、视频、游戏等以及其相关的数字形式，涉及内容的生产、复制、流通和传播等主要环节。在"互联网+"时代，文化创意产业迎来了新的发展机遇，但也遇到了不少挑战。互联网的网络效应、快速传输、低成本性，加上各种盗版技术的层出不穷，使文化创意产业面临着盗版猖獗的挑战。网络盗版给文化创意产业带来的巨大经济损失是有目共睹的。

首先，网络盗版直接带来的是诸如工作流失、版权价值缩水、损失大量优秀作品等负面影响；其次，由于网络盗版内容的低俗，加上虚假广告、木马病毒、作品质量低下等特点，劣质内容也给用户体验带来极坏的体验，影响消费者对正版作品的感受，造成版权市场的恶性循环。原本随着知识经济的兴起，IP本应成为文化创意产业的核心竞争力要素，但当下互联网产业生态圈里知识产权侵权现象依然严重，网络著作权官司纠纷频发，原创盗版遍地、举证困难、维权成本过高等问题成为文化创意产业的尖锐痛点。

此外，对于飞速发展的互联网产业，法律不可避免地存在滞后性，一些新型业态无法获得著作权法权利体系下的保护，在转而寻求反不正当竞争法保护的同时，却存在评价标准不一的不确定性。网络盗版如同溃堤之蚁，可以撼动整个文化创意产业赖以生存的根基，因此，在传统的法律法规政策、司法保护、行政执法、行业自律以及企业内部规制之外，前沿技术，特别是区块链技术的发展给文化创意产业的痛点带来了新的解决思路。

（2）提供技术方面的解决思路和价值。规范和技术是解决法律问题的两种进路，当法律事后规制的成本较高时，区块链技术提供了更低成本、更有效率的进路。对于目前文化创意产业存在的各种法律问题，例如新型的盗版模式使得盗版行为更加分散化、隐蔽化，打击难度更大；网络盗版各环节更加细分，责任认定难度更大；用户的正版化意识未能与正版化进程一起提高等问题，区块链技术也许可以提供一种更低成本、更有效率的解决思路。

使用区块链技术，可以通过时间戳、哈希算法对作品进行确权，证明一段文字、视频、音频等的存在性、真实性和唯一性。一旦在区块链上被确权，作品的后续交易都会被实时记录，文化创意产业的全生命周期可追溯、可追踪，这为 IP 权利证明、司法取证等提供了强大的技术保障和可信度很强的证据。因此，如何使用区块链技术来加强供应链的透明度并更好地保护 IP 是文创产业可以重点考虑的问题。

区块链技术不仅在抑制盗版方面有突出的作用，更重要的是，区块链技术的价值可以贯穿文创产业的全产业链。区块链在文创产业的应用主要围绕着四个领域展开，包含区块链 + 内容生产，区块链 + 内容流通，区块链 + 内容交易和区块链 + 内容维权。在具体落地项目中，如腾讯已经推出首款区块链游戏化应用《一起来捉妖》，真正将区块链技术运用到游戏中的功能落地，炫酷又好玩，取得了较好的反响。①

三、文化创意金融产品创新

（一）信贷领域方面

在信贷领域，2010 年 3 月，国家中宣部、中国人民银行、财政部、文化部等九部门发布《关于金融支持文化产业振兴和发展繁荣的指导意见》，这是迄今为止我国针对文化产业出台的最全面的金融扶持政策，标志着银行业全面支持文化产业的号角吹响。文化部于 2010 年 5 月 14 日开通"文化企业信贷申报评审系统"，该系统为文化企业提供在线申请银行贷款服务。文化企业可以通过系统在线提交贷款申请，由各地文化部门初审，再由文化部委托的资产评估机构对其项目可行性进行专业评估分析，最后由文化部根据国家文化产业发展引导方向和评估机构的意见，将优质项目推荐给银行机构。

早期的"部行合作"增加了银行业在文化产业方面的支持力度。不少银行针对文化产业的基本特征，独立设计了一些具有高附加值、特色鲜明的金融产品来为文化企业提供定制化服务。② 我国各大银行早期的一些创新产品见表 3-1。

---

① 金巍. IP 产业和 IP 金融大有可为 [EB/OL].（2016-6-19）[2018-06-19].http：//stock.hexun.com/2016-06-19/184473471.html.

② 陈琛. 文化金融的发展现状及前海对策 [N]. 城海金融城游报，2017-07-12.

表3-1 信贷领域早期创新产品

金融部门	案例
国家开发银行	2010年6月，浙江省分行牵头发起了杭州市文化创意产业"银政投集合信贷——满陇桂雨"首期5000万元发行，缓解了当地24家优秀文创企业的钱荒。2010年3月与西安曲江新区管委会签约，向大明宫国家遗址公园项目投放60亿元文化产业资金。2010年8月，国家开发银行与新闻出版总署签署战略合作备忘录，国家开发银行每年将向新闻出版产业提供至少500亿元的信贷支持。
中国进出口银行	2009年3月9日与文化部签署了《关于扶持培育文化出口重点企业、重点项目的合作协议》。通过采取"文化部组织推荐、中国进出口银行独立审贷"的合作方式，在为期5年的合作期内，中国进出口银行将向文化产业发展提供不低于200亿元人民币或等值外汇信贷支持。此外，向厦门建发集团提供了5.5亿元人民币国际会展服务设施——厦门建发集团海峡交流中心建设贷款。同时，中国进出口银行支持对平遥古城进行保护、开发，平遥古城旅游股份有限公司向其贷款6.6亿元。中国进出口银行还支持上海世博会上驻场演出《CHA》(《茶》秀)剧目在世博会上的演出，向上海市城市舞蹈有限公司提供了800万元人民币的文化产品和服务（含动漫）出口信贷。
中国工商银行	中国工商银行北京分行推出了文化创意产业专项金融产品——"融慧贷"，担保方式为电影版权质押担保＋个人连带保证担保。该行还设立了专门的公司业务部室负责行业的整体调研、营销和拓展工作。2009年6月，中国工商银行向保利博纳提供了5500万元项目贷款，用于《十月围城》《大兵小将》《一路有你》3部影片的制作发行费用。4月9日，中国工商银行北京分行近期为华谊兄弟传媒股份有限公司发放项目贷款1.2亿元，该资金将主要用于华谊兄弟传媒2009年至2010年4部电影《追影》《风声》《狄仁杰》和《唐山大地震》的摄制与发行。2010年1月，工商银行北京分行与北京文化创意产业促进中心签订《战略合作协议》，每年为文化创意企业贷款提供100亿元的授信额度，培育在京的文化企业做强做大。2010年3月25日，中国工商银行股份有限公司北京市分行与中央人民广播电台央广传媒发展总公司银企战略合作协议签约仪式在京举行，签署了意向性信贷协议，总金额达50亿元人民币。
北京银行	北京银行积极创新该行的信贷产品以适应文化企业特点。"创意贷"这一北京银行的特色产品具有三大特点：创新担保方式，接受版权质押等多种组合担保方式；政府贴息支持，减轻企业融资负担；种类多样，满足企业不同融资需求。根据支持对象不同将产品细分为影视制作贷款、设计创意贷款、出版发行贷款、广告会展贷款、文艺演出贷款、动漫网游贷款、艺术品交易贷款、文化旅游贷款、文化体育休闲贷款、文化创意产业集聚区建设贷款10种产品。

2017年，我国主要商业银行继续支持文化信贷发展，纷纷从组织机构、产品创新等方面加大推进力度，商业银行在文化信贷方面的主要举措主要包括以下几个方面。

1. 组织架构方面

（1）山东省首家文创特色银行挂牌。为解决文化创意产业融资难的问题，推进文化产业发展，2017年12月28日，青岛银行正式挂牌成立文创支行，这是山东省成立的首家文化创意产业金融服务机构。文创支行的成立既是青岛银行的一次尝试，也是青岛市委宣传部积极推动的结果。在此之前，青岛市有12万户中小微文化企业，这些企业普遍由于轻资产运营而面临缺少资金的难题。在认识到问题后，青岛市委宣传部坚持问题导向，打造市级文创产业金融服务平台，其重要举措之一就是推动设立文创特色银行。为了提升工作效率，青岛市委宣传部直接选择青岛银行现有支行成立文创支行，解决文创金融服务中存在的信息不对称和信用体系不完善的问题，打通文化金融服务的"最后一公里"。[1]

（2）北京银行北京分行于2017年成立文创金融事业总部，并新设3家文创特色支行。文化中心是首都的四大功能之一。北京的文化产业处于国内领先地位，有着巨大发展机遇。2016年，北京银行成立北京分行，并将服务文化创意产业作为北京分行的重要发展战略；积极规划文化金融发展，花大力气整合资源、谋划创新。为了做实文化金融业务，北京银行北京分行积极做好专营机构建设，如做好文创特色支行、信贷工厂建设。截至2016年年末，北京分行辖内已有9家经总行备案通过的文创特色支行，为文化金融体系建设、风控体系建设积累了宝贵的经验。2017年年初，北京分行将下属小微业务规模居首的琉璃厂支行正式升格为系统内首家信贷工厂。10月，北京银行举行了文创金融事业总部揭牌仪式，进一步升级文化金融专营服务；同时又新成立了大望路、雍和宫两家文创专营支行，打造"四专""四单"业务模式，为专营机构提供优惠政策，加大资源投入。四专是指"专营组织架构、专项指标考核、专属业务范围、专职人员配备"；四单是指"单独绩效考核、单独权限设立、单独审批通道、单独额度匹配"。"四专""四单"业务模式确立了北京分行小微文化金融服务的特色化发展之路，为提升服务发展质效、形成完善的文化

---

[1] 容瑾.青岛设立全省首家文创特色银行［EB/OL］.（2017-12-28）［2018-12-29］. http：//dy.163.com/v2/article/detail/D6OQPMC60530PFOI.html.

金融发展体系提供了重要保证。在新成立3家文创专营机构之后，北京分行已经拥有文化金融特色机构12家，占辖内分支机构总数的30%。[①]

（3）杭州银行在京成立北京文化金融事业部。杭州是"全国文化创意心"重要试点城市，为科技文化金融发展创造了优良的外部条件。杭州银行根植杭州这一文化产业沃土，于2013年成立了浙江首家文化金融专营机构，即杭州文创支行；2016年成立了国内第一家科技文创金融事业部，涵盖科技金融与文创金融两大板块业务，整合长三角深圳三大区域资源，与上百家创投机构、数十家创业园区建立合作，并与政府及专业服务机构一道聚合资源；服务科技文创企业客户近5000家，充分发挥规模经济和范围经济效应。在杭州银行的支持下，《人民的名义》《军师联盟》《建军大业》等一批优秀的文艺作品脱颖而出。为了给北京文化中心建设加油助力，2017年12月26日，杭州银行在京成立了北京文化金融事业部。借此契机，杭州银行发布了为北京文化人才量身定制的"追梦计划"金融服务方案，向北京符合条件的文化人才提供一揽子金融服务方案。同时，成立了"文化梦想导师团"，为文化创业者提供资源与支持。[②]

2. 产品创新方面

（1）交通银行江苏省分行推出"文化征信贷"产品。交通银行江苏分行是南京市首批挂牌文化银行的金融机构，为更好地服务文化企业，2017年交通银行江苏分行推出了"文化征信贷"产品。"文化征信贷"产品的服务对象是经专业机构认证的初创成长期的文创小微企业，其信用风险管理模式是基于大数据的信用分析模式。因此，该产品发展的关键不仅在于交通银行，同时也在于相关合作机构，即南京文化金融服务中心、南京金电文创信用信息服务有限责任公司。前者负责文化小微企业的最终认证，后者负责出具文化小微企业的信用分析报告，交通银行负责发放贷款，额度最高可达500万元，利率最低可执行基准利率。[③]

[①] 陈莹莹.北京银行成立文创金融事业总部、文创专营支行 并发布业内首个IP产业链文化金融服务方案［N］.中国证券报，2017-10-14.

[②] 杭州银行北京文化金融事业部正式成立［EB/OL］.（2017-12-30）［2018-12-30］.http://wemedia.ifeng.com/43153982/wemedia.shtml.

[③] 戎青.交通银行江苏省分行推出"文化征信贷"产品［EB/OL］.（2017-11-14）［2018-12-30］.http://news.eastday.com/eastday/13news/auto/news/china/20171114/u7ai7206192.html.

（2）青岛银行文创支行为文化企业量身定制金融产品。青岛银行在广泛走访调研的基础上，根据不同类型文化企业的特点及需求打造定制化金融服务。对于大部分文化企业而言，轻资产、高成长、高风险是其共同特征。针对轻资产中小文化企业，青岛银行推出五大系列文化信贷产品，分别是影视演艺贷、文化旅游贷、创意版权贷、文创小镇（园区）贷、"一带一路"文化贸易贷。同时，与PE、VC等相关机构合作，试点"投贷联动"模式，打造多元化金融服务体系，为高成长、高风险文化企业提供融资服务。

（3）杭州银行试水影视项目贷款。杭州银行为电视剧《人民的名义》提供项目贷款，树立了文创项目贷款的行业标杆。《人民的名义》在筹拍过程中并非一帆风顺。由于该片题材敏感、演员中没有"小鲜肉"，投资人普遍担心其商业前景，甚至在谈妥后最终选择退出。该片的第一出品人嘉会文化是一家刚成立不久的新企业，无收入、无历史业绩，只有亏损。按照商业银行传统的信贷运作模式，这类企业根本没有可能获得贷款。但杭州银行经过多方调查研究后认为，《人民的名义》获得司法、党政部门多方支持，不仅政治正确、符合社会主义核心价值观，而且演员阵容强大，是一部商业前景看好的优秀作品。基于以上判断，杭州银行特事特办，按照单独的准入政策、审批流程，及时为项目提供了1000万元的纯信用贷款支持。杭州银行北京分行行长陈岚在接受北京商报记者采访时指出，"杭州银行绝不局限于做传统信贷的提供方，我们更愿意以一种开放的姿态来为大家服务，杭州银行现已搭建起'1+N'渠道生态圈，为中小微企业解读政策、对接资源，也让首都市民共享文化金融的成果"。[①]

3. 业务支持方面

（1）北京银行多措并举，为文化产业提供多种业务支持。一是继续深化银政合作，支持北京文化产业发展。2017年8月，北京银行与北京市新闻出版广电局签署了新一轮为期5年的战略合作协议，支持北京新闻出版与广播影视产业发展。根据该协议，未来5年内，北京银行将对为北京市新闻出版广电局提供管理和服务的文化企业提供500亿元授信额度，并对其推荐的优质文化企业提供融资便利，通过"绿色审批通道"的方式提高业务支持力度及效率。

---

① 岳品瑜.杭银不止于传统信贷，探路开放式生态［EB/OL］.（2018-11-07）［2019-05-01］.http：//www.bbtnews.com.cn/2018/1107/273009.shtml.

二是推出业内首个 IP 产业链文化金融服务方案"文化 IP 通"。该方案将文化企业"内容流"与金融服务"资金流"结合起来,涵盖三大服务系列,即"融资通""投资通""服务通"。其中,"融资通"聚焦 IP 产业链上中下游,为核心 IP 的孵化、开发、流通、衍生提供融资支持。

三是举办"文化金融"主题体验活动。2017 年 9 月,北京银行南京分行携手北京京剧院程派传人青昀,在北京银行南京华侨路支行举行"文化金融"票友尊享见面会,并在随后的演出中为南京戏迷献上《白蛇传》等经典剧目。通过"金融搭台、文化唱戏",北京银行不仅提升了自身在文化产业的品牌影响力,也为传统优秀文化传播发挥了积极作用。

四是支持电影作品制作发行。为支持影片《战狼 2》的拍摄制作,北京银行创新采取"信用 + 追加股权质押 + 锁定《战狼 2》票房回款"模式向出品方春秋时代文化传媒有限公司提供综合授信 8000 万元。为了帮助《战狼 2》开展宣传发行,北京银行向北京启泰远洋文化传媒有限公司提供了 3500 万元贷款。在 2017 年 10 月 14 日的文创金融事业部揭牌仪式上,北京银行与春秋时代文化传媒有限公司进一步深化合作关系,签订全面战略合作协议,为其提供 2 亿元的授信额度,着力打造春秋时代传媒有限公司旗下影视作品的产业链布局。

(2)上海农商银行运用产融结合模式扶持文化产业。从 2016 年开始,上海农商银行就与上海沪剧院、上海报业集团先后建立战略合作关系,开启了沪上银行和传统院团合作的先河,以金融服务助力文化传媒创新。双方通过联合举办沪剧演出、沪语演讲比赛等方式传承本地文化。相关数据显示,自 2012 年以来,上海农商银行累计对 200 多家文化产业类客户给予信贷支持,截止到 2017 年 9 月末,发放的文化产业类贷款金额达到 27.7 亿元。[①]

(3)宁波举办大型现场活动,撮合文化产业与金融资本对接。2017 年 6 月 20 日,宁波举办"文化金融走一线"大型现场活动,推动文化产业与金融资本合作。来自银行、保险、股权交易中心等行业的 30 多家金融机构现场办公,与文化企业签约项目 17 个,金额合计 5 亿元。签署了文化产业信贷风险池项目,为 8 家文创企业带来约 2000 万元的信用贷款。其中,中国建设银行宁波分行对奉化广电网络

---

① 扎根上海 为金融和科技中心建设"添砖" 为文化传承"加瓦"[N].21 世纪财经报,2017-12-29.

有限公司追加授信 1000 万元（原授信 1.5 亿元），与浙江大丰实业股份有限公司签订信贷合同 3 亿元。[①]

（二）保险领域方面

文化产业被公认为是高风险、高投入、高回报的产业，作为一种新兴产业形态，在加快转变经济增长方式中的作用越来越突出，是现代经济的重要组成部分。由于文化产业自身高风险性和投资机制不成熟，融资难一直是制约我国文化产业快速发展壮大的瓶颈。风险投资作为我国文化产业融资的一个新路径，可以为文化产业健康快速发展提供强大的经济动力。但由于文化产业领域的壁垒障碍、风险资本本身运作过程中的阻力以及两者结合后出现的新问题等原因，目前尽管风险投资对文化产业表现出高度偏好，但对文化产业的支持力度依然偏小。因此，亟须创新我国文化产业风险投资机制，深化风险投资进入文化产业的途径。

保险的风险转移功能与文化产业的风险性同样具有天然的对冲关系。保险作为一种商业法律行为、成熟的理财工具及化解风险的专门服务，必然会在日益扩张的文化产业领域得到发展。[②] 我国保监会和文化部正在组织开发、分批确定文化产业保险险种，保险机构则在实践中积极推进文化产业保险的创新发展。

2010 年 12 月 29 日，中国保险监督管理委员会、文化部联合颁发了《关于保险业支持文化产业发展有关工作的通知》，要求各级文化主管部门要加强与中央和地方财政部门的沟通，提出应高度重视、积极培育和发展文化产业保险市场，大力开发服务文化产业发展的保险产品，提升促进文化产业发展的保险服务水平，充分发挥保险支持文化产业发展的融资服务功能，以及努力建立保险支持文化产业发展的配套机制等一系列措施。这些针对文化产业保险的试点和推广的文件，表明政府对金融支持文化产业发展的高度重视，同时也是优化我国文化产业发展的政策环境的具体体现。良好的保险市场、完善的险种设置

[①] 孙研. "文化金融走一线"首场对接会签约 17 个项目 融资 5 亿［EB/OL］.（2017-06-20）［2018-12-01］.http: //news.cnnb.com.cn/system/2017/06/20/008648203.shtml.

[②] 许合先. 论文化产业保险与风险投资协同发展［J］.湖北第二师范学院学报，2017（10）.

本身也是衡量一个地区投资软环境的重要标志。保险作为现代金融和服务业的重要力量,具有分散、化解风险的重要功能,能够有效地激励风险文化企业的研发活动,促进自主创新能力的提升,为风险投资营造良好的环境。2014年8月,国务院印发《关于加快发展现代保险服务业的若干意见》,其中强调要积极发展文化产业保险、物流保险,探索演艺、会展责任险等新兴保险业务,促进第三产业发展。周延礼表示,保险作为一种现代服务业的金融工具,也是成熟的理财产品和保险服务解决方案,为大家化解意外事故、法律责任等提供专业服务,是市场经济条件下风险管理的重要手段。

2018年12月,中国文化金融峰会暨首都文化产业投融资年会在北京召开。保险业作为金融体系的重要组成部分,有其独特的经济和社会作用,特别是在经济补偿、资金运用和风险管理方面,在文创产品制作、营销和市场开发、推广方面得以发挥保障作用。因此,推动文化产业的发展是保险业义不容辞的职责。

文化企业在发展过程中,融资方面难免存在一些困难和问题。结合我国保险业和文化产业发展的现状,保险业应该在文化产业创新、提升自主创新能力等方面提供信用保险贷款、保证保险、履约保证保险来活跃金融支持文创事业的发展,特别是解决资金需求困境。随着保险业的金融创新步伐加快,保险业在构建文化产业投融资体系中还会起到更重要的作用。

保险业对文化产业的合力作用体现在三个方面,一是保险可为文化产业提供多环境、全流程的风险管理服务;二是发挥保险功能,改善文化企业外部融资条件;三是保险资金参与文化产业直接融资。[①]

积极探索文化产业保险与风险投资协同发展的新模式,政府除提供政策扶持、财政支持外,更为重要的是应在文化产业保险的具体发展模式上进行创新,如构建保险公司的股权投资与文化产业保险相结合的机制。由于文化产业保险的保费较高,一般高达30%以上,而文化企业面临资金缺乏的瓶颈,因而高昂的保费降低了企业投保的积极性。为此,保险公司可以创新承保模式,将股权投资与文化产业保险结合起来,灵活运用保险资金。作为文化产业保险的承保

---

① 周延礼. 推动文化产业的发展是保险业义不容辞的职责[EB/OL].(2018-12-06)[2019-12-16]. http://finance.sina.com.cn/money/insurance/bxsd/2018-12-06/doc-ihprknvt4020919.shtml.

人，保险公司可以制订合理的风险评估指标体系及评估方法，在保险定价、费率厘定等方面趋于科学化、合理化。在文化企业购买文化产业保险之初，保费的支付可以采用全部或部分以可换股债券的形式，保险公司作为债权人，可以根据文化企业的发展情况在一定期限内按约定的价格将债券转换成股权。一般而言，文化企业的经营业绩越差，转换价格越低，反之，转换价格则越高。由于持有这种可转换债券的保险公司拥有了一种等待的权利（期权），在降低风险的同时可能增加未来的股权收益，而文化企业也解决了由于资金紧张而无法购买保险的问题，实现了互利。[①]

2017年，中国保险资金规模超过16万亿元，而文化产业处于高速发展期，保险业与文化产业合作空间巨大，是未来的普遍趋势。保险机构可在以下八个方面探索与文化产业的合作，一是投资文化产业发行债券；二是投资文化企业股权；三是投资文化产业，合作组建文创基金；四是与文创企业合作推动文化产业发展；五是针对文化产业专门的风险类别，为文化产业产品设计提供全面保障；六是学习借鉴国外保险同行在文创产品与服务的有益尝试；七是探索中国特色的文创保险产品；八是加大宣传力度，形成政府和政策支持长效机制。中国保险监督管理委员会四川监管局（以下简称"四川保监局"）积极推动文化领域保险健康发展的案例如专栏3-5所示。[②]

专栏3-5　　四川保监局积极推动文化领域保险健康发展

四川保监局积极推动文化领域保险健康发展。一是引导保险公司开发文化产业领域相关保险产品，如演艺公众责任保险、展览会综合责任保险等；二是为文化企业提供"一站式"保险服务，为文化企业制订财产保险、责任保险、意外伤害保险等一揽子保险计划，建立文化产业保险承保和理赔的便捷通道，深入开展文化行业风险研究，提升行业风险预防水平；三是通过保险与担保相结合的方式提供融资担保服务，积极发展出口信用保

---

① 许合先.论文化产业保险与风险投资协同发展[J].湖北第二师范学院学报，2017（10）.

② 四川保监局积极推动文化领域保险健康发展[EB/OL].（2017-05-31）[2018-06-31].http：//www.cfthinkingfront.cn/rmjrxx/newsId=3294.html.

> 险，促进文化企业海外投融资业务发展。近三年来，四川省公众责任险为198家文化企业提供风险保障18亿元，展览会责任保险为32家企业提供风险保障8715万元，演艺活动公众责任险为30家企业提供风险保障3250万元，艺术品保险为25家企业提供风险保障7.3亿元，演艺人员团体意外和健康险为30家企业的相关人员提供风险保障9361万元。

（三）信托领域方面

在房地产信托逐步衰退的情况下，文化产业与信托业的结合成为一个非常好的标的。自2012年以来，我国信托业迅速发展，已经成长为金融第二大子业。但行业发展大而不强、缺乏核心竞争优势的问题非常突出，其根本原因就在于缺乏信托文化支撑，行业文化存在偏差，行业发展缺乏文化"灵魂"。我国信托业要实现持续健康发展，需要继承弘扬信托本源文化，致力于培育良好的受托文化，正确发挥信托制度优势，积极打造核心竞争力，塑造信托行业的文化"灵魂"。[1] 如果能将文化产业产品化，再用信托的方式打包，资本对接会更加便利。例如，将电影设置目标收益，然后发行信托计划，不但可以解决电影拍摄的资金问题，也可以给投资人带来多元化收益。

信托制度的创造力可以与人类的想象力相媲美，作为一项独特的财产制度，信托制度具有其他制度不可比拟的创新性和灵活性。一是信托制度兼具财产转移与财产管理功能。信托制度既可以用于财产转移，又可以用于财产管理，也可以同时用于两者。二是设立方式的多样化。信托的设立既可以采取合同的方式，也可以采取遗嘱的方式，在特殊情况下，法律还可以直接规定成立法定信托。三是信托目的的自由化。在信托领域，只要不违背法律的禁止性规定和社会公共利益，委托人可以为各种目的创设信托。四是信托利益的弹性规划。信托产品设计富于弹性，在实务上能够更加灵活地实现委托人的意愿。五是投资范围的广泛性。在我国金融业分业经营的总体环境下，信托公司业务范围最为全面，可以同时涉足资本市场、货币市场和实业市场三大领域。交易工具最为广泛，可自由提供债权、股权和金融产品交易服务，具有"全能性"的特点。表3-2介绍了早期在信贷、保险和信托三个金融领域出现的文化与金融融合创新案例。

---

[1] 邓智毅.塑造信托业文化"灵魂"[J].中国金融，2018（9）.

表 3-2 早期文化金融融合创新

金融领域	金融机构	案例
信贷	中国银行	针对浙江横店影视产业实验区入驻的影视企业而开发了特色金融产品"影视通宝"
信贷	北京银行	在南京首推"金陵创意贷"文化金融品牌,以创新、差异化的授信方式及合作模式,为不同类型、不同阶段的文化企业的发展提供量身定制服务的文化金融产品
信贷	上海银行	针对不同规模文化企业的金融需求,在传统的金融服务基础上,推出了跨境资金池、"银商 e 户通"等新型金融服务产品
保险	信达财险公司	与国际版权交易中心推出国内首款著作权交易保证保险,是为版权交易环节设计的专属产品
保险	中国人保财险	为配合文化部开发了专门的"文化企业投融资公共服务平台",平台按照"产业链分析—风险分析—出险案例分析—保险保障介绍"向文化企业提供了一整套风险分析和保险转移方案,并提供文化保险专业咨询服务
信托	中融、中建投、万向、国投泰康、昆仑信托	五家信托公司共计发行了 6 款与"大文化"产业相关产品,但多为一般的贷款类项目
信托	五矿信托	通过"影视投资基金结构化集合资金信托计划"一期子信托持有和影业 90% 的股权

资料来源:根据公开资料整理。

当然,文化金融是融合性的新领域,发展历程中也遇到了很多困难,出现了很多偏差。文化金融发展在征信方面首要的障碍仍然是严重的信息不对称问题。一方面,金融界和资本界对文化产业的了解程度还不够充分,传统金融服务机构创新动力不足;另一方面,文化产业界对金融也缺乏专业知识,整体上缺乏产业理念和产业精神。同时,客观上,金融服务业的创新能力的不足、文化产业链的不完善、文化企业商业模式的不清晰等缺陷都制约了文化金融的发展,文化金融作为一个体系当前还不够成熟。[①] 信托业要实现持续健康发展,必须充分发挥信

---

① 陈琛.文化金融的发展现状及前海对策[N].前海金融城邮报,2017-07-12.

托制度灵活性的优势，但也要审慎把握创新方向，避免走上利用信托制度优势开展简单低端的通道业务、充当监管套利工具的老路。要鼓励信托公司围绕实体经济需要开展创新，在"三去一降一补"领域、供给侧结构性改革等方面挖掘市场空间，为实体经济提供创新性、综合性、多样性的金融服务。要顺应"一带一路"建设、京津冀协同发展和长江经济带发展等国家重大发展战略需要，在债转股、投贷联动、房地产信托投资基金（REITs）等方面，积极探索实业投行的新路。要鼓励信托公司围绕信托本源价值创新，在当前财富传承、企业年金、薪酬管理、员工持股、慈善事业等方面市场需求不断增加的情况下，充分发挥信托公司独有的制度优势，打造专属领域。要鼓励信托公司围绕自身资源禀赋优势创新，选择适合自己深耕的业务领域，积极创新业务品种，逐渐培育自身竞争力，培育不可替代的比较优势，在市场上牢牢占据一席之地。[①]

---

① 邓智毅.塑造信托业文化"灵魂"［EB/OL］.（2018-02-04）［2018-07-03］.http：//www.sohu.com/a/223483946_481887.

第二节 我国"文化创意+"金融发展的特点

一、政策性、导向性强

习近平总书记曾指出，推动文化事业全面繁荣，文化产业快速发展，提高国家文化软实力，关系"两个一百年"奋斗目标和中华民族伟大复兴中国梦的实现。而金融是文化经济的核心，文化经济的发展需要金融的推动。金融服务文化崛起、打造文化强国，让中华民族的优秀文化屹立于世界文化之林，是金融发展的历史机遇。金融与文化产业的融合、金融对于文化产业的服务，天地广阔，大有作为。[①] 加大金融业支持文化产业力度，是提高国家文化软实力和维护国家文化安全的需要，文化产业与金融产业的融合大有可为。

我国正在进行文化体制改革与经济结构调整，两者之间相互影响、相互推动。文化经济资源消耗少、附加值高、成效显著的特点决定了文化是推动我国经济转型的重要力量。[②] 同样，文化产业的发展离不开金融的支持，资金的来源、调节宏观经济等都需要金融的服务。调查数据显示，发达国家的文化产业占GDP的比重普遍很高，美国是31%左右，日本是20%左右，欧洲平均在10%~15%，韩国高于15%。我国2017年文化及相关产业增加值为34722亿元，占GDP的比重为4.2%，在文化产业的发展上我国还需下很大工夫。

2012年，财政部发布了修订后的《文化产业发展专项资金管理办法》。至2015年，每年专项资金总额约为50亿元，财政部累计安排文化产业发展专项资金202亿元，用于扶持重大项目和一般项目，支持项目共计3533个。2014年3月，文化部、

---

① 蔡武.深化文化金融合作共促文化产业发展[J].中外文化交流，2014(5).
② 李镇西.金融与文化有待深度融合[N].中国文化报，2014-03-14.

中国人民银行等部门联合发布《关于深入推进文化金融合作的意见》。2015 年 5 月，国务院办公厅转发了财政部、国家发展和改革委员会、中国人民银行《关于在公共服务领域推广政府与社会资本合作模式的指导意见》，文化领域被纳入 PPP（政府和社会资本合作）模式的推广范围，并在政策保障中特别提出"做好金融服务"。随着国家将文化领域纳入 PPP 战略版图，更多金融机构和资本主体将关注这一领域，文化金融与国家战略及新文化经济活动的关系也越来越紧密。在第二批 PPP 示范项目中，文化类（文化、旅游、体育）项目共 15 个，总投资超过 300 亿元。2016 年 10 月 11 日，财政部等部门联合公布了第三批 PPP 示范项目名单，其中文化类（文化、旅游、体育）项目数达到 31 个，总投资规模约 400 亿元（见图 3-3）。

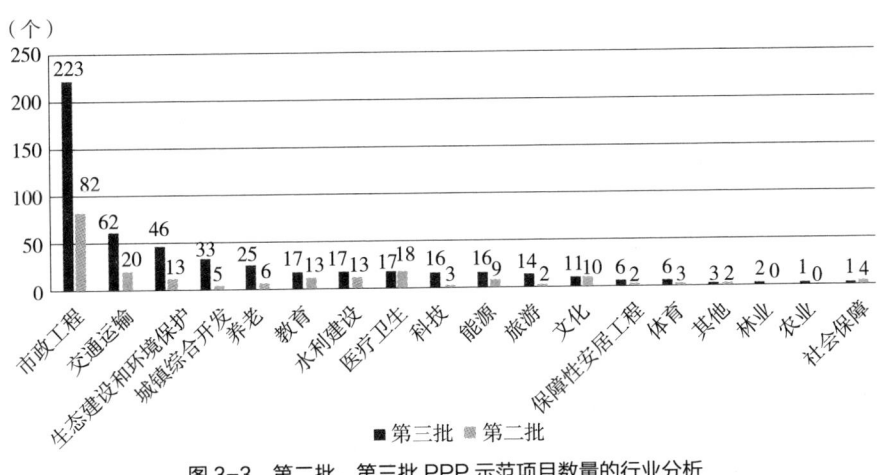

图 3-3　第二批、第三批 PPP 示范项目数量的行业分析

文化产业的无形资产评估一直是资本市场关注的重点问题，也是重大难题。没有良好规范的评估体系，资源资产化、资产证券化等文化金融领域都难以推进。中国资产评估协会于 2016 年 4 月发布了《文化企业无形资产评估指导意见》，这一指导意见在"操作要求""评估方法"和"披露要求"上着墨很多，体现了文化产业无形资产评估研究和实践的成果，虽然在可操作性上有待论证，但仍具有现实意义。2016 年 5 月，财政部对"文化产业发展专项资金"提出了新的改革思路，取消了一般扶持项目，但保留部分资金继续用于重大项目。专项资金将逐步引入市场化运作模式，通过参股基金等方式，提高资源配置效率。我国要加大资金投入力度，实现效率公平合理，完善投资去向，将资金落到实处。就文化金融发展而言，这一改革思路进一步将文化产业的财政政策与文化金融市场、文化产业资

本市场紧密联系在一起，有助于形成"上下联动、多层互通"。①

另外，2016年发布的《中华人民共和国电影产业促进法》《关于进一步推动文化文物单位文化创意产品开发的若干意见》《关于支持实体书店发展的指导意见》《"互联网+中华文明"三年行动计划》等法律、政策文件，对相关领域的文化金融服务都做了明确的阐述和规定。其中，《中华人民共和国电影产业促进法》是以国家立法形式制定的法律，具有重大的意义。在文化金融方面，该法规定："国家鼓励金融机构为从事电影活动以及改善电影基础设施提供融资服务，依法开展与电影有关的知识产权质押融资业务，并通过贷款等方式支持电影产业发展。"国家鼓励保险机构依法开发适应电影产业发展需要的保险产品。国家鼓励融资担保机构依法向电影产业提供融资担保，通过再担保、联合担保以及担保与保险相结合等方式分散风险。对国务院电影主管部门依照本法规定公告的电影的摄制，按照国家有关规定合理确定贷款期限和利率。

2016年11月，财政部将原教科文司的文化处与中央文资办合并成立了文化司，文化司"承担宣传、文化、体育、旅游等方面的部门预算和相关财政资金、资产管理工作，拟定相关行业事业单位财务管理制度，负责旅游发展基金预算管理"。从文化司的职能涵盖范围看，"大文化产业"的政府财政视角已经越来越明朗，突破文化领域行业壁垒和局限的整合思路，使文化金融在服务范畴上有了新的视角。②

2017年的文化金融发展中，金融政策环境变化对文化金融的影响明显。今年，以全国金融工作会议的召开为标志，提出"围绕服务实体经济、防控金融风险、深化金融改革三项任务"，国家金融政策出现重大"拐点"。同时，还包括其他一系列的金融和投融资政策和文化产业发展直接或间接相关。宏观金融政策对文化金融产生重大影响，整体金融政策环境和文化金融的关系越来越密切。③

2018年，我国金融政策的主基调是"防风险"，资管新规、理财新规、信托新规、证监体系及私募新规的发布，对于抑制文化领域的过度投机、促进资本市场回归理性具有重要意义。近年来，很多地方在缺乏科学论证的前提下，投入大量资金兴建文化项目，导致同质化问题严重，也造成了大量的烂尾工程。我国电影

---

① 财政部明确文化产业发展专项资金改革思路［N］．中国财经报，2016-05-31．
② 杨涛，金巍．中国文化金融发展报告（2017）［M］．北京：社会科学文献出版社，2017．
③ 易珏．中国文化金融发展报告：文化金融进入创新与规范平衡期［EB/OL］．（2018-06-07）［2019-06-01］．http：//www.sohu.com/a/234451719_362042．

和电视剧放映数量仅占产出总量的不到30%,大量产品是"僵尸产能",也造成严重的资源浪费。在当前金融监管收紧和资本市场趋于理性的阶段,对于提升文化金融合作的效率和效果,既是难得的机遇,也充满了挑战。①

二、直接投融资市场发展迅速

1. 债权类文化金融

从发展过程来看,债权类文化金融是传统金融机构的主战场,是最具有金融特征的部分。2017年8月,为了进一步激活社会领域的投资活力,积极发挥企业债券融资对社会领域产业发展的作用,国家发展和改革委员会印发了《社会领域产业专项债券发行指引》,首次对"文化产业专项债券"做了具体安排,这将有利于解决众多文化企业融资难的问题,大力推动文化产业成为国民经济支柱性产业。

早在2012年以前,国家开发银行、中国工商银行、中国建设银行、中国农业银行等大型商业银行先后和文化部签署协议,建立文化产业项目集中推荐机制。多年来在国家政策推动下债权类文化金融取得了很大增长,但与文化产业规模仍然不匹配,这种状况在2016年未有实质性改变。根据中国人民银行的数据,2015年年末,文化、体育和娱乐业银行贷款余额约为2458亿元,中长期贷款同比增长25.7%,高于总体增长率。2016年,中国民生银行、北京银行等原文化金融服务的佼佼者对其文化金融业务部门有所调整,预示着银行业对市场化文化项目的重新审视。

此外,随着信托业整体情况的下滑,文化信托业务也受到重大影响。2010—2016年,各大信托公司发行了108只与文化产业相关的信托产品,每年发行产品数分别为16只、29只、23只、13只、19只、4只、4只,这些信托产品主要涵盖以下几个方面。首先,艺术品投资类。主要用于投资绘画、书法等艺术品,再通过拍卖等渠道实现艺术品增值,大约有57只,如2014年山东信托发行的"鼎鑫27号(中国名家书画)艺术品投资集合资金信托计划"、2013年国投信托发行的"国投飞龙艺术品基金24号集合资金信托"等。其次,文化旅游类。主要支持具有历史文化、地域文化的旅游项目,大约有7只,如2014年国民信托发行的"江苏皂河古

---

① 张振鹏.文化金融合作的现状与趋势[EB/OL].(2018-12-27)[2019-01-23].
https://mp.weixin.qq.com/s/6LWzMdA024G3pcxF928juA.

镇文化旅游项目集合资金信托计划"、2011年四川信托发行的"唐代李氏文化旅游产业项目特定资产收益权投资集合资金信托计划（一期）"等。最后，影视娱乐类。主要用于认购影视基金的优先级LP（有限合伙人）份额，最终投向电影、电视剧等影视项目，大约3只，如2016年光大信托发行的"广义祯影视产业基金集合资金信托计划"、2012年外贸信托发行的"一壹影视（期）集合资金信托计划"等。

从历史来看，文化产业信托的发展主要经过了三个阶段。第一阶段是政信合作的文化产业信托，如2009年中投信托发行的文化创意产业集合信托债权基金"宝石流霞"，募资6000万元投向杭州市29家中小文化创意企业。第二阶段是自助管理的文化产业信托计划，如文化产业投资基金、艺术品投资信托、影视投资信托等。第三阶段为文化产业消费信托，如2014年年末百度的"百发有戏"通过中信信托设立互联网消费权益信托，消费者通过"团购+预售"获得消费权益，然后消费权益被集中起来注入百度消费权益信托项目，并由中信信托进行集中管理。[①]

根据和讯信托数据，2016年发行的文化产业信托产品分别为"至信269号华谊兄弟电影世界集合资金信托计划""荣民文化1601号集合资金信托计划""广义祯影视产业基金集合资金信托计划""峨眉后山文化体验区项目集合资金信托计划"，总发行规模为8.82亿元，期限为2年到4年不等，投资门槛均为100万元。2016年文化产业信托产品发行情况如表3-3所示。

表3-3 2016年文化产业信托产品发行情况

产品名称	发行机构	发行时间	产品期限	发行规模（万元）	投资门槛（万元）	投资方式	预期年收益率
至信269号华谊兄弟电影世界集合资金信托计划	民生信托	2016年12月15日	24个月	26200	100	信托贷款	
荣民文化1601号集合资金信托计划	厦门信托	2016年8月10日	24个月	7000	100	权益投资	
广义祯影视产业基金集合资金信托计划	光大信托	2016年7月27日	24个月	5000	100	权益投资	
峨眉后山文化体验区项目集合资金信托计划	中铁信托	2016年6月3日	24~28个月	5000	100	信托投资	7.2%

资料来源：中国信托业协会《2016年3季度信托公司主要业务数据》。

---

① 张洪生，金巍.中国文化金融合作与创新[M].北京：中国传媒大学出版社，2015.

文化产业融资租赁，主要指文化创意企业以自身的有形资产或无形资产为载体，通过融资租赁的方式实现融资，目前正处于起步阶段。2016年，文化产业信用债券发行62只，占全部债券发行数量的0.22%，文化产业信用债券发行无论是在规模还是在金额上，占比都还比较小。到2016年年末，我国融资租赁企业总数为7120家，较年初增加2612家，增幅为57.9%；注册资金为2.56万亿元，较年初增长68.6%；合同余额约为5.33万亿元，较年初增长20%。

2015年，文化类企业通过银行间债券市场累计融资5873.19亿元，文化、体育和娱乐业的年末银行贷款余额约2458亿元，中长期贷款同比增长25.7%，高于总体增长率，2016年接近3000亿元。债权类文化金融增长速度比较快，但规模还是处于低水平。[①] 2017年，债券市场经历了大幅波动，文化产业的债券融资情况也受到一定影响。根据Wind资讯数据，2017年文化产业（证监会行业分类－传播与文化产业）债券发行数为29只，占全部债券发行比例的0.081%；总金额185.84亿元，占全部发行金额的0.058%；其中最小金额1亿元，最大金额18亿元，平均641亿元；最短期限0.33年，最长期限18年，平均3.0年；在利率上，最低年化利率0.1%（可交换债），最高利率7.3%，平均利率4.7%，剔除转债和可交换债后，平均利率为5.2%。

2. 股权类文化金融

比较而言，文化产业轻资产、高风险的特性更适合股权类投融资，因为股权类资金比债权类资金对风险的容忍度更高，从市场规模上，股权类文化金融的比重越来越高，与债券共同构成文化产业直接融资市场的主体。各类风险投资基金、产业基金及多层次资本市场构成了文化产业的股权类金融市场。股权类文化金融是文化金融的重要组成部分，也是规模最大、社会资本参与度最高的部分。

2016年，文化产业在股权投资、产业并购和企业上市方面依旧抢眼，文化金融"主体下沉、直融为主"的总体趋势明显加快。其中，新增股权投资基金披露的募资总额为3022多亿元；新三板挂牌的文化类企业呈井喷态势，共有818家企业成功挂牌，占文化企业历年挂牌总数的63.96%；共有26家文化企业成功上市交易，相比2015年，上市节奏有所放缓。2016年上市文化企业融资步伐明显加快，融资金额较往年显著增多。截至2016年12月末，上市文化企业共参与126起融

[①] 杨涛，金巍．中国文化金融发展报告（2017）[M]．北京：社会科学文献出版社，2017．

资事件，比 2015 年同期多出 55 起；累计金额已高达 2038.91 亿元，较上年融资总额高出 1000 亿元。2016 年新增股权投资基金披露募资总额 2000 多亿元，新三板挂牌的文化类企业激增，约 700 家企业成功挂牌。

上市文化企业融资渠道以定向增发、发行债券、信托以及配股为主。其中，定向增发仍为主要融资方式。截至 2016 年 12 月末，上市文化企业定向增发总计筹得资金 1428.15 亿元。通过发行债券及信托的方式筹得的资金分别为 605.92 亿元、3.50 亿元，通过配股的方式筹集资金 1.34 亿元。上市文化企业的融资以快速、高效的定向增发为主，表明其对自身未来的发展前景较为自信，现金流充裕，很少出现短时的资金紧缺问题。相较于定向增发，采取发行债券以及信托的方式进行融资尽管操作流程相对简单，但其成本巨大，由于上市文化企业的体量一般不会很大，所以采取节省成本的定向增发筹集资金就成为首选。

得益于"互联网+"的快速发展以及龙头企业加快产业布局的影响，文化信息传输服务行业并购、股权投资规模持续保持较高水平；而电影市场的火爆，直接推动广播电视电影服务行业投资规模增长；文化休闲娱乐服务行业得益于近年国内收入水平提高、休闲与旅游市场持续火爆等因素，其投资规模在 2016 年出现大幅增长。2016 年重点行业上市文化企业投资情况见表 3-4。

表 3-4　2016 年重点行业上市文化企业投资情况　　　　单位：亿元

重点行业	并购	股权投资	投资基金	子公司	总计
文化信息传输服务	988.45	413.08	244.01	10.25	1655.79
广播电视电影服务	670.38	71.93	14.34	29.91	786.57
文化创意和设计服务	164.92	40.13	10.54	2.65	218.32
文化休闲娱乐服务	129.92	10.38	5.98	12.28	158.53
新闻出版发行服务	28.12	24.51	9.16	8.56	70.35
工艺美术品的生产	33.50	6.96	0.05	1.21	41.72
文化用品的生产	31.83	0.06	0.98	0.70	33.57
文化产品生产的辅助生产	8.60	1.40	2.30		12.30
文化专用设备的生产		0.44			0.44
文化艺术服务				0.10	0.10

资料来源：新元文智——中国文化产业投融资数据平台。

2017年，资本市场聚焦上市文化企业，我国文化产业通过上市后再融资（以定增为主）、私募股权、上市首发融资、新三板、众筹等渠道流入的资金分别为1397.43亿元、1011.14亿元、290.18亿元、173.31亿元和11.04亿元，上市首发融资上市后再融资规模分别同比上涨27.10%、21.59%。文化产业与其他产业的融合不断加强，资本在文化产业的持续发展中具有不可替代的作用。

2017年共计有34家文化企业主板上市，创历史新高，首发融资规模达290.18亿元，较2016年同比上涨27.10%。2014—2017年，全国共计新增1711家文化企业挂牌新三板。在经历了2015年、2016年的爆发式增长之后，增速明显放缓，2017年全国共有387家文化企业挂牌新三板，同比减少53.71%。

2017年全国文化产业创新创业持续火热，融资市场愈发活跃，创投（VC）融资规模226.41亿元；PE融资渠道案例数量较2016年增加40起，但整体融资规模有所回落，仅为784.73亿元。2014—2017年，全国文化产业股权众筹渠道共发生融资案例305起，涉及资金14.79亿元。股权众筹融资规模连年下跌，2017年同比减少近六成。从年度分布来看，2014年出现巅峰，上市首发融资规模达到1519.02亿元，主要得益于阿里巴巴集团控股的成功上市募资1337.71亿元；从上市文化企业数量来看，2017年共计34家，创历史新高，首发融资规模达290.18亿元，同比增长27.10%。整体来看，我国文化企业上市首发融资市场发展向好。猫眼[①]和趣味头条[②]的上市情况如专栏3-6所示。

专栏3-6　猫眼与趣味头条上市情况

1. 猫眼正式递交IPO申请

2018年9月3日，猫眼娱乐正式向港交所提交了招股书。招股书显示，2018年上半年，猫眼月度活跃用户超过1.3亿。根据艾瑞咨询报告，按照2018年上半年电影票总交易额统计，猫眼是中国最大的在线

---

① 猫眼娱乐在港递交IPO申请［EB/OL］.（2018-09-04）［2019-09-15］.http://news.mtime.com/2018/09/04/1583969.html.

② 趣头条在美国纳斯达克挂牌上市高开30%［EB/OL］.（2018-09-14）［2019-09-15］.http://finance.eastmoney.com/news/1344，20180914945900959.html.

电影票务服务平台，市场份额为60.9%；截至2018年6月底，猫眼覆盖600多个城市，近95%的影院与猫眼合作。同时，猫眼也是中国排名第二的在线现场娱乐票务服务平台。此外，招股书显示，2015年、2016年、2017年，猫眼的营收分别为5.96亿元、13.77亿元和25.48亿元，年均复合增长率达106.6%；同一统计期内，猫眼净亏损额分别为12.98亿元、5.08亿元及761万元，2018年上半年的收入达到18.95亿元。据悉，本次募集资金主要用于提升综合平台实力、研究开发及技术基建、潜在的投资和收购以及补充运营资金及一般企业用途。股东结构方面、光线及其关联方、腾讯和美团点评持股比例分别为48.8%、16.27%和8.56%。

2. 趣头条在美国纳斯达克挂牌上市

2018年9月14日，趣头条在美国纳斯达克挂牌上市，成为移动内容聚合第一股，随后盘中两度停牌，涨幅达112%。资料显示，趣头条于2017年下半年获得成为资本、红点创投、华人文化的4200万美元A轮融资；2018年上半年完成超过2亿美元的B轮融资，由腾讯领投，小米及其他财务投资者跟投，B轮投后估值超过18亿美元；2018年8月，趣头条引入包括人民网旗下基金在内的战略投资者，投资额约6000万美元。趣头条主要收入来自广告。据其招股书披露，第二季度的广告收入为4.39亿元，占总收入的比重为91.27%；2018年上半年广告的收入为6.70亿元，占总收入的比重达到93.31%；而2017年上半年的广告收入占比高达99.03%。

从文化企业上市首发融资规模来看，2017年上海表现亮眼，文化企业上市首发融资规模达97.26亿元，较2016年扩大了11倍之多，平均单起融资规模达32.42亿元，上海首超北京居于榜首，平均单起融资规模超30亿元。北京文化企业上市首发融资规模为70.34亿元，占比24.24%，居于第二。从文化企业上市数量来看，北京、浙江、广东并列第一，均为6家；上海、山东位于第二梯队，各为3家。

定向增发是上市文化企业的主要融资模式。据中国文化产业投融资数据平台统计，2017年全国上市文化企业共发生172起再融资事件，涉及资金2741.55亿元，同比增加21.59%。从上市文化企业的融资渠道来看，采用定向增发融资方式实现融资的案例共计 100 起，涉及资金规模达 1387.05 亿元，占比 50.59%，是我国上市文化企业再融资的主要模式。由于再融资新政的持续发酵和上市文化企业再融资市场监管日益趋严，许多上市文化企业将目光投向了债券市场。2017 年采用发行债券进行再融资的案例为 65 起，较 2016 年增加 29 起，涉及资金 132212 亿元，同比增长 23.74%。

并购作为文化产业资本运营的重要组成部分，发挥着不可替代的作用，有利于企业整合资源，提高规模经济效益。据中国文化产业投融资数据平台统计，2017 年全国上市文化企业共发生 477 起投资事件，投资规模为 1928.61 亿元，较 2016 年同期同比减少 13.16%（2016 年我国上市文化企业投资规模为 2182.38 亿元）。其中，采用并购方式开展投资的共有 151 起，涉及资金规模为 1115.14 亿元，占总投资金额的 57.82%，虽然受市场监管趋严等环境影响，同比减少了 49.55%，但并购仍旧是上市文化企业的主要投资渠道；股权投资共发生投资事件 130 起，投资规模为 559.70 亿元，与 2016 年相比，双向下滑趋势明显（2016 年为 190 起，627.16 亿元）；此外，新设子公司动作频繁，投资事件较 2016 年同期增加 12 起，投资规模同比增加 53.52%。[①]

股权类文化金融主要包括场外市场和场内市场两个部分，从大金融角度上看，这类金融是直接融资部分，而且已经成为文化金融市场的主要组成部分。调查显示，2017 年约有 1000 多家国内外金融机构、企业参与我国文化产业的股权投融资。投资主体是国内资本，包括传统综合性股权投资机构，也包含对文化产业进行垂直投资的股权投资基金以及来自传统行业以及文化行业的企业实体。从 2017 年度投资案例涉及资金规模来看（见表 3-5），排名前二位的红杉资本中国、云锋基金投资规模均在 80 亿元以上；真格基金投资案例数量居首；红杉资本中国、腾讯、今日资本等投资规模大幅下降。[②]

---

① 杨涛，金巍. 中国文化金融发展报告（2018）[M]. 北京：社会科学文献出版社，2018.
② 文化产业前十大股权投资投资特点分析 [EB/OL]. (2018-06-11) [2019-01-23]. http://wemedia.ifeng.com/64526567/wemedia.shtml.

表 3-5 我国 2017 年前十大企业投资规模

排名	机构名称	涉及资金规模（亿元）	项目数量（个）
1	红杉资本中国	86.54	11
2	云锋基金	84.11	7
3	腾讯产业共赢基金	61.58	14
4	DCM 资本	31.33	4
5	IDG 资本	19.87	12
6	阿里资本	15.38	2
7	今日资本	14.01	5
8	真格基金	9.57	18
9	华人文化产业投资基金	7.07	6
10	君联资本	6.54	9

3. 风险管理类文化金融

中国的文化保险领域正在步入快车道。各大企业不断加强文化产业保险专属产品的研发投入和商业化力度，持续扩大文化产业保险的覆盖范围。我国保险业对文化产业发展的重要支撑作用已开始显现。针对演艺、动漫、影视、艺术品等细分行业的特定风险，保险公司通过财产险、意外险、责任险、健康险等多险种组合，搭建细分客户综合保障产品体系，为文化企业提供专属、灵活、全方位的保险保障。2017 年度，风险管理类文化金融的亮点包括运用风险管理工具化解小微文创企业融资难方面取得新突破；互联网平台在提供文化保险和文化担保服务方面发挥更大作用；影视保险产品趋于丰富；动漫保险正在兴起；演艺保险寻求新突破；文化担保越来越受到重视。

风险管理类文化金融主要包括文化保险和文化担保。人保财险、太平洋保险、中国出口信用保险公司是三家推动文化保险创新的代表，取得了一定的进展。例如，据人保财险的不完全统计，其 2016 年保费收入 2300 万元，提供风险保障 454 亿元。但客观来看，即使在最大口径下 2015 年文化保险的规模占整个非寿险市场规模的比重也不到 1%。所以，目前我国保险业对文化产业风险分担所发挥的作用十分有限。就商业性担保来看，我国文化产业担保机构大多数规模较小，甚至很多机构注册资本只有几十万元，担保机构的代偿能力不强。近些年，全国已有多地政府搭建或计划搭建融资担保平台，不过专为小微文化企业提供担保的平台仍不多。就政策性担保看，我国在文化担保领域还未有实质性的进展，一些以文化担保为名的企业开展的担保服务虽涉及文化会展、广告等领域，但规模都很小。

从企业创新、产业升级和金融服务实体经济的视角看，我国保险业运用风险管理工具支持各种文化产业虽然取得了一些新进展，但也面临一些新问题。首先，运用风险管理工具化解小微文创企业融资难问题。我国文化产业有一个显著特征，即中小企业数量很多，且成立的时间普遍较短。这类企业虽富有企业家创业创新精神，但内部还未形成规范的管理制度；且相较生产型企业，有形资产较少，其资产大多以版权、著作权、专利、品牌等无形资产的形式存在，从而导致资产权属关系复杂、预期收益不确定性大，难以用于抵押、担保等金融活动。因此，可以认为，我国文化概念业很难从现有的以大银行为主导的金融体系中获得充分的金融服务，这也是我国金融体系普惠程度不高的一个例证。2016—2017年，以管理风险为主要功能的保险业和担保业在化解文创企业融资难方面进行了有益探索。[①] 如象山发放宁波全市首笔旅游"政银保"贷款，见专栏3-7。

专栏3-7 象山发放宁波全市首笔旅游"政银保"贷款

"政银保"项目是象山加快全域旅游发展的一项创新举措，由县旅委、县农信联社、人保财险共同协作推出，运用"政府搭台、保险增信、银行放贷"模式，为该县特色民宿、小型特色文化主题酒店和新业态旅游项目提供资金支持，缓解旅游产业担保难、融资难的问题。

宁波"袍泽文化"获得了50万元象山"政银保"贷款。象山"政银保"个人贷款最高额度可达100万元，企业贷款额度最高达300万元，贷款利率按人行同期基准利率上浮不高于20%给予优惠，并由保险公司全额承保。个人或企业只需身份证明和项目真实性证明即可进行申

---

① 陈巧. 象山发放宁波全市首笔旅游"政银保"贷款[EB/OL].（2018-04-21）[2019-05-23]. http://wemedia.ifeng.com/57417954/wemedia.shtml.

> 请。在"政银保"项目中，县旅委除推荐有融资需求的优秀企业外，还向企业补贴部分保费和利息；象山县农村信用合作联社对推荐的企业或个人发放贷款，并免费提供移动支付设备。
>
> 象山在大徐镇雅林溪村有一个户外拓展培训基地，急需资金添置设施、丰富项目。"政银保"放款快、利率低，给予了该基地大量资金，解了公司的燃眉之急。这是全市发放的首笔旅游业"政银保"贷款。目前，象山其他几笔"政银保"贷款已在审查发放中。该县将持续加强"政银保"推进力度，进一步提升全域旅游综合金融服务能力。

其次，运用互联网平台提供文化保险和文化担保服务。文化企业运用互联网平台提供文化保险和文化担保服务的成功案例越来越多。例如，江苏省宜兴市中超利永紫砂陶有限公司通过自己建立的"紫砂文化金融平台"与保险、商业银行等金融机构合作，综合利用互联网技术、防伪鉴定技术和大数据技术，为紫砂壶消费、投资提供支付、小额贷款、分期付款、保险，以及租赁、回购交易、质押融资等金融服务，通过金融服务促进紫砂文化产业的发展。同时，市场上以"文化金融""文化保险"为名的互联网金融平台也不能真正为文化产业发展提供有效风险管理服务。以2014年阿里巴巴与保险机构合作推出的互联网文化金融平台"娱乐宝"为例，它以"保险+信贷"的模式，通过互联网平台为保险机构募集资金，并通过信托基金渠道将募集到的资金用于影视文化产业的娱乐项目的制作，投资者可以获得预期的资金收益和娱乐权益。其本质是将保险和投资功能集于一身的理财产品，创新性不言而喻，但却不能起到风险分散和转移的作用。影视行业的高风险性、互联网金融监管与风险监测体系的不完备、互联网金融机构密钥管理及加密技术的缺陷等各类隐患都可能导致风险的积累和爆发。

这充分说明，在体制转型与经济发展进程中，市场的无形之手要想在风险可控的前提下充分发挥提高资源配置效率的作用，固然离不开企业家在各个方向上的自由探索，但也离不开政府这只有形之手的有力支持。从中央到地方，各级政府在文化金融服务平台建设方面有着积极而广泛的探索，有效发挥了整合资源、创新服务、提升效率的作用。其中，在文化保险和文化担保方面也不乏新的突破。

在中央层面上,最有代表性的互联网平台是文化部文化产业公共服务平台,其设立的宗旨是提升政府在文化产业发展方面的综合信息服务、项目宣传推介、公共技术支撑、投融资服务、资源共享、统计分析等公共服务功,从而弥补市场机制不足,推动了我国文化产业持续健康发展。截至 2017 年年底,该平台已接入文化金融机构 231 个。部分金融机构通过与各子平台合作,在线上提供文化金融服务。其中,也包括一些风险管理类服务。例如,中国人保财险为配合投融资平台建设,专门开发了"E-CULTRUE"电子商务平台[1],按照"产业链分析—风险分析—出险案例分析—保险保障介绍"的工作流程,为文化企业提供了一整套风险分析和保险转移方案,并提供了文化保险专业服务咨询服务,成为线下风险管理服务的有益补充。在地方层面,文化金融服务平台更是如雨后春笋般不断涌现。其中,北京市文创金融服务网络平台在破解文化企业融资难方面的探索独具特色,有担保和再担保企业的深度参与。[2] 北京再担保积极参与北京市国有文化资产监督管理办公室(以下简称"北京市文资办")"文创金服"平台建设运营的案例如专栏 3-8 所示。

专栏 3-8 北京再担保积极参与市文资办"文创金服"平台建设运营

2018 年 6 月 23 日,北京市文资办发起的"北京市文创金融服务网络平台"在市文资办官网上线试运行。该平台是为深入破解文化企业融资难题,由市文资办授权北京市文化科技融资租赁股份有限公司发起建立的。北京再担保公司于 2018 年 3 月份开始与市文资办及文化科技租赁公司开展密切合作,承担了"文创金服"债权融资板块的运营职责,主要负责该平台债权板块的前期设计和后期项目初审、分配及金融机构对接等运营工作。

文创金服是一个公共性、综合性网络服务平台,是市文资办在市

---

[1] "E-CULTRUE"电子商务平台是中国人保财险为配合文化部"文化企业投融资公共服务平台"而专门开发的,为大家提供针对性保险服务的平台。平台将按照"产业链分析—风险分析—出险案例分析—保险保障介绍"向文化企业提供一整套风险分析和保险转移方案,并提供文化保险专业服务咨询服务。

[2] 北京再担保积极参与市文资办"文创金服"平台建设运营[EB/OL].(2018-06-23)[2019-05-21].http://bjcrg.com/newsitem/277910802.

财政局支持下搭建的北京市文创产业"投贷补"联动体系的重要组成部分。"投",是指股权投资机构为文化企业提供股权融资服务;"贷",是指金融机构为文化企业提供低利率、速度快的贷款;"补",是指财政资金对文化企业进行的各种支持。"投贷补"联动,建立企业债权融资、股权融资和财政支持资金的无缝对接。文化企业在文创金服成功融资后,将纳入"投贷补"联动体系。

文创金服上线后,将通过政府授权+专业化运营的模式引入商业银行、融资租赁、融资担保、小额贷款、股权基金、投资银行、证券公司、会计师事务所、税务师事务所、律师事务所、专业咨询公司等各类专业化机构,形成涵盖债权融资、股权融资、创新性金融产品推广以及第三方服务等全方位服务的线上投融资体系,有效破解文化企业融资难、融资慢的问题;在平台上获得融资的文化企业经市文资办评审后可享受财政资金支持(含贴息、贴租、贴保,上市、挂牌、并购等方式),有效降低文化企业融资成本,破解文化企业融资贵的问题。

平台先期上线试运行债权融资和企业展览展示等模块,股权融资和第三方服务等模块将在系统运行成熟后同步上线。文创金服主要代行政府公共服务职能,前期向文化企业及各类机构免费开放。平台初期在重点行业采用"推荐制"试点,对有推荐的企业优先提供服务。文创金服目前已吸引建设银行、北京银行等30余家合作机构入驻,共同为文化企业服务。

再者,风险管理工具助力我国影视产业发展。中国电影市场在最近几年驶入发展快车道。从票房规模上来看,国产电影票房从2012年的170.7亿元增长到2017年的599.11亿元,以电影票房收入而论,我国已经成为全球第二大电影市场。同时,国产片也成为国内票房的主力军,2016年上映的376部国产影片贡献了约53.84%的票房。在2017年,城市院线观影人次达到了16.2亿次,总人口人均观影次数为1.17次,人均观影次数首次突破1次。而得益于中部、西部和三线、四线城市影院数量的增加,全国影院数量在2017年增长到9169家,银幕数量达到50776块,仍有巨大的市场潜力待挖掘。

众所周知,电影项目的运作过程中充满着风险和不确定性。因此,在我国影视产业持续发展繁荣的同时,演出事故随之增加,相关风险点也逐渐暴露出来。这些风险不仅体现在影视作品的投资回报方面，还体现在其创作过程对主创人员以及外部环境的高度依赖上。从近年来我国电影电视业的运行态势来看，其面临的主要风险点至少包括以下几个方面。第一，因核心演职人员发生意外事故导致的死亡伤残风险；第二，因自然灾害或意外事故导致道具、布景和服装以及摄像机、摄影设备、印象灯光等设备遗失、损坏或损毁的风险；第三，因自然灾害或意外事故导致的第三方财产损失；第四，因预算超支、不按照剧本拍摄、没有按期完成或被迫取消、影视审查未能通过等原因导致的影视作品无法完成或完成后无法公映的完片风险。此外，还包括责任风险、财物损失风险等。这些风险点多面广，牵一发而动全身，严重制约着影视产业的持续稳定发展。与电影电视工业潜在的巨大保险需求相比，目前我国影视保险才刚刚起步。从需求侧看，国内的制作单位极少为项目安排影视保险，如有安排，大多也是应外方演员的要求而安排的，且主要为演员投保意外伤害保险，其他保险保障较少。从供给侧看，影视保险产品的研发力度不足，专业人才匮乏，核保标准缺失，可投保险种比较少，保险范围也比较有限。

正是看到国内市场对风险保障的需求，国内外保险公司纷纷进军影视保险领域。在外资保险公司中，全球最大的完片保险公司 FFI（美国电影金融公司）于 2015 年在上海成立了中国分公司，并开启电影完片保险业务。此外，安联财险也已将电影电视制作保险引入中国市场，由安联财险提供技术支持。该产品为影片拍摄前期、中期、后期可能出现的风险提供专业保险，保障范围包括演员由于意外事故无法拍摄令电影制作出现延期、额外费用、第三方财产损坏、劣质存货等。国内保险公司的影视保险实践也越来越活跃。例如，中国出口信用保险公司为冯小刚的《夜宴》提供了一年的短期出口信用保险服务，保额为 1500 万~2000 万美元，这就为《夜宴》成功获得深圳发展银行 5000 万元人民币贷款创造了前提条件。另外，2017 年太平洋保险与合力晨光联合进军完片保险业务领域。

三、内容产业呈现典型的文化金融特征

作为文化要素的体现，IP 产业的形势必引发金融的特别关注。虽然 IP 本质上

还是版权，属于内容产业，但它是版权体系的一支奇兵。它是天然的带有互联网基因的市场性概念，是一个网生世界，因而也充满了价值前景。基于 IP 的文化金融形态变化是什么呢？主要是企业或项目的评价标准发生了变化。企业开始有了 IP 经理，金融机构开始考核文化企业是否具有 IP 潜质的版权资产。所以，围绕 IP 形成一种投融资业态和资本运营体系，是具有阶段性特定意义的，称之为 IP 金融，它或可成为版权金融和内容产业成熟起来的突破点。①

1. 电影金融

金融与电影携手，必将推动我国影视文化产业和事业的大发展。《中国电影投融资调研报告（2019）》调研结果显示，2018 年，77.8% 的金融投资机构有涉足电影信贷或相关业务的计划，60% 以上的金融机构设置了影视文创等特色部门，55.6% 的金融机构已出台各种电影融资业务优先或特色支持信贷政策。调研报告还显示，金融机构涉足影视文娱板块的意愿大幅提升，55.6% 的金融机构已出台各种电影融资业务优先或特色支持信贷政策，但金融机构与电影业务的交流合作仍处于探索初期，金融机构在投资额度、预计收益比、回款周期等方面并未建立起量化的指标，未来仍需要进行多轮探讨，并形成稳定的模式。信息不对称、收益不固定、对影视行业不了解，是金融机构在进行影视业务拓展时最主要的难点所在，在两大领域存在天然行业壁垒的情况下，专业的第三方机构的重要性日益凸显，将在项目评估方面为两者嫁接桥梁。② 例如，北京农商银行已经成立总行文创金融服务中心及东城、西城、朝阳、怀柔四家文创金融特色支行，设立文创金融特色网点支行，形成三级文化产业服务体系，助力文化创意行业发展。从"文化+"的角度，深度支持文化与高端制造业等产业融合。之后，北京农商银行将继续深入落实市委市政府工作部署，为文化创意企业，特别是电影企业提供全方位金融服务，探索金融助力电影产业发展的新思路、新方法。

2017 年，全国电影总票房 559.11 亿元，同比增长 13.45%，这主要得益于国民经济的持续快速增长以及国家对文化产业的支持，整体电影文化与产业环境持续

---

① 金巍.互联网经济背景下的文化金融新形态［EB/OL］.（2016-09-13）［2018-02-23］.http://collection.sina.com.cn/wjs/jj/2016-09-13/doc-ifxvukhv8269561.shtml.

② 电影与金融迎来合作新契机［N］.中国经济时报，2019-04-19.

改善。同时，各类社会资本积极进军电影行业，也进一步推动了电影行业的良性快速发展。2017年下半年，在数据上可以看到，国产片逐步回暖，《战狼2》《羞羞的铁拳》《芳华》进入了票房前三，且豆瓣评分均超过7分，《战狼2》还创造了中国电影票房新纪录，票房与口碑开始出现吻合态势。2018年上半年，国产片继续延续2017年下半年的崛起态势，占据了票房前5的位置，豆瓣分大幅提升，票房前5国产片的平均豆瓣分为6.86分，大幅高于2016年上半年的5.46分。2016年的电影金融服务形式开始丰富起来，版权预售、版权质押、电影众筹、保底发行等形式开始精细化，但也出现了诸如虚假票房等乱象，"明星证券化"现象也受到限制。2016年，共有108家影视类企业在新三板挂牌，国有电影公司中影和上影相继在主板上市。电影企业以并购为手段，积极进行全产业链的布局。2016年，以万达为代表的国内资本在海外电影市场的出手频频引起世界关注，中国影视产业对外收购总额达到63.9亿美元。

同时，影视作为文化产业市场化程度较高的领域，也是资本"追逐"的热点，也产生了市场泡沫，投资风险进一步加剧。2014年和2015年是影视并购的"疯狂期"，2015年影视领域的并购达到76起，涉及资本高达2000亿元，大大超过影视市场的容量。从2016年5月开始，就有消息称中国证券监督管理委员会（以下简称"中国证监会"）叫停了游戏、影视、VR等虚拟行业的跨界定增；2016年7月，深圳证券交易所（以下简称"深交所"）还专门对创业板影视类上市公司的信息披露做出更加严格细致的规定，这才让火热的文娱、影视融资并购行为"及时降温"。客观说来，我国文化产业的体量不大，整个文化产业增加值仅占GDP的4%左右，在金融领域的份额并不高。但因为文化企业的盘子小，有时也容易被资本"操控"而成为资产泡沫的"重灾区"，从而使文创产业沦为"资本运作"的工具。

2. 艺术品金融

习近平总书记在十九大报告中明确提出，进入中国特色社会主义新时代，我国社会已从"物质"需要升级为对"美好生活"的需要。2018年"两会"期间，推动"文化自信"及倡导"文化+"产业的发展再次成为人大代表们呼声的焦点。同时，上海市政府在《关于加快本市文化创意产业创新发展的若干意见》中也大力提倡"艺术品业态创新"，并指出要"把上海建设成世界最重要的艺术品交易中心之一"。一系列"文化艺术+"政策及提案的背后，反映出的是近年来国人日益渐长的精神消费需求及日益兴盛的文化氛围;另外,在我国经济改革纵深的发展态势下,作为现代经济的核心,金融行业也正不断创新,通过资金融通为盘活数万亿表外艺术品资产提供了有力支撑,并在增量投资和艺术财富管理等领域发挥日益重大的推动作用。可见,艺术品市场正和金融市场碰撞出越来越多的火花,艺术品金融行业顺应时代需求而生。与此同时,艺术品金融商业模式的不断创新也将成为历史的必然趋势,并对"美力经济"①的推动起到至关重要的作用。其中,新科技的融合发展对艺术品金融的创新功不可没。

2016年,我国艺术品金融发展正处于政策规范和市场调整时期。相关部委颁布的《艺术品经营管理办法》《文物拍卖管理办法》《关于促进文物合理利用的若干意见》等文件对艺术品金融发展起到了规范和促进的作用。2016年,艺术品质押贷款市场、私募基金市场、保险市场波澜不惊,邮币卡市场规模进一步放大。截至2016年12月31日,中国邮币卡电子盘成交总额达到398594105亿元,为前一年成交总额的2.8倍;成交总量为362.3572亿,接近2015年成交总量的29倍。其他典型事件有:建信信托与青年艺术100联姻,推出了期限为12个月的艺术品消费信托;中国泰康人寿保险集团耗资约2亿美元购买苏富比的股票,持有苏富比13.5%的股份。

2019年5月,振奋整个艺术界的新闻铺天盖地席卷而来,中国互联网龙头企业阿里巴巴旗下的支付宝正式上线"艺术品银行",预示了艺术品金融化必将带动世界经济新格局。现在人们可以在线上操作免押金书画租赁业务,这次阿里对艺术品领域风向标式的推进尝试,或许会引发一波"艺术银行"的创业和投资风潮。2018年,艺术品市场尝试与银行融合,银行可以进行参股或直接投资艺术品拍卖公司。由于银行具有雄厚的资金实力,是信用和实力的象征,更有利于赢得客户的信任与青睐。②

不过,虽然艺术品金融正伴随着人们物质财富的积累及精神消费的需求迅速

---

① 美力经济,美就是生态文明、精神文明、物质文明的代名词;力就是驱动力,落实"绿水青山就是金山银山"之理念,建设"莺歌燕舞、潺潺流水"的美好社会。美力经济就是要人类在舒舒服服中,依靠科技的力量和人类的自觉去建设一个人与自然和谐相处的美好世界。

② 支付宝上线了"艺术银行"!艺术品金融化必将带动世界经济新格局![EB/OL].(2019-05-13)[2019-05-25].http://www.sohu.com/a/313650837_120131689.

崛起，但仍然方兴未艾。由于缺乏合格的专项领域人才，往往造成了市场鱼龙混杂的局面，如在我国数百所高校中仅有少数开办艺术管理和文化管理相关的专业；我国 800 多万金融从业人员中，具备艺术品专业知识和艺术品经营管理能力的人才更少之又少。[1]

3. 出版发行产业资本市场

出版发行行业是资本市场的一个重要板块，风险投资基金从 2010 年开始对出版发行市场进行了大规模的投资，一大批国有或民营的图书出版集团陆续登陆资本市场。传统出版发行行业整体增速放缓，图书出版勉强维持正增长，报刊业面临严峻挑战。新媒体冲击是传统出版发行行业不景气的主要原因，商业模式及时效性等特点决定子行业分化。行业整体在 2013 年呈现负增长，其背景是智能手机普及率提升，带动新媒体渗透率提升。图书行业的盈利来源主要是图书销售，而其中最为稳定的教材教辅占据很高的比例，受到新媒体冲击小；而报刊行业的主要盈利来源是广告，其内容具有较强的时效性，容易被新媒体替代，因此受冲击较大。

2015 年，中国图书及期刊出版营业收入为 1023 亿元。随着新技术的发展，传统出版发行行业受到巨大挑战，至 2015 年，中国数字出版产业收入规模达到 4403.9 亿元，比 2014 年增长 30%，2016 年的出版发行行业正处于转型发展的关键期，总计有 17 家企业挂牌新三板，并有 2 家企业在主板 IPO 上市，有 6 家企业共发行 8 只债券融资。但在私募股权市场与并购市场中，出版发行业资本运作陷入停滞，2016 年仅有 2 起股权投融资与 3 起并购案例，这说明传统出版行业在受到资本追捧的同时，正在向数字化和上下游布局，也表明该行业急需转型以应对新的形势。

2017 年，新闻出版业提出要认真贯彻落实中央要求，把社会效益放在首位，努力实现社会效益与经济效益相统一，坚持稳中求进的工作总基调，按照高质量发展的要求，不断推进供给侧结构性改革，深入推动优化升级和融合发展，持续提高优质出版产品供给，实现行业的良好发展。2017 年，全国出版、印刷和发行服务（不含数字出版）实现营业收入 18119.2 亿元，较 2016 年同口径增长 4.5%；拥有资产总额 22165.4 亿元，增长 3.0%；利润总额 1344.3 亿元，增长 2.7%。新闻

---

[1] 聚焦艺术品金融的商业模式与创新：2018 第三届亚洲艺术品金融论坛［EB/OL］.（2018-03-30）［2019-2-03-25］.https：//www.toutiao.com/a6538697752761598471.

出版产业规模、效益稳步提升。

上市公司整体营收增速高于行业平均，一方面，由于上市公司质地在行业中往往更优，另一方面，上市公司拥有更多的资源、资本等优势，在转型升级方面拥有得天独厚的条件。相关上市公司在规模净利增速、毛利率、净利率等指标出现回升迹象，近两年，多家公司通过并购等方式进行转型升级以及进行创新型的资产经营已初见成效。2017 年，中国科技出版传媒股份有限公司、中国出版传媒股份有限公司、新经典文化股份有限公司等 6 家出版传媒企业相继上市，为近年来最多。39 家在中国内地上市的出版传媒公司共实现营业收入 1570.6 亿元，增加 201.7 亿元，增长 14.7%；拥有资产总额 3068.4 亿元，增加 579.0 亿元，增长 23.3%；实现利润总额 223.7 亿元，增加 53.1 亿元，增长 31.2%，是近年来首次实现全体盈利的年份。出版、发行公司主业整体稳步增长，发行业务收入在各发行公司营业收入中所占比重平均为 61.6%，出版、发行、印刷业务收入在各出版公司营业收入中合计所占比重平均为 65.9%，同口径提高 3.0 个百分点，编印发核心主业地位更趋稳固。

截至 2017 年 12 月 31 日，中国内地共有出版传媒上市公司 43 家。其中，出版公司 14 家，报业公司 6 家，发行公司 8 家，印刷公司 10 家，新媒体公司 5 家；其中在中国内地上市 39 家，在中国香港上市 4 家。与 2016 年相比，新增上市公司 6 家，均在中国内地以 IPO 方式上市，募集资金总额共计 58.9 亿元。其中，出版公司 3 家，即中国科技出版传媒股份有限公司、中国出版传媒股份有限公司和山东出版传媒股份有限公司；发行公司 2 家，即新经典文化股份有限公司和山东世纪天鸿文教科技股份有限公司；新媒体公司 1 家，即掌阅科技股份有限公司。另有原属报业公司的浙报传媒集团股份有限公司整体剥离传统报刊业务，于 2017 年 4 月变更为浙报数字文化集团股份有限公司，转型为新媒体公司，故报业公司减少 1 家，新媒体公司再增 1 家。[①] 2017 年新增出版传媒上市公司概况见表 3-6。

---

① 国家新闻出版署.2017 新闻出版产业分析报告（摘要版）[N].中国新闻出版广电报，2018-07-31.

表 3-6 2017 年新增出版传媒上市公司概况

上市公司	股票简称	上市时间	股票类型	上市方式	募集资金（亿元）
中国科技出版传媒有限公司	中国科传	1月	上证A股	IPO	8.93
中国出版传媒有限公司	中国出版	8月	上证A股	IPO	12.17
山东出版传媒有限公司	山东出版	11月	上证A股	IPO	27.12
新经典文化股份有限公司	新经典	4月	上证A股	IPO	7.19
山东世纪天鸿文教科技股份有限公司	世纪天鸿	9月	上证A股	IPO	1.80
掌阅科技股份有限公司	掌阅科技	9月	上证A股	IPO	1.66

资料来源：根据公开资料整理。

4. 新媒体产业资本市场

有别于传统媒体的以互联网和数字技术为基础的产业形态，新媒体产业的投资热潮已经持续近 20 年。2016 年对于新媒体产业来说非常关键，一方面，国家大力支持传统媒体和新媒体融合，以"两微一端"为标志，很多国家级媒体开始在新媒体领域站稳脚跟；另一方面，国家在新媒体监管和规范方面加大了力度，出台了一系列政策。新元文智——中国文化产业投融资数据平台显示，2016 年我国总计发生 103 起新媒体股权投融资案例，涉及资金总规模为 46.61 亿元；新媒体业并购事件仅有 6 起，涉及资金总额约为 155.26 亿元；挂牌新三板的新媒体企业有 6 家。比较特殊的是，作为一种互联网文化产业业态，2016 年"网红"以全新形式吸引投资人的注意，但呈现出昙花一现的态势。

2017 年，新媒体公司平均净资产收益率为 13.9%，高出出版传媒上市公司平均净资产收益率 3.0 个百分点，较 2016 年提高 4.4 个百分点。5 家新媒体公司的平均净资产收益率，降序依次为北京昆仑万维科技股份有限公司、浙报数字文化集团股份有限公司、掌阅科技股份有限公司、北京掌趣科技股份有限公司和中文在线数字出版集团股份有限公司。中国内地上市的新媒体公司平均净资产收益率见表 3-7。

表 3-7 中国内地上市的新媒体公司平均净资产收益率

排名	公司名称	股票简称	股票类型	收益率（%）
1	北京昆仑万维科技股份有限公司	昆仑万维	深证A股	23.56
2	浙报数字文化集团股份有限公司	浙数文化	上证A股	21.18
3	掌阅科技股份有限公司	掌阅科技	上证A股	14.40
4	北京掌趣科技股份有限公司	掌趣科技	深证A股	3.42
5	中文在线数字出版集团股份有限公司	中文在线	深证A股	3.11

资料来源：根据公开资料整理。

从 2017 年开始，整个新媒体产业已经发生了巨大的变革，新媒体的监管更加严格。财经领域是新媒体离资本市场、离商业、离企业最近的一个环节。例如，吴晓波频道就是新媒体当中的佼佼者，吴晓波频道微信公众号由杭州巴九灵文化创意有限公司创办。新榜数据显示，在 2 月份新榜 500 强微信号中排名第 225 名。此外，据券商中国记者不完全统计，巴九灵旗下的微信公众号还包括吴晓波会员中心、新匠人新消费、158Lab、思想食堂订阅号和企投会。但是吴晓波频道并没有选择自己独立上市，因为对于一家自媒体公司而言，它的本身业务和盈利方式是相对比较离散的。它的主要盈利模式是广告加知识付费加电子商务。但是吴晓波老师的这种上市模式和盈利模式对于普通自媒体而言，依然是一个非常困难的过程，对于大多数自媒体人来说，如何持续经营还是最值得关注的。而我们看到，包括吴晓波频道在内这样如此成功的自媒体依然采用了将自己的资产注入上市公司的方法。可见对于新媒体产业来说，盈利依然是摆在面前重大的问题。新媒体作为一个非常特殊的产业及发展过程相对比较短，而整体的一个发展红利期已经过去，对于新媒体人而言，现在最重要的是如何有自己的垂直优势将自己的垂直领域发挥出来，才有可能逐步实现对自身的一个提升和盈利发展。[①]

[①] 吴晓波．巴九灵被收购,中国新媒体产业的春天来了吗？［EB/OL］．（2019-03-17）［2019-04-21］.https：//baijiahao.baidu.com/s?id=1628266134625944977&wfr=spider&for=pc.

第三节 我国"文化创意+"金融发展存在的问题

文化是一个国家、一个民族的灵魂。文化兴国运兴，文化强民族强。按照2020年文化产业成为国民经济支柱产业的目标，"十三五"时期我国文化产业有着巨大的增长空间和发展潜力。大众对优质文化产品的渴求，让更多人看到了文化产业的巨大前景，嗅到了文化产业投资的巨大收益，类型众多的金融产品纷纷进入文化领域。据统计，2017年全国规模以上文化及相关产业5.5万家企业实现营业收入91950亿元，比上年增长10.8%，增速提高3.3个百分点。总体而言，我国文化企业营收呈现增长态势，但也存在着不容忽视的问题，文化产业自身存在的轻资产、高不确定性以及创意、知识产权等无形资产难评估、金融中介体系薄弱、文化领域立法少等特点，严重制约着文化产业的快速发展。[①]

一、财政投入方面

在我国，文化产业资金中财政投入占据主导地位，但从绝对量和人均数量看都还比较小，与发达国家相比存在较大差距。同时，在财政投入的方式以及管理方面也存在着一定缺陷，影响财政资金效力的发挥。

一是财政对文化建设投入不足。为发展文化产业，世界各国都很重视财政资金的投入，据有关统计，2007年美国各级政府共向文化产业投入451.9亿美元、人均149.98美元，加拿大投入42.17亿加元、人均131.78加元，澳大利亚投入40.67亿澳元、人均137.6澳元，而我国各级政府向文化产业投入的财政资金仅为

---

① 陈晨.文化金融发展要不忘文化本源［EB/OL］.（2018-06-20）［2019-05-21］.https：//baijiahao.baidu.com/s?id=1603744463719921578&wfr=spider&for=pc.

136.17亿元、人均10.32元，是美国的1/109，加拿大的1/83，澳大利亚的1/80。近年来各级财政对文化领域的投入虽然有所增加，但由于基数低、基础差，财政投入与文化产业现实需求之间的矛盾仍然突出。

二是投入方式不尽合理。财政资金对文化产业的扶持应建立在科学规划、统筹安排和系统使用的基础上，随意化和各自为政只能降低效率，甚至造成重复建设和资金浪费，当前一些地方政府在投入文化产业时仍延续着计划体制下的拨款模式，不注意运用税收等优惠手段，不习惯把财政支持与各类金融工具相结合，使有限的财政资金没有发挥出真正的效力。

三是各类文化投资基金行政化色彩严重。设立产业投资基金是扶持产业发展的有效形式，近年来从中央到地方都设立了许多文化产业投资基金，在促进文化产业发展中发挥了重要作用，但这些基金一方面来源较为单一，没有充分利用起各类社会资金和金融资金，限制了基金的规模；另外，在基金的管理上多以行政手段为主，基金的设立和管理办法由政府部门制定，使用也由政府部门管理，使基金无法实现市场化运作。①

四是财政资金的后期管理较为薄弱。无论是财政拨款还是通过各类投资基金投入，由财政资金形成的文化资产也是重要的国有资产，理应纳入严格、规范的国有资产管理体系中，但相较于其他国有资产，文化资产具有"轻有形、重无形"的特性，管理起来有一定难度，资金投入的实效也不易评估，这就造成了财政资金投入文化产业"重投入、轻管理"的现状，既不可避免地造成了财政资金的浪费，又极易形成国有文化资产的流失。

二、有效联动方面

2010年，中共中央宣传部等九部委联合出台了《关于金融支持文化产业振兴和发展繁荣的指导意见》，为金融资本与文化产业融合提供了政策支持，但据中国银行业协会发布的《2014年度中国银行业社会责任报告》，当年文化产业共获得贷款5328亿元，总量仅占86.8万亿元贷款总余额的0.6%，占当年全部新增贷款9.78亿元的5.4%。金融机构对文化产业不重视，其原因主要有以下几个方面。

---

① 徐鹏程.金融资本与文化产业融合障碍何在[J].印刷杂志，2016（11）.

一是金融机构对文化产业的了解不够，对接的主动性不强。我国文化产业不仅起步晚而且专业性强、相对独立，大多数金融机构对传统产业积累了丰富的数据，了解较为充分，而对文化产业则相对不熟悉，信息不对称的情况更为严重，金融机构既不了解文化产品的属性、特点和盈利规律，对风险也不好判断，在金融趋利本性和避险本性的共同作用下，传统金融机构更愿意把资金投向熟悉和能把握风险的行业，即使有政府出面牵线搭桥，他们对投入文化产业的积极性也不高。

二是传统文化企业不擅长使用金融工具。国有文化企业多脱胎于事业单位，在原有体制下，资金来源主要是财政拨款，对市场化经营还有习惯的过程，当有资金需要时往往还习惯于向上伸手，希望主管部门拨款或协助解决，自身的能动性较差。民营文化企业除少数有实力外，大多属于中小微企业，本来就容易被金融机构边缘化，有资金方面的需求也只能靠自身积累去解决。[1]

三是金融机构制定的贷款门槛较高。金融机构强调资金的安全性、流动性和盈利性，现有投资标准更适合那些拥有大量有形资产的企业，文化企业不同于一般企业，主要凭借人力资本和特有的商业模式抢占市场，普遍缺少土地、厂房、设备等资金占用较大的固定资产。同时，文化企业资产如何评估、赢利如何测算、资金使用周期如何确定等也与一般企业不同，但大多数金融机构在评估文化企业贷款时还套用普通企业的标准，强调抵押和质押，给普遍缺少有形资产的文化企业出了难题。[2]

四是对文化产业方面的金融创新较为薄弱。金融创新在我国历来是一个薄弱环节，对文化产业的金融创新更加薄弱，适用于文化企业的金融工具种类很少，除银行贷款难以获取外，文化企业想在资本市场上获得直接融资也很困难，据中国人民银行发布的《2015年金融市场运行情况》，2015年共有132家文化类企业通过银行间债券市场发行了652只债券，累计融资5873.19亿元，相对于2015年21万亿元的总融资规模而言，仅占2.8%。从数据来看，中国的文化金融服务还比较单一。[3] 很多文化企业收益来源方式单一，并没有完全发挥文化创意产业跨界

---

[1] 荆典，吴佳琦．论金融支持文化产业发展中面临的问题及对策[J]．现代经济信息，2016（24）．

[2] 徐鹏程．金融资本与文化产业融合障碍何在[J]．印刷杂志，2016（11）．

[3] 数据来源：国家统计局．

融合能力强的特点，比如 2018 年我国的影视公司 87% 的收益来源于票房和放映环节，大多数收益基于单一来源，使得投资风险极高；反观美国影视公司，票房只占总收益的 1/3，大多数的收益来自于衍生业务。价值创造模式单一的状况，大大降低了文化企业充分利用多种渠道方式获得资金的可能性。

三、结合性方面

文化企业往往具有双重属性，一方面是精神文明建设的重要载体，具有政治属性和意识形态属性；另一方面是物质文明的创造者，具有经济属性。除此之外，我国文化体制改革起步较晚，许多文化企业还处在"转企改制"的进程中，进一步增加了文化产业的复杂性。

一是文化企业的行政色彩较浓。对于有意识形态属性的企业，所有国家都会实行严格的管制，我国也不例外。近年来，通过文化体制改革，一部分事业单位转型为文化企业，虽然强调政企分离，但"多头管理、条块分割"的现状无法回避，不仅管理难度大，经营体制不顺，而且也形成了一定的产业垄断和壁垒，外资、民间资本进入部分文化产业仍存在着限制。

二是文化产业的盈利模式比较特殊。文化产品与一般产品不同，是一种内容产品，其盈利来自于文化创意和文化服务，只有保持产品的独特性才能打造出核心竞争力，为此需要投入大量资源进行创意和开发。同时，作为一种产业链特征突出的产业，文化企业还必须着力整合渠道资源、形成规模化经营，这也需要大量资金投入。从盈利周期看，许多文化产品从创意到盈利过程一般较长，不仅需要投资者有充分的实力，更要有充分的信心，这些情况增加了其融资的难度。

三是大量文化企业小而分散。据国家统计局的数据，2013 年年末我国共有小微文化企业 77.3 万个，占全部文化企业的 98.5%，其中小型企业 16.8 万个，占 21.4%，微型企业 60.5%，占 77.1%，小微文化企业是文化产业的构成主体。2017 年 7 月末，我国小微企业名录收录的小微企业已达 7328.1 万户。其中，企业 2327.8 万户，占国内企业总数的 82.5%；个体工商户 5000.3 万户，占国内个体工商户总数的 80.9%。对于小微文化企业来说，资金规模偏低、业务分散，难以形成规模效应。以动漫业为例，据国家工商总局企业登记信息，注册资金低于 100 万元的企业占企业总量的 74%，100 万元到 500 万元的企业占 20%，500 万元以上的仅占6%，与国外大型动漫集团竞争，难以形成知名品牌。

四是文化企业的投资风险大。对于大部分文化企业来说，大量资金投入后产出的是文化创意、知识产权、专项技术等无形资产，这些资产的价值难以评估和变现，受政策性和市场变化的冲击又很强，在前期投入大、资金回笼周期长、市场不确定性强、投资回报率不稳定的情况下，投资风险无疑比一般企业更大。

四、金融中介体系方面

完善的中介服务是金融市场健康发展的前提条件之一。对于文化产业而言，其资产评估、担保以及产权交易等环节均十分薄弱，成为金融资本与文化产业深度融合的另一个障碍。

一是文化资产评估难。文化企业拥有的产权多是无形资产，包括影视著作权、版权、专利权、商标权以及品牌等，对于这部分资产的评估业界虽然进行了大量探索，但仍存在很大困难：对无形资产的评估目前主要依据《资产评估准则》和《专利资产评估指导意见》，这两个文件对操作环节的规定尚不够具体，标准还难以统一，大量的评估工作还在依据评估者本人的从业经验；有些资产的评估对象和范围不容易界定，除企业本身外，文化资产往往还涉及作家、画家、导演、演员等个体，增加了评估的复杂性；文化资产的形式日益丰富，但评估所必需的经验数据积累严重不足，如何确定预期收益额、分成率和折现率、获利年限等往往缺乏历史数据或典型交易案例参考。

二是文化资产融资担保难。文化企业自身缺乏足够的有效资产进行抵押或质押，难以满足金融机构的贷款或其他融资的条件，在寻求抵押或质押过程中，一部分文化企业试图通过联保的方式解决担保难的问题，但实践效果并不理想，原因仍在于文化企业有形资产不足，只要现有资产评估办法和担保规则不改变，担保难的问题就无法根本解决。面对文化创意产业投资的高风险，目前缺少有效的信用担保环节，导致资金风控体系不完善，这也是制约文化创意产业和金融领域广泛开展合作的症结。

三是文化资产交易难。文化资产的产权涵盖面广，其中包括大量具有文化属性的知识产权，转让的对象可能是所有权，也可能只是使用权或者其他外延权利，加上评估困难、风险不宜把握，增加了交易对象的复杂性，影响到产权交易的进行。除此之外，目前文化资产的交易平台和交易经纪人也不足，交易信息不对称的问题比较突出，现有的一些交易平台，由于自身经营和外部监督跟不上，还没有形成统一的定价主体、定价标准、定价方法，公平性和透明性还得不到市场的充分认可，制约了文化产权的交易，使文化资产流动性差，影响到价值的实现。

五、文化金融立法方面

文化产业具有知识密集型、资本密集的特征，在现代服务业中处于高端位置，这些特点决定了其健康发展必须依赖于强有力的产业政策支持，只有制定出系统、科学的法律、政策体系才能确保产业发展的规范和稳定。但是，当前涉及文化领域的立法还不多，涉及文化产业发展的法律法规更少，不适应产业的发展需要，也不利于文化产业与金融资本的进一步融合。

一是现有法律法规立法层级较低。涉及文化产业发展的法律政策大多集中于行政法规或部门规章的层面，这些政策规定由于缺少较高层面的立法保障，稳定性和权威性较差。当前我国文化产业不断与国外产业发生关联，这就要求文化产业的法律政策规定要与国际贸易体系相融合，立法层级太低也影响到与国际的接轨。

二是现有法律存在"重审批、轻保障"的特点。涉及文化产业发展的现行法规中，有一部分是按照计划体制的思路制定的，强调了如何加强管理，条文中限制、处罚的规定比较多，而对于如何保障文化产业的自身权力、如何促进文化产业的发展则规定较少，一些法律规定还存在定义不明确、灵活性大、互相矛盾的问题，影响到执行效果。

三是存在着许多法律上的空白。相比于文化产业的迅猛发展，文化产业立法有所滞后，文化产业以创意为核心，在经营实践中具有一定的超前性，随着数字文化产业、动漫、网络视听点播、手机互联网等新的产业形态不断涌现，各种问题也层出不穷，许多问题依据现有法律规定已无法解决。

四是缺乏统一完整的税收优惠政策体系。针对文化产业国家和各级政府分别推出了各种税收优惠政策，但存在着优惠范围零乱、优惠手段缺乏协调配合、政策覆盖面不全、缺乏激励机制等问题，现有税收优惠政策局限于传统的报刊、广播影视、演艺等方面，近年来发展迅猛的数字技术、动漫、会展、新媒体等缺乏优惠规定。文化产业具有经营差异性大、成长周期长等特点，现有税收优惠政策往往"一刀切"，忽视了差异性和针对性，影响到税收优惠政策的执行效果。

文化金融政策演进与综合效应显现之间的矛盾。我国近年来出台的一系列文化金融相关政策文件，很多内容并没有真正发挥作用，很多工作也并未真正落到实处。在金融监管趋严的背景下，在一些早有定论的领域进行深耕和创新，是下一步文化金融合作的重心。

第四章 金融驱动下的文化创意产业新业态分析

文化创意产业是综合文化、创意、科技、资本、制造等要素的一种新业态。发展文化创意产业是改造提升传统文化产业、促进"文化制造"向"文化创造"转变的有效途径。文化创意产业与金融业的融合新业态是指基于文化创意产业与金融业之间的组合，企业内部价值链和外部价值链环节的分化、融合，行业跨界整合以及嫁接信息及互联网技术所形成的新型产业的组织形态。随着文化创意产业的发展与升级，其产业规模与纵深度对金融产业的需求也不断提升。

第一节　金融驱动下文化创意产业的基本格局

一、金融环境和文化创意产业资本结构的变化相关性

当前在金融驱动下，文化创意产业的资本结构的变化呈现出与金融环境的密切相关性。从金融环境的变化来看，自2001年"十五"规划中提出"文化创意产业"一词以来，我国对文化创意产业一度保持高度重视，中央与地方都以出台政策与规划的形式为文化创意金融产业的发展提供支持与推手，为其发展与壮大提供了良好的金融环境。

2010年，十七届五中全会进一步明确文化创意产业在国民经济中支柱性产业的地位。这标志着我国已经将文化创意产业视为国家重要发展战略之一，是布局施政的重要内容之一。至此，文化创意产业的发展与金融环境的相关性逐渐明显，尤其体现在金融环境和文化创意产业资本结构的变化相关性的日趋紧密。我国文化创意产业发展迅速，其必要的一个因素就是得到了金融产业的支持。

究其原因，我国一系列文化创意金融政策与规划的实施，为文化创意企业的发展吸引了大批资金流，很大程度上改善了文化创意产业的信贷融资难困境，为文创产业提供了更多直接贷款以外的融资渠道，因而企业的负债融资比例必然随着这一变化出现下降的趋势，从而改善文化创意企业的资本结构。

从表4-1中可以看出2008—2013年，我国文化创意产业上市公司融资方式及比例情况。

2010年作为我国文化创意政策导向变化关键的一年，也是文化创意产业资本结构变化的分水岭。2010年之后的三年时间，随着金融环境的改善，文化创意产业融资规模不断扩大，金融业对重点文化创意产业项目的金融支持的持续加强，而企业的直接负债比例也在显著下降。

表 4-1 我国文化创意产业上市公司融资方式与金额　　　　　单位：亿元

融资方式	2008 年	2009 年	2010 年	2011 年	2012 年	2013 年
留存收益	120.73	187.36	291.05	421.87	555.59	703.49
短期借款	151.43	134.68	115.17	141.36	171.60	152.05
长期借款	59.77	104.14	210.45	257.07	235.87	218.40
债券	14.14	14.70	45.77	69.35	86.44	94.37
政府补助	0.92	0.91	9.59	12.36	19.43	23.07
股权	451.33	573.83	798.87	935.72	1057.99	1238.89

资料来源：仲旭（2015）根据 76 家文化产业上市公司的财务报表数据整理计算得来。

金融环境与文化创意产业资本结构的变化相关性，是金融环境对文化创意产业的积极影响的体现，这一相关性的日渐明显也是文化创意金融新业态不断发展的表现。说明我国对文化创意金融业的积极引导，完善了对文化创意产业薄弱领域的金融服务，使得文化创意企业逐渐走上了科学投资经营的道路，优化了文化创意产业投融资结构，缓解了金融服务供给与文化发展需求间的矛盾。[①]

二、多层次、多元化的文化创意金融业态

文化创意金融产业作为一个新兴业态，具有巨大的发展潜力，众多金融机构如国有银行、商业银行、私募股权投资机构等纷纷加入文化创意金融产业，使中国文化创意金融产业呈现出多元化发展的局面。

据统计，2014—2016 年是我国金融资本进入文化创意产业最为迅猛的一段时期，金融投资规模累计已经达到 1 万亿元左右，较此前几年有较大幅度增长。[②]在这个发展过程中，文化创意金融政策体系得以完善，文化创意产业投融资体系初步建立。在这一多层次、多元化的文化创意产业投融资体系中，文创企业已与银行、证券、保险、股权投资、融资租赁、产权交易、金融信息服务以及涵盖第三方支付、网络众筹、P2P 网贷在内的互联网金融等行业形成了深度合作，所形成的新业态已经覆盖大部分金融细分市场。

---

① 朱佳俊，俞园园.文化金融全产业链服务模式研究［J］.科技和产业，2017（4）.
② 温源.金融如何更好地为文化产业"保驾护航"［N］.光明日报，2017-07-22.

围绕资本市场业态、金融业态与产业业态这三个维度，多层次文化创意金融业呈现出不同趋势。

资本市场业态发展的基本格局表现为，证券市场作为最大市场，承担着最具吸引力的文化创意产业融资市场的角色；股权投资市场虽然没有证券市场那么有活力，但发展前景非常广阔；并购市场规模不断扩大，是最具有扩张活力的市场。

金融业态发展的基本格局表现为，银行业为文化创意产业提供了最主要的融资渠道，在我国整体金融业态中占有最大的规模，具有基础性的作用，未来银行业在产品和业务的不断创新上，将更多地承担起文化产业的投融资媒介角色；证券市场业态则更具活力，在文化创意金融领域承担着重要的角色。而融资担保、保险等金融业态的比例则相对较小，却发挥着重要而关键的作用。

产业业态发展的基本格局表现为，新闻出版业仍然为市场的主要力量，但演艺音乐、动漫游戏业与创意艺术品发展趋势明显，是中国文化创意金融发展的产业业态发展的活跃领域，以证券市场为例，2017年IPO的多数为文化创意和设计服务、文教、工美、体育和娱乐用品制造业等类别；且随着政策支持与文化金融的融合，文化企业数量、质量、企业营收、区域税收等持续增长，推动产业结构不断优化[1]；同时，互联网业态的开放性业态也为文化创意金融的融合发展提供了广阔平台，互联网业态与文化创意要素和金融要素将形成融合发展态势。

据中国人民银行统计，截至2015年3月末，文化创意产业本外币中长期贷款余额是2123亿元，比年初新增166亿元，同比增长25.1%；在直接融资方面，截至2015年4月，共有128家文化创意企业通过银行向债券市场发行了524只债券，累计融资4703.4亿元，为文化创意企业开辟了新的融资渠道；还有在资本市场上市的文化创意企业有103家，总流通市值15179亿元，涵盖了文化创意产业的20多个细分领域；还有参加新三板和区域股权交易市场的企业都取得了快速增长。

信贷方面，针对文化创意企业"轻资产、高发展、重创意"的特点，不少银行采取了差异化标准，推出创新特色产品，建立文化创意金融绿色审批通道，加大对文化创意产业的支持力度。产业基金方面，文化创意部、国家旅游局等行业

---

[1] 刘园春.年度盘点：2017年文化产业资本市场全景图［EB/OL］.（2017-12-27）［2018-11-21］.http：//www.ce.cn/culture/gd/201712/27/t20171227_27452509.shtml.

主管部门积极推动金融机构发起设立文化创意产业投资基金，引导投资热潮。[①]

总体来说，文化创意金融产业这种多元化发展的方式极大地拓展了文化创意产业投融资体系，为不同类型、不同规模的文化创意企业选择多样化的融资提供了条件。

三、文化创意金融产业业态区域发展

当前，中国文化创意金融产业业态呈现出不平衡的状态。这种不平衡性与区域的经济发展和文化创意发展有着直接的关系。在经济发展水平和文化创意发展水平都较高的区域，如北京、上海等地，文化创意金融产业的发展较快，已初具规模；在经济发展水平和文化创意发展水平都较低的区域，如贵州、新疆等偏远地区，文化创意金融产业的发展极为缓慢，甚至可以说没有起步；在经济发展水平较高，但文化创意发展底蕴欠缺的区域，如某些东部沿海地区，资本的逐利性将文化创意产品推向高端化，文化创意金融产业有畸形化发展的倾向；在经济发展水平不高，但文化创意底蕴深厚的区域，如陕西、河南等地区，文化创意金融产业发展的支撑不足。可见，文化创意金融产业的发展需要金融业与文化创意产业的协同发展，缺一不可。

从动态来看，随着各地区文化创意产业政策和资金扶持计划密集出台，文化产业资产投资热度逐步从东向西进行转移，区域间资产投资的差距呈现逐步缩小态势。在文化产业固定资产投资的地区结构中，2016年，中部、环渤海、长三角、西北、西南、东南及东北地区的占比分别是22.38%、19.96%、17.64%、13.35%、13.34%、9.01%和4.32%。2012—2016年的有关数据显示，环渤海与东北地区文化产业固定资产投资占全国的比重持续下降，中部地区持续上升，其余地区相对平稳，维持在1%的范围内上下波动。文化产业固定资产投资在不同区域之间分布趋向均衡。[②]

从资本投资和企业规模的增速来看，2012—2016年中部、西北、西南地区的

[①] 温源.金融如何更好地为文化产业"保驾护航"[N].光明日报，2017-07-22.
[②] 李炎，胡洪斌.中国区域文化产业发展报告（2016—2018）[M].北京：社会科学文献出版社，2018.

文化产业表现出良好的发展势头，但就产业集聚程度来看，长三角、东南、环渤海地区文化产业的空间集聚与专业化程度远高于其他区域。

从宏观整体来看，我国文化创意产业业态的发展有着三个阶梯，其文化创意产业与金融融合的模式也不同。

第一阶梯是东部发达地区，以珠三角、长三角、环渤海三大城市圈为主，涵盖了北京、上海、深圳、广州等城市，是我国文化创意产业的先导部队和发展主体。东部在文化产业的聚集发展层面占据了绝对优势，到2016年，尽管三大区域规模以上文化企业数量占比下降到67.95%，却吸纳了全国70.25%的规模以上文化企业从业人员，实现营业收入和利润总额占全国总量的比值高达79.97%和81.16%，上缴国家税金占全国的比重更是达到67.21%。其中，长三角地区以历年的文化产业增加值占GDP比重突破5%的良好成绩领跑中国区域文化产业发展。①

第二阶梯是中部的发展中地区，以武汉、郑州、长沙、太原、合肥等城市为主，文化创意产业发展迅猛，文化创意金融产业的侧重点均有不同，如武汉市以动漫产业为中心、湖南省以娱乐媒体为中心、重庆市以设计、IT软件为中心。此外，中部各个城市都注重发展文化创意产业园区、文化创意产业集聚区，增强产业集聚效应。

第三阶梯是西部欠发达地区，以昆明、西宁、乌鲁木齐、呼和浩特、南宁、贵阳、兰州等城市为主，构成了我国文化创意产业发展的第三梯队。西部地区依托丰富的旅游资源和丰厚的历史、民族文化资源，采用跨越式发展模式，培育不同于中部的、具有自身特点的消费市场，完善文化创意旅游基础设施，形成了中心城市和基础设施投入的文化创意旅游产业发展模式，给其他地区提供了很好的经验。

可以看到，我国正面临文化创意产业快速发展的历史机遇，各个地区的文化创意金融产业呈现出不均衡的发展状态和各具特色的发展模式。这需要构建我国多层次文化创意产业的合理架构和错位发展的产业生态平衡系统。不是所有的城市都要和北京、上海一样，到国际上进行一场"红海竞争"（即使北京、上海、深圳、广州也要有选择地进行错位竞争）。各个地区应当注重分析当地的文化底蕴、

---

① 成琪.中国区域文化产业发展报告：出炉哪个地区领跑？[EB/OL].（2018-10-13）[2019-03-21].http://www.sohu.com/a/259280227_160257.

发展阶段、环境区位，根据地区产业发展的实际情况进行规划、经营以及创意，推动文化金融创意产业的发展。构建我国多层次的文化创意金融产业业态，在错位发展中找出产业的一种生态平衡系统，这是创造中国特色文化创意产业发展的必由之路。①

---

① 金元浦.我国文化创意产业发展的三个阶梯与三种模式[J].中国地质大学学报（社会科学版），2010（1）.

第二节 "文化创意+"金融市场的基本构成分析

大体而言，文化创意资本市场可以按照资本市场的功能分为债权类资本市场、股权类资本市场以及风险管理类资本市场。随着各类社会资本积极投入文化创意产业，多种融资方式为文化创意企业选择多样化的融资提供了方便。同时，一批经营稳定、管理良好的优质文化创意企业逐步登陆资本市场，利用多层次资本市场做大做强，文化创意企业资本市场融资逐步成熟。

一、债权类文化创意金融市场

债权资产是指在法律性质上具有资产属性的各种债权，是各种经济法律主体在货币财产和其他财产的融通过程中形成的，享有增值性收益债权的财产。我国文化创意产业债券类市场主要是指银行业以及信托业市场。[①]

（1）债权类文化创意企业债券融资的核心市场是中国银行间债券市场。文化创意企业在中国银行间债券市场和中小企业私募债两大领域开展债券融资。截至2015年4月末，共有128家文化企业通过银行间债券市场发行了524只债券，累计融资4703.4亿元，约占文化创意企业债务融资总量的95%。[②]

（2）据中国人民银行数据，2015年一季度，在信贷市场，文化产业本外币中长期贷款余额达2124亿元，同比增长25.01%，高于同期中长期贷款，平均增速

[①] 刘少军，郑俊果.论投资客体的法律性质［J］.河南师范大学学报（哲学社会科学版），2000（1）.

[②] 王迪，朱学全，马云平.我国文化创意产业投融资问题的探讨［J］.中国集体经济，2015（12）.

9.4个百分点。[①]

（3）2017年全国文化创意企业初创期融资事件高达471起，占比75.48%，涉及资金规模仅为166.73亿元，占比23.42%，初创企业的资金需求旺盛。[②] 但大部分投资都集中在成熟期的文化创意企业，相对于初创期的文化创意产业，成熟期的文化创意企业更能获得私募股权投资的青睐。然而，具有较好创意理念的初创期的文化创意企业以其高成长性，未来将吸引更多大额资本的目光。

（4）信托融资是较为小众的融资方式，在文化产业投融资市场中表现并不突出。但由于融资程序简单，审批环节少，对企业规模要求不高，获得部分文化企业的青睐。2017年，我国文化产业信托发行已辐射北京、江苏、内蒙古、上海、广东、浙江等12个省市。

（5）针对广播影视、动漫、游戏、文艺演出等行业，文化创意产业租赁已建立起了多种融资租赁经营模式，目前对近70家文化创意企业完成了以影视剧版权、著作权、专利权等为租赁物的融资，融资额超过15亿元。[③]

（6）根据Wind资讯数据，2016年文化创意产业信用债发行62只，占全部债券发行数量的0.22%，文化创意产业信用债券发行无论是从规模还是从金额上，占比都还比较小。2016年，文创产业的信用债券发行总金额为429.95亿元，占全部发行金额的0.16%，其中最小金额为0.2亿元，最大金额为50亿元，平均为6.93亿元；最短期限为2个月，最长期限为18年，平均为3.10年；在利率上，最低年化利率为1%，最高利率为7.1%，平均利率为4.11%。[④]

二、股权类文化创意金融市场

股权融资是指将经营公司的全部资本等额划分，表现为股票形式，经批准后

[①] 施俊玲. "十三五"文化金融合作大有可为[N]. 上海金融新闻报，2017-02-24.
[②] 新元文化产业智库. 2017年度中国文化产业投融资特点分析[EB/OL].（2018-06-04）[2018-09-21]. https://wemedia.ifeng.com/63484884/wemedia.shtml.
[③] 赵青，高星. 文化租赁开启融资新渠道[N]. 北京晨报，2016-10-03.
[④] 杨涛，金巍. 中国文化金融发展报告（2017）[M]. 北京：社会科学文献出版社，2017.

上市流通，公开发行，由投资者直接购买，短时间内可筹集到巨额资金。

股权类文化创意金融市场是文化创意产业直接融资的市场，主要包括场外市场和场内市场两个部分，已逐渐发展成为文化创意金融资本市场的主要组成部分。这一类市场主要表现在中小板上市和创业板上市融资中。文化类企业中小板上市的代表是中国动漫第一股奥飞动漫，但多数文化类企业还是将眼光钉在了创业板上市中，中国创业板的高市盈率对众多需要快速壮大的企业来说意义非凡。

（1）在股权投资方面，从全行业的股权投资的比例来看，文化创意产业在整个股权投资市场当中的融资金额的比例是15%～20%。2017年10月，文化产业私募基金募资规模已达到3000亿元，股权投资的资金规模的体量较大。

（2）产业并购方面，主要体现在国内文化企业海外并购事件的显著增长。文化创意产业的海外并购主要指文化企业走出国门，并购海外企业并参与其管理，学习先进的管理知识，了解国外企业的经营状况和策略，更加深入地贴近海外用户，结合中外差异来完善自身的管理和发展体系，打通国际市场，并提升自身的海外营销能力。标的方企业涉及游戏动漫、广播电视电影、广告会展、软件网络及计算机服务和新闻出版以及文化产业外的其他行业等9个板块，并购地区涵盖了美国、韩国、日本、新加坡、英国及澳大利亚等10个国家和地区[①]。

虽然国内越来越多的优秀文化企业走向国际，海外并购数量越来越多且并购规模也越来越大，但是由于国内文化企业起步较晚，在整体规模和经济实力方面还稍有欠缺，目前国内也只有少数的文化企业有实力并购并能有效整合收购海外企业，如阿里巴巴、腾讯、百度、华谊兄弟和凤凰传媒等几家规模较大的文化企业。

（3）企业上市方面，上市融资成为优质文化创意企业逐步登陆资本市场的重要途径。近年来，一批经营稳定、管理良好的优质文化创意企业逐步登陆资本市场，利用多层次资本市场做大做强。2013年8月，国务院、证监会明确提出中小企业股份转让系统将正式扩容，此举能极大地提高具有高成长性和创新性的文化创意传媒企业获得资本市场青睐的概率。2016年，新三板挂牌的文化创意类企业呈井喷态势，共有818家企业成功挂牌，占文化创意企业历年挂牌总数的63.96%；共有26家文化创意企业成功上市交易。2016年上市文化创意企业融资步

---

① 庞博.海外投资文化企业的机会在哪？［N］.中国文化报，2015-10-24.

伐明显加快，融资金额较往年显著增多。

三、风险管理类文化创意金融市场

风险管理类文化创意金融主要是为文化产业提供多环节、全流通的风险管理和风险保障服务，为文化创意企业改善外部融资条件。它主要包括文化创意保险和文化创意担保。

2011年4月，中国银行保险监督管理委员会联合文化部发布《关于保险业支持文化产业发展有关工作的通知》，确定了首批支持文化产业保险试点11个险种，由中国人民财产保险股份有限公司、中国太平洋财产保险股份有限公司、中国出口信用保险公司3家保险企业试点经营，期限为两年。[①] 中国人民财产保险股份有限公司、中国太平洋财产保险股份有限公司、中国出口信用保险公司在推动文化创意保险方面着力创新，支持文化创意产业的发展。据人保财险的不完全统计，其2016年保费收入2300万元，提供风险保障454亿元。但从整个非寿险市场来看，针对文化创意产业的保险业务只是非常小的领域，可以说，目前我国保险业对文化创意产业风险分担所发挥的作用十分有限。

就商业担保来看，我国文化创意产业担保机构大多数规模较小，代偿能力不强，针对中小文化创意企业的担保平台并不多。而文化创意担保公司开展的担保服务主要涉及文化创意会展、广告等领域，需要更多创新担保形式为文化创意产业提供融资，如以知识产权权利客体作为担保物等。

需要风险管理类金融服务的文化创意企业进行融资的融资方式，主要以专利或商标担保贷款为主。2016年，华亚化纤便以"华亚中纺"等六件注册商标向银行进行抵押，经评估后获得宜兴农村商业银行3年长期贷款近1.2亿元，这也成为近年江苏省最大商标质押贷款的案例之一。事实上，以著作权和版权为主要标的的文化创意产业更应当充分利用知识产权融资的方式筹集资金，为企业的创设和发展提供资金保障。[②]

[①] 王连文.文化产业保险：理想丰满，现实骨感[N].中国文化报，2013-04-04.
[②] 邓洁.安徽文化创意产业融资问题探析[J].现代商贸工业，2013（9）.

第三节 "文化创意+"金融合作形态分析

《中国文化创意金融产业发展年度研究报告（2015）》显示，从中国文化创意金融产业发展的金融业态这一维度分析，我国文化创意金融产业发展的规模继2014年突破1万亿元，接近11000亿元的规模水平后，2015年又有了一个新的发展，发展规模达到13000亿元，涨幅超过20%。[①] 根据公开资料显示，我国文化创意产业的资金只有很少部分来源于金融市场，与金融的融合还有很大的空间。此外，从资金流入渠道来看，2017年我国文化产业通过债券、上市后再融资、私募股权、上市手法融资、新三板、信托等渠道流入的资金分别为222.42亿元、1397.43亿元、1011.14亿元、290.18亿元、173.31亿元、143.00亿元和11.04亿元。其中，债券融资规模占比达到42.34%，是资金流入主渠道；其次为上市后再融资和私募股权渠道，分别占比26.63%和19.27%

我国文化创意产业与金融业的合作形态主要从银行、文化产权交易所（以下简称"文交所"）、担保公司、文化创意投资集团、政府相关部门、民间资本等几个主体进行分析文交所。

一、银行：文化创意产业融资主力军

银行已成为中国文化创意产业融资的主力，银行业表现出了日益浓厚的参与并创新文化创意金融的热情。由于文化创意产业的轻资产特征，银行业文化创意产业的信贷障碍比较显著。即使如此，银行信贷依然是中国文化创意企业获得资

[①] 西沐.抓住机遇尽快建构设立我国文化新三板［EB/OL］.（2015-11-18）［2018-12-23］.http://finance.eastmoney.com/news/1371,20151118566993730.html.

金的主要途径。中国的文化创意产业资本市场是一个比较典型的以国有银行为主体的间接融资市场，从文化创意产业的角度来看，这有弊也有利。弊端是直接融资市场发展不足，受信贷模式的制约，中小文创企业融资难的问题会长期存在。有利的地方是，银行受国家政策的影响大，文化创意产业的扶持政策很快就会体现在银行对文化创意产业信贷的积极性上。越来越多的银行在体制机制上积极探索，多种文化创意金融创新模式不断推出。现在，许多银行设立了专门的文化创意产业事业部，研究并探索银行开展文化创意产业投融资的合理模式。[①]

国家开发银行发挥开发性金融的优势，支持了一大批文化创意基础设施建设；中国进出口银行大力推动文化创意产品和服务走出去，为文化创意企业境外投资、并购提供多样化金融服务；中国工商银行作为全球规模最大的商业银行，全方位支持大、中、小型文化创意企业，承销首笔文化创意企业私募债，推进文化创意企业直接融资；中国银行根据文化创意企业资产的特点探索新型抵质押方式，支持地方特色文化创意产业发展；北京银行以服务中小文化创意企业为明确定位，开发"创意贷""影视贷"等特色产品，探索文化创意类无形资产融资；中国民生银行在总行层面增设文化创意产业金融事业部，组建专业团队和专营机构，从体制机制上创新突破；中信银行借助信托债券产品，盘活文化创意企业存量资产。[②]

相对于大型国资银行，民营银行和中小城市银行对文化创意产业的投资更为包容，这些银行对业务创新有着强烈诉求，有动力承接风险较高的文化创意产业相关业务。

未来，随着文化创意产业的不断发展成熟，以及越来越多的优秀文化创意金融合作案例的涌现，银行业对于文化创意产业的投融资将会日益活跃。在有关部门对文化创意产业不断提供政策支持以及对互联网金融监管和规范的背景下，我国银行业为文化创意产业提供投融资服务的渠道将会更加通畅。

二、文交所：跨界创新，打组合拳

文交所即文化艺术品交易所或交易中心，是实现文化创意艺术资源与资本对

---

① 魏鹏举.中国文化产业投融资的现状与趋势［J］.前线，2014（10）.
② 蔡武.深化文化金融合作共促文化产业发展［N］.中国文化报，2014-04-02.

接的重要场所。文交所作为份额化交易的平台,为文化创意产品提供了公共性、公信力和社会化的监督,有利于文化创意资源吸引资金,促进相关的投融资服务活动,进而推动文化创意产业的创新发展。

当前,我国许多的地方性文化创意产权交易所纷纷推出创新创意项目,响应政策号召,支持文化创意产业的发展。例如,《深圳文化创意产业振兴发展政策》中提到,要支持深圳文交所发展,将深圳文化产权交易所打造成为国家级的文化创意产业产权交易、无形资产评估和投融资综合服务平台,并提供相应的财政支持和补贴。2017年,深圳文化产权交易所预测数字文化产业是未来发展的风口,文化创意企业应抓住"数字"时代机遇,实现腾飞。此外,上海文交所、西安文交所、成都文交所等都纷纷为文化创意产业提供跨界创新的平台,推动文化创意产业的发展。其中,上海文化创意产权交易所在助力文化倡议产业发展方面形成了较强的推手,详见专栏4-1。

专栏4-1 上海文化创意产权交易所助力文化创意产业发展 [①]

2015年12月23日,由上海文化创意产权交易所、中国金融信息中心等机构联合主办的"2015文化创意金融论坛"聚焦文化创意与金融、互联网及其他产业之间的对接融合。

作为文化和金融衔接的对话平台,"2015文化金融论坛"上近三十位中央和地方相关领导及海内外文化金融领域知名学者、文化金融探索践行者纷纷表示,文化金融蓬勃发展的同时,也要直视问题所在。相对发达国家已经形成成熟的文化金融体系,包括银行贷款、企业上市、并购融资、财政支持、创新的金融手段等创新发展和相互串联,我国金融体系和市场在规模、发展水平等方面仍存在很大差距,并存在资产评估难、金融服务单一、配套服务滞后等问题。差距之外,最重要的是看到以市场为主导,以政策为辅助,以平台为基础,才能将金融支持真正置于文化市场体制和机制充分发挥作用的环境中,做到接地气对接和深度融合。

---

① 2015文化金融论坛[EB/OL].(2015-12-28)[2018-12-30].http://gov.eastday.com/renda/tyzt/n27919/n27924/n27925/u1ai6088172.html.

> 论坛期间，发布了《2015文化金融论坛共识》。此外，2015文化金融论坛分论坛也同期举行，"文化交易的'上海模式'探讨""文化衍生品开发与投资""陶瓷艺术品金融化的路径"等分论坛以文化细分领域为切入点，务实探讨"文化+创意+金融+互联网"的跨界融合与创新。

三、担保公司弥补文化创意产业高风险缺陷

尽管文化创意产业已经受到社会资本、金融资本等各界的广泛关注，但仍存在高风险、缺乏具有常规担保物的缺陷，使得其与金融业的深入合作屡屡遇到障碍。在此背景下，我国政策大力引导金融业与文化创意产业共同构建多层次文化创意产品和要素市场，需要创新文化创意产业金融担保制度，为这一多层次融资体系提供合作双赢的必要条件和保障。

当前，我国许多地区设立了国资背景的文化产业融资担保公司，为中小文化企业提供专业担保服务的同时，也为文化创意企业的融资活动提供了国家背书。目前，这些担保公司在基金公司的融资、证券公司的中小企业私募债、信托公司的融资租赁等业务中发挥了关键作用，弥补了文化产业高风险、缺乏具有常规担保物的缺陷，促成了文化创意产业与金融业的深度合作。

专栏4-2提及的两家担保公司在与文化创意企业合作的过程中不断创新金融服务方式，为文化创意产业提供保底。未来，文化担保公司将进一步健全管理和运行机制，通过"银企联合"和"银文联合"，有效解决文化企业可供抵押的实物较少、无形资产质押变现难、信用程度低等问题，为文化企业充分利用手中的无形资产进行融资创造条件，发挥好文化担保公司在全市文化产业发展过程中的投融资平台作用。

> **专栏4-2　文化创意担保公司如何保底**[①]
>
> （1）北京市文化科技融资担保有限公司成立于2013年11月，是北

---

① 杨涛，金巍.中国文化金融发展报告（2017）[M].北京：社会科学文献出版社，2017.

京市为解决文化创意产业融资而组建的专业化服务平台，由北京市国有文化资产监督管理办公室指导设立，目前为北京市最大的文化创意产业融资担保公司。公司股东为北京市文化投资发展集团有限责任公司、北京市基础设施投资有限公司、北京新奥集团有限公司、北京东方文化资产经营公司等12家企业，国有股占比95%。截至2016年6月底，公司注册资本15亿元，资产总额24.61亿元。

（2）重庆文化创意产业融资担保有限公司联合重庆易九金融服务公司（以下简称"易九金融"）、"易极付"第三方支付平台，共同打造互联网金融产品"投融保"，为重庆文化创意中小企业的融资提供了一条面向民间个人投资者的新路径。

重庆文化创意产业融资担保有限公司副总经理孙伟表示，为帮扶一批文化创意中小企业健康发展，他们近年来创新采用了以版权、专利、商标、著作权等知识产权作为质押物的反担保方式。搭载互联网金融平台，是为了联合多方资源机构共同探索文化创意产业融资的新模式。据介绍，"投融保"是重庆文化创意产业融资担保有限公司审控风险、易九金融发布信息、易极付转结资金的"三权分离"模式，文化创意中小企业有融资需求可先向担保公司提出申请，通过风险审核后，再委托易九金融网络营运平台向注册投资人发布该企业的融资信息。

四、文化创意投资集团

我国文化创意金融合作已经遍地开花，乘着文化创意产业发展的东风，许多文化创意投资集团业如雨后春笋般相继成立。深圳华强集团作为龙头文化创意企业，率先组建集团财务公司，促进企业融资集约化和投资科学化；云南文化创意产业投资集团积极利用境外投资贷款开拓海外市场；南京文化创意投资控股集团组建全国首家文化创意金融服务中心，探索为文化创意企业提供综合文化创意金融中介服务，提升小微文化创意企业融资能力[①]……这些文化创意投资集团在大力发展文化创意产业的战略环境下，不断创新服务方式，对中小文化创意企业或

---

① 蔡武.深化文化金融合作 共促文化产业发展[N].中国文化报，2014-04-02.

个人工作室进行扶持、培育、孵化，在提供金融服务的同时，也对文化创意企业提供符合企业定位的深度投后管理服务。

五、政府相关部门

除了出台相关支持政策以外，我国各级政府相关部门积极建立政银合作机制，针对文化创意产业的资金诉求，以及产业特征加强与银行担保融资租赁业务合作，通过信用担保、融资租赁担保撬动金融机构，为文化创意产业争取资金支持。此外，各级政府还从财政政策上对文化创意产业予以支持，包括贷款贴息、保费补贴等方式，不断加大对文化创意产业的支持力度。

六、民间资本

民间资本主要是通过天使投资等方式注入文化创意产业，而随着今年来互联网经济的飞速发展，文化产业的"众筹融资"也为融资增加了新的渠道。

天使投资是一种自发而又分散的民间投资方式，指自由投资者或风险投资机构对发展潜力较大且具备一定风险的企业进行前期投资。在当前的经济环境下，许多天使投资人将目光聚焦到3D、动漫、星座、游戏等，为文化创意产业带来新的活力。

"众筹融资"（crowd funding）是指在大数据和云计算基础上产生的、以互联网金融为主要载体的资金集约化募集方式和筹措路径的总称。[1] 随着互联网技术的不断进步，"众筹融资"将不断创新融资方式方法，最大限度地扩大文化创意产业的影响力，多元化、全流程地为产业发展募集资金。我国除了涌现了较多文化众筹的优秀案例，如《夏洛特烦恼》《大鱼海棠》等之外，还出现了一系列文化创意产业众筹平台，如摩点网、文筹网等，为文化创意者们提供文化创意转化为现实的平台，具体见专栏4-3。

---

[1] 王雪祺.文化创意产业众筹融资模式的优势和困境分析［J］.商业经济研究，2016（16）.

> **专栏4-3　文化创意产业众筹平台——摩点网**[①]
>
> 摩点网（www.modian.com）成立于2014年，由华兴资本前董事总经理黄胜利创办，已获得知名投资机构1800万元人民币的首轮投资。致力于成为中国文化创意产业的Kickstarter[②]，通过众筹的方式将有趣的ACG创意或想法变为现实，让更多人体验优质的文化创意产品。
>
> 摩点网定位为游戏动漫众筹平台，是国内第一家专注于游戏动漫的垂直类众筹平台。摩点网作为众筹平台，致力于搭建创意团队和用户沟通的桥梁。创意团队可以将自己的想法公之于众，寻求志同道合的支持者，验证想法，完善产品，集聚众人之力将想法转化为现实。而用户可以通过众筹的方式支持自己感兴趣的文化创意，作为项目的参与者与创意团队进行深度互动沟通，获得包括产品优先体验权、价格优惠、文化产品周边配件在内的各种回报。甚至可以参与到文化创意产品的制作过程中，与创作团队一起为共同的兴趣而努力。
>
> 企业标语是"为有诚意的作品说话"。作为专注于文化创意领域的众筹社区，致力于帮助创作者募集资金，找到支持者，让新鲜有趣的好创意成为现实。

截至2015年12月31日，中国文化创意产业众筹行业成功募资首次超过百亿元，共募资114.24亿元，较2014年文化创意产业众筹行业融资增长了1.5倍。2016—2017年，众筹融资下滑趋势明显。到2017年，融资事件较往年减少44件，融资规模仅为1.65亿元。[③] 随着监管部门的介入，众筹平台纷纷转向冷静期，酝酿着在依法合规前提下的新契机。

[①] 赵宾宾.中国中小型众筹平台：摩点网的运营管理研究［D］.北京：北京理工大学，2016.

[②] Kickstarter于2009年4月在美国纽约成立，是一个专为具有创意方案的企业筹资的众筹网站平台。

[③] 杨涛，金巍.中国文化金融发展报告（2018）［M］.北京：社会科学文献出版社，2018.

第四节 "文化创意+"金融业态发展趋势分析

随着金融对文化创意产业支持力度的逐步深化，中国文化创意金融产业得到了稳步发展，呈现出良好的发展趋势。

一、文化创意金融产业政策与保障体系进一步加强

文化创意金融产业作为新兴产业，在国家的大力倡导下，已经逐渐形成了文化创意软实力和文化创意大发展的良好态势，文化创意金融产业政策与保障体系在未来将进一步加强。具体表现为文化创意金融产业的政策、法律、法规体系的日趋完善，通过引导构建了多层次市场化的投资主体，拓宽了文化创意金融产业的融资渠道，同时，逐步建立起了文化创意金融产业的保障体系。

文化创意产业的发展和社会整体文明程度的提高，使更广泛的参与主体认识到发展文化创意金融是文化创意产业繁荣发展的必经之路，是我国金融创新的核心亮点，是增强我国文化创意软实力的有利之举。文化创意资源、创意以及版权的开发、利用和经营等都离不开资金的融通，充足的资金是文化创意相关企业经营活动顺利进行和长远发展的重要保障，金融作为现代经济的核心，实现金融和文化创意的全面对接，发展文化创意金融逐渐成为破解文化创意产业融资难题的关键之举。[1] 文化创意产业通过资本化运作做大做强，增强了文化创意企业的核心竞争力，是使文化创意真正走向产业建设的主要途径。文化创意金融不仅有利于增强我国文化创意企业的国际竞争力，也是增强文化创意软实力的有利之举。

---

[1] 西沐.资产化及财富管理：艺术品市场的新趋势[J].金融博览（财富），2017（12）.

未来文化创意金融产业政策将注重与国家经济政策相结合，并注重支持鼓励小微文化创意企业、鼓励民间投资、支持多层次文化金融市场的构建，依托文化创意金融工作得到实施来推动文化创意金融评估体系、文化创意企业公司治理等相关工作的开展。

法律法规的建立健全为文化创意金融产业的健康发展提供法律保障。建立一个公平、公正的环境，一方面要确保文化创意资源规范有序的开发，另一方面要注重对文化创意遗产及自主知识产权等的保护。通过政策法规的形式来规范文化创意金融企业的准入以及退出程序，有效监管文化创意金融企业提供的产品和服务，以确保其积极健康发展等。建立和完善多渠道投资文化创意产业的体制和有效的筹资机制，形成国家、集体、社会、个人广泛参与文化创意金融产业的综合性的投融资格局。文化创意金融产业保障体系主要体现在风险监管体系的建立，是我国金融业监管对于文化创意金融产业的延伸和覆盖，有助于保障文化创意产业的良好发展秩序和稳定经营。首先，未来对文化创意金融产业系统性风险的预警将越来越受到重视，包括风险的预警、防范、处理与补救的机制，将采用多种方式规避风险，提高风险控制水平。其次，文化创意金融机构的内控和自律制度将逐渐得到完善，加强文化创意金融机构间的信息沟通、平等协商，风险控制水平将大大提高。

二、互联网金融与金融科技发展的影响相互交织

随着互联网金融的不断发展，大数据、云计算、区块链等技术逐渐融入文化创意金融领域，成为文化创意金融业态的一大发展趋势。在以互联网技术为基础搭建的平台上，各种类型的金融服务和产品不断涌现，实现了文化创意产业融通、增值、风险管理、价格信号等金融功能，促进文化创意产业的飞跃式发展。

随着互联网金融的兴起，《大鱼海棠》《夏洛特烦恼》等"四两拨千斤"的文化创意产业众筹优秀案例不断涌现，阿里鱼、摩点网等众筹服务平台纷纷兴起。据零壹研究院数据中心的不完全统计，截至 2015 年 12 月 31 日，我国互联网众筹平台（不含港台澳地区）至少有 365 家，其中 2015 年上线的平台有 168 家，较去年小幅增长 7.0%。一方面，最近半年新入场的机构呈大幅减少趋势；另一方面，至少已有 84 家平台停运、倒闭或转型做其他业务，约占平台总数的 23.0%。而大

数据金融科技在文化创意产业的应用方面，江苏省南京文化金融服务中心与南京金电文创信用信息服务有限责任公司共同推出的"文化征信贷"创新金融产品，体现了大数据科技与文化创意金融产业的融合（详见专栏4-4）。但P2P平台整体存在一些问题需要整治，2016年3月，《叶问3》曝出票房造假事件，暴露出上海快鹿投资集团旗下的P2P平台存在不规范的问题。

> **专栏4-4　江苏南京推"文化征信贷"** [①]
>
> 　　作为大数据应用于文化金融领域破解中小企业融资难题的典型实践，自江苏省南京文化金融服务中心与南京金电文创信用信息服务有限责任公司今年初共同推出"文化征信贷"创新金融产品以来，凭借便捷高效的办理，企业显著受益，受到中小文化企业青睐和欢迎。目前，该金融产品已直接服务20多家中小文化企业，其中1家已成功接受放款100万元，另有4家完成相关流程正在等待放款，其余相关企业信贷服务分别处于不同流程阶段，有序推进。
> 　　传统信用评价模式以财报为核心、人力分析为主导来评价，财报信息不充分、中小企业信用积累和抵押资源不充足、银行类金融机构对信用风险难以进行有效的评价，造成文化中小企业融资难、融资贵，解决中小企业融资难题必须创新信用评价模式。应用大数据信用模型技术，可以把文化企业大量明细数据变为各项信用指标和信用额度来支持企业信用融资。"文化征信贷"通过搭建文化企业大数据信用融资服务平台，应用文化企业大数据信用模型开展文化中小企业金融信用分析试点；引入政务、税务、银行流水等数据源，优化分析模型和服务功能，有效解决了文化中小企业因抵押物、质押物不足带来的融资难题，为广大轻资产文化企业提供了信用贷款的可能，打通了一条新的融资途径。
> 　　据悉，南京市委宣传部、南京市文化广电新闻出版局、南京市财政局设立"文化征信贷"风险补偿资金池，并获得中央财政文化产业发展专项资金"文化金融扶持计划"支持，对有关合作银行主要依据大数据

[①] 资料来源：搜狐财经（http://www.sohu.com/a/117710571_456983）。

> 信用分析结果发放贷款产生的实际损失，银行损失分担比例由30%降至10%。为让中小文化企业能够便捷获得"文化征信贷"带来的利好，南京文化金融服务中心与南京金电文创信用信息服务有限责任公司积极上门为企业服务。相关企业人士表示，对中小文化企业而言，"文化征信贷"的针对性、受益性强，"无抵押、纯信用"的特点直接切中企业融资难、融资贵难题，提出并实施了行之有效的方案。

区块链技术在实现文化创意产业全生命周期管理方面成为互联网金融与文化创意产业融合的一大亮点，能够将文化创意产业链条中的各环节加以整合、加速流通，可以有效缩短价值创造周期。通过区块链技术，对文化创意产品进行确权，可以保障数据的完整性、一致性，为文化创意产业的生成、流通、确权、证明等环节都创造更好的基础条件。[①]

文化创意金融需要插上互联网科技的翅膀，同时，也需要有关部门加强监管，整治不合理的乱象，为文化创意金融产业与互联网科技的交织创造更好的环境。但是随着文化创意金融的创新，风险控制与风险管理也日益重要，规范性和创新性都是时代发展的需要。2016年4月开始的国家对互联网金融风险的专项整治也带来了"规范和创新的平衡期"。国家对P2P、股权众筹、第三付、互联网形式资管等进行了重点整治，互联网金融平台对文化创意产业的服务受到了一定程度的限制，同时专门的互联网文化创意金融平台如很多文化创意类众筹平台受到影响，尤其是股权众筹部分。2016年，由于互联网金融整治周期到来，与文化创意产业相关的互联网金融没有大的增长，局部萎缩明显。

三、股票市场为上市文化创意产业提供强力融资

文化创意产业与金融产业的融合发展推动了文化创意金融市场的快速发展。2016年上市文化创意企业的投资总额明显高过融资额度，这其中有金融杠杆的作用。文化创意与金融的结合催生了文化创意金融市场的繁荣，但也应理性地看到，

---

① 周春慧.文化创意领域,区块链正在悄悄带来什么变革？［EB/OL］.（2018-05-14）［2018-09-21］.https://www.tisi.org/5040.

在繁荣背后有着诸多问题。上市文化创意企业如何借助股票市场的大量资源加速生产自身优势产品,如何规避市场中的诸多陷阱是后期发展中需要关注的。[①]

未来,股票市场作为资本最为雄厚的市场,将为文化创意产业带来较强的融资势头,发挥突出的融资能力,使得上市文化创意产业的发展速度得到有力支持。但从另一个角度看,资本的逐利性将使得文化创意产业的不均衡现象加剧。我国众多文化创意企业还处于初创期,未来发展前景不确定,存在一定的风险,而资本的逐利性和投资人的谨慎保守将导致资本流向发展更为成熟的项目,在资本趋紧的环境下,初创期的中小文化创意企业则难以获得股票市场的青睐,面临天然的淘汰机制。

随着文化创意金融向多元化、深层次迈进,股票市场将联合其他资本市场和平台,在为文化创意产业提供强力融资的基础上发展多元化的服务。

四、新三板市场成为中小文化创意企业主场

(一)新三板与文化创意产业相关性日趋加强

2016年5月27日,全国中小企业股份转让系统正式发布《全国中小企业股份转让系统挂牌公司分层管理办法(试行)》,此后,一系列对文化创意金融有积极促进作用的相关政策不断发挥作用,新三板分层制度正式实施。据《中国文化金融发展报告(2017)》相关数据显示,截至2016年12月31日,新三板挂牌企业10163家,其中文化创意企业达1279家,占12.58%。未来,新三板将成为社会资本投入文化创意产业的重要平台,承担更重要的作用。

(二)推动文化创意企业发展规范化

随着新三板监管的不断加强,全国中小企业股份转让系统发表了一系列文章,如《以强有力的市场监管护航新三板》《新三板典型违规违法案例简析》《全国中小企业股份转让系统挂牌公司股票终止挂牌实施细则(征求意见稿)》等,融资标准将进一步提升,成为推动中小文化创意企业发展规范化的重要力量。

---

① 杨涛,金巍.中国文化金融发展报告(2017)[M].北京:社会科学文献出版社,2017.

（三）新三板为文化创意企业资金融通提供新的通道

2016年9月14日，全国中小企业股份转让系统正式开启试点工作，在试点的多个行业的新三板挂牌公司中，文化创意产业以其高成长性成为其中一个热门类别，文化创意企业的热度几乎可以和TMT、医疗领域相媲美。未来随着新三板做市商范围的扩大，文化创意企业将更多地尝试挂牌新三板，其在新三板市场的资金融通能力也将得到大幅提升。

五、文化创意金融产业的资本化趋势

文化创意金融产业在具体的发展过程中，正朝着创新文化创意金融产品，构建文化创意金融产业链，健全文化创意资产评估体系，建立适用于文化创意金融产业的信用评价体系等方向发展。以银监会为代表的金融监管机构也在不断推动金融业对文化创意产业的服务，以文化创意资源为基础，推动文化创意产品价值载体的发掘，创新文化创意金融产业的创新及发展。

要实现文化创意资源的财富功能，除了仰仗文化产业人才的智慧，更依赖文化资源资本化的金融支持。只有将更多的政府投资、民间资本甚至于外资注入文化资本，并予以恰当的投融资法律保障和风险防范，文化资源的资本化、文化产权交易才能获得足够的市场动力和法律支撑。因此，有必要依据文化资源资本化的特点，确定投融资对象、拓展投融资渠道、明晰投融资模式，并以文化资源产权化与产业化思路，有效传承与发展文化资源，最终推动文化创意产业的大发展。[①]

文化创意资源金融化可按照"资源资产化、资产资本化、资本产权化、产权金融化"这样一条清晰的路线进行。文化创意是一种特殊的资源，如果这些资源仅仅处于静止状态，就不会产生价值，更不可能成为文化创意金融产品。只有完成文化创意资源的资产化、资本化、产权化，与金融市场深度结合，使得文化创意产业的发展进入到金融市场中，才能更好地为包括商业银行、基金，甚至是大

---

① 胡卫萍，胡淑珠.我国文化资源资本化现状及投融资路径[J].企业经济，2016（7）.

众投资者在内的各类投资主体所接受,从而完成文化创意资源金融化的最终转化。① 知识产权质押、艺术品抵押、艺术品基金等各类创新型文化创意金融产品如雨后春笋般出现,共同印证着文化创意金融产业的发展,文化创意产业方面的多层次融资市场将更加完善。

---

① 西沐.资产化及财富管理:艺术品市场的新趋势[J].金融博览,2017(12).

第五章 国外"文化创意+"金融现状与经验

文化创意产业在我国当前的经济结构转型和升级过程中逐渐发挥出重要作用,加快振兴文化产业,特别是推进文化创意与金融的协作发展已经成为我国的重要战略部署。在西方发达国家,文化金融协作发展有着较长的历史,并且通过多年的探索已经形成了较为成熟、完善的制度和发展模式。美国、英国、韩国、日本等国家的文化创意产业和金融协作方式有着各自的特色,能够给我国"文化创意+"金融的发展带来有益的经验及启示。

第一节 国外"文化创意+"金融的特征

国外文化创意经过了长时间的发展,不仅形成了一定的规模,还在某些方面呈现出较为鲜明的特征,如产业产值、地域分布、融资渠道等。

一、文化创意产业的产值特征

文化创意产业是发达国家经济转型过程中的重要产物,由于附加值高、发展可持续,越来越为各国所重视,增长速度远高于整体国民经济增速,已成为世界经济增长的新动力。文化创意产业在西方发达国家具有较高的产值,在英国、美国等发达国家,文化创意产业甚至已经成为支柱产业之一,发展文化创意产业已成为当今世界经济发展的新潮流和众多国家的战略性选择。

据联合国教科文组织、国际作家与作曲家联合会(CISAC)和安永会计师事务所(EY)2017年共同发布的文化与创意产业最新报告显示,全球文化创意产业创造产值2.25万亿美元,超过电信业全球产值(1.57万亿美元),并超越印度的国内生产总值(1.9万亿美元)。从业人数2950万,占世界总人口的1%。2009年,由于受到经济危机的影响,全球经济衰退了2.5%~2.9%左右,但是文化创意产业并没有因为经济危机的影响而出现负增长,反而较2008年增长了24.5%。英国将文化产业称作"创意产业",早在1997年5月,英国政府为调整产业结构和解决就业问题,提出把创意产业作为振兴英国经济的重要手段。最近几年,英国创意产业年平均产值约600亿英镑,超过任何一种传统制造业创造的产值。从建筑、音乐、计算机游戏到电影等领域,英国发达、多元化的创意产业已发展成为支柱产业,实现了由以制造业为主的"世界工厂"向以文化产业为主的"世界创意中心"的成功转型。作为文化产业强国,美国的文化娱乐消费占家庭消费的30%左右，2015年以来，文化产业产值占GDP的25%左右。美国的文化出口产业是美国创收的第一产业，文化出口更是占据了世界文化市场的42.6%，仅六大好莱坞制片公司就统治了世界上很多的电影屏幕。文化创意产业的产值目前已经达到欧盟总产值的2.6%，以意大利为例，2010年，意大利文化创意产业的总产值达680亿欧元，占国内生产总值的4.9%，提供的就业岗位占全国的5.7%；文化创意产业增长3%，是其国民经济增长速度的10倍。[①]

二、文化创意产业的地域分布特征

国外文化创意产业地区发展不均衡，在空间分布上主要表现为以首都为主、其他大中城市为辅的格局。美国的文化创意产业主要分布在纽约、加利福尼亚、得克萨斯和佛罗里达四个州。其中位于纽约州的纽约大都会博物馆是"世界三大艺术殿堂"之一，拥有苏荷（SOHO）现代文化艺术中心、百老汇等著名创意集聚区；洛杉矶是美国八大电影公司总部所在地，好莱坞和世界上第一个迪士尼游乐园都汇聚于此；佛罗里达是全球著名的滨海文化旅游胜地。

英国的文化创意产业以广告、建筑、艺术和古玩、工艺品、设计（包括服装设计）、影视与广播、软件和电脑服务、音乐、表演艺术、出版等为主。伦敦政府利用其文化、人才以及金融与商务服务的优势，促使文化创意产业成为伦敦缔造财富的主要产业，见专栏5-1。[②] 伦敦是欧洲的第一大文化创意产业中心、世界第三大电影摄制中心；曼彻斯特是欧洲第二大创意产业中心，数字媒体产业颇具国际竞争力；爱丁堡是英国重要的文化旅游城市；格拉斯哥和利物浦分别在1990年和2008年被评为"欧洲文化之都"；伯明翰的国际会议中心吸引了全球众多知名艺术团；谢菲尔德将工业革命时期的老城区改建成了多个创意文化产业园区；德里于2010年当选首个英国文化之城。

日本文化厅以《21世纪文化立国方案》为文，正式确立及启动日本文化立国

---

① 世界文化产业创意中心.全球文化创意产业发展现状[EB/OL].（2016-08-25）[2017-08-29].http：//www.sohu.com/a/112069951_457646.

② 徐丹丹.国外城市发展文化创意产业的金融支持研究[J].首都经济贸易大学学报，2011（5）.

战略，所以至今日本仍然是世界最大的动漫制作和输出国，在全球播放的动漫作品中的60%是来自于日本，在欧洲更是高达80%以上。动漫产业主要集中在东京都和大阪府。其中东京都练马区尤以动漫产业闻名，东京都的400多个动漫工作室基本都聚集于此；秋叶原地区商务文化旅游设施齐全，是动漫爱好者的旅游必选之地。同时，日本的游戏产业几乎占有全世界50%以上的市场。[1]

专栏5-1　伦敦——打造文化创意金融城市

伦敦在创意产业发展过程中采取的主要金融支持措施如下：

（1）伦敦市政府的融资支持。伦敦政府对文化创意产业投融资的支持主要有两点特色：第一，政府直接参与创意项目的投资，用公共基金填补私人投资的不足。伦敦政府资金是伦敦发展创意产业的重要资金来源，每年来自公共部门和私人部门的资金支持均可达到11亿英镑，政府部门的占到77%以上。具体来说，财政拨款约46.1%，地方政府31.1%，彩票15.2%，赞助商5.3%，信托基金1.5%，欧盟0.2%和其他0.6%。第二，政府提供信息支持服务。伦敦政府除通过税收政策、版权保护等措施为创意企业的市场运作创造良好的环境外，还与民间组织机构、高校、房地产商等，以伙伴关系建立了许多创意中心，为创意企业或个人提供全方位的、细致的"菜单式"的专业化服务，包括产业咨询、战略规划、市场支持、融资与贷款、知识产权咨询和风险投资来源等，指导创意企业和个人如何从金融机构、政府部门和有关基金会获得投资援助。

（2）"创意伦敦"战略。"创意伦敦"战略，即伦敦的目标是维护和增强世界卓越的创意和文化中心的地位，并建设成为世界级的文化中心，为此，伦敦特别成立了"创意伦敦"工作协调小组。该小组以政府和民间合作的方式运行，通过广泛汇集重要创意、企业的行政执行官、艺术组织和政府部门官员等的建议，以达到促进、支持和培育伦敦创意产业

---

[1] 文创资讯.2017年最新全球文化创意产业分布格局解析［EB/OL］.（2017-01-04）［2019-02-03］.http：//www.sohu.com/a/123354041_400331.

> 发展的目的。"创意伦敦"工作小组制订了促进伦敦创意产业发展的十年行动计划,涵盖了人才开发、融资等在内的一系列项目,包括在伦敦区域建立 10 个创意中心,在未来十年内通过公共及私人部门融资 5 亿英镑(约折合 9.28 亿美元),重点扶持电影、时装、设计、数字传媒、音乐等高增长创意产业等。

三、文化创意产业的融资特征

在西方发达国家,文化创意产业的发展得到了社会资本的广泛支持,社会公众可以通过多种渠道将资金投入文化创意产业中,如通过文化投资基金、直接投资文化企业等。

(一)建立文化投资基金

从一般意义上来说,基金是指为了某种目的而设立的具有一定数量的资金。主要包括信托投资基金、公积金、保险基金、退休基金,各种基金会的基金。利用基金进行投资具有一些独特的优点。通过设立基金,能够将零散的资金巧妙地汇集起来,同时利用专门机构的专业化管理,投资于各领域、产品。

基金对于文化产业的投资,在早些时候就做出了有力的探索,并取得了良好的效果。例如,在英国,通过建立"国家彩票基金"使民间资本顺利地进入文化产业。民间资本通过购买彩票,将资金集中在国家彩票基金会。彩票基金会按照相关规定独立运作资金,投资国家的文化产业,如建设文化基础设施、支持优秀艺术门类的发展和人才培养等。国家彩票基金会模式突破了财政补贴和产业优惠政策等传统的筹资模式,为该产业的发展开辟了重要的资金渠道,对文化事业的发展起到了重要的推动作用。

同样,日本文化产业的迅猛发展除了政府的大力支持外,也得益于日本民众和企业参与的"文化投资基金"。具体方式是,由日本券商发起成立文化产业基金来吸收日本民众和企业的资本,满足文化产业发展的资金需求。如 2004 年,由 Gonzo、日本数字内容协会、Rakuten 证券(Rakuten Securities)和 JET 证券(JET Securities)共同发起和建立了日本的第一家动漫基金。这种证券化融资模式还可采取类似于公募基金的形式。例如,日本最大的文化产业投融资创新企业——日本数字内容信托公司（JDC）曾与网络券商联合推出"新人明星写真基金"，以5万日元（约合3400元人民币）一手、每名新人接受投资额500万日元的方式，募集个人投资者，用于写真集和DVD的部分制作费用，投资者可从相关作品的销售收入中获取收益。除此之外，日本还与其他国家共同成立动基金以支持其动画电影发展，如专栏5-2所示。[①]

专栏5-2　中日共同成立基金，推进动画发展

据《日本经济新闻》网站在2016年的报道，为了推动日本动画进军中国市场，中日企业联合成立了一项100亿日元规模的基金。该基金将用来发掘日本优秀的动画工作室和创作人员，通过提供资金和技术为动画电影的制作进行支持。此举立足于巨大的中国市场，目标是创作全球性的人气作品。

中国的电影公司上海鹰狮影业投资公司于2016年11月中旬设立基金。资金来源于中国的企业及投资家，日本数位影像制作公司DLE则作为日方的窗口。该公司与上海鹰狮影业投资公司共同出资成立合资企业，负责选拔投资对象并进行制作支持。据悉，这是首次在中国设立日本动画电影基金。预定3年内投资十余部作品，并在2017年举行了第一次作品选拔会。

在与日本隔海相望的韩国，政府为了支持文化产业的发展，也将文化产业投资组合进行了市场化的运作。同时，通过建立"风险投资基金"，间接地支持中小企业的发展。以基金作为启动资金，形成官民同体的投资基金，集中支援包括文化产业在内的处于创业初期阶段的风险企业。韩国政府还设立了多种专项振兴基金，如电影振兴基金、文艺振兴基金、信息化促进基金等，用以支持文化产业。

（二）资本市场助力文化创意发展

在众多的投资方式当中，直接投资无疑是成本最低、效率最高的融资方式之

---

① 中日共同成立基金，推进动画发展[N].人民日报，2016-11-03.

一。直接投资能够尽快形成生产能力，投资者和筹资者之间更容易进行信息沟通、交流，同时吸收投资的手续相对而言也要简便很多。

与英国、日本、韩国的"基金模式"相比，美国对文化产业的发展更加重视资本市场的作用。美国大部分的文化产业项目是民间资本直接通过市场投资完成的。美国民间资本直接通过市场进入文化产业，不仅解决了产业发展的资金问题，而且有效促进了文化产业市场竞争局面的形成，保证了足够的、多样化的文化产品供给，更好地满足了人们的文化消费需求，同时促进文化资本的再循环和文化产业的发展。[①]

21世纪以来，由于好莱坞大片的制作成本越来越高，动辄耗资上亿美元。大制作影片的投资达到了天文级的数字，而那些注重人文内涵的小制作影片却受到排挤。好莱坞大片膨胀的资金被制片商通过融资转嫁给市场，借助庞大的金融市场资本来支撑美国影视文化产业。例如，曾经风靡全球的好莱坞大片《泰坦尼克号》，实际上是由7个国家的30多家公司协作完成的，其中的特技制作包给了有16家多国中小技术公司协助的Digital Domain公司，音乐制作包给了日本的索尼公司。2002年全球票房冠军《蜘蛛侠》耗资1.39亿美元，全球票房收回8亿美元，前期产出是投入的576%。这种大收益，较之普通商业盈利更为巨大和迅速，从而更加剧了社会投资者对文化产业的信心。大投资的持续使得文化产业在美国经济总产值中的地位近20年来一直居高不下。

美国的文化团体和个人从社会各界得到的捐赠，往往能数倍于联邦政府和州政府的财政拨款。例如，纽约建设的具有国际一流水准的美术馆，作为当代艺术的主要展场，它的资金来源十分广泛，其中包括纽约市政府文化局、纽约州政府艺术局、联邦美术馆和图书馆协会，这部分是政府拨款；它还接受了一些大企业基金会，如菲利斯摩里斯烟草公司基金会、美国运通基金会、大通银行基金会等的资助；同时它还接受老牌基金会——沃霍尔基金会、梅隆（银行业）、卡内基（钢铁业）基金会和新贵中的诺顿基金会的资助；最后，就是社会上富有的个人的捐助和普通人的捐助（门票和购物）。由此可见，美国政府的法律和政策有助于引导社会资本进入文化艺术领域，对于文化事业的融资，起到了十分重要的推动作用。

---

① 郑俊芳.民间资本投资文化产业路径探究[J].会计之友，2013（5）.

韩国利用发达的资本市场，特别是二板市场的创立为包括电影业在内的风险企业的直接融资提供渠道。韩国汇聚政府、企业、社会和广大民众的力量，协力将"韩流"推向亚洲的每个角落，塑造了韩国走向世界的良好国家形象。由文化产业振兴院投资32亿韩元建立的共同制作室于2002年10月挂牌后，专门为热心于文化产业，具有一定技术、但资金短缺的中小企业提供长期、系统的扶持。通过公平竞争，获准使用共同制作室的企业或个人，从产品的开发、制作到所需资金和人力，可以得到多方面的支持。此外，韩国还鼓励和引导成立了近200个民间自发组成的文化类社团组织，致力于通过行业的自律，促进文化融合规范有序发展。

第二节 国外"文化创意+"金融合作的模式

发展文化产业是全球大势所趋,根据相关数据显示,美国在 2017 年的 GDP 达到 111.19 万亿元,其中文化产业占 GDP 高达 31%;日本文化产业在 GDP 的占比中也达到 20%;而中国文化产业只占到了 4%。文化创意产业既是一种集文化、思想和知识等要素为一体的"内容密集型"产业形态,更是推动经济发展方式转变和产业结构升级的全新动力。英国、美国、日本、韩国等国形成了各具特色、具有典型意义的产业发展模式,推动了文化创意产业发展。对其发展模式进行梳理并予以借鉴,有利于推进我国文化创意产业持续、健康发展。

一、市场主导模式

众所周知,美国不仅是政治和经济大国,也是文化产业强国。其文化产业十分发达,总体竞争力位居世界首位。像我们熟悉的好莱坞电影、美剧,就是其中最具代表性的文化产品。而美国文化产业繁荣的背后,不仅离不开政府的支持、法律法规的保障,更有着发达的金融体系、各层次投资主体的积极参与作为后盾。美国为文化产业引入金融支持最主要的途径之一就是由市场自由投资。美国资本市场体系庞大、层次多,发达的资本市场可以为不同发展层次和类型的企业提供融资,这些方面都为美国的文化产业的融资创造了十分便利的平台。

在美国,由联邦政府牵头制定文化金融发展总方针,各地方政府"因地制宜"采取配合措施。政策上采取"杠杆方式",以及用"资金匹配"来鼓励和要求各州、各地方拿出更多的资金来赞助和支持文化艺术事业。美国除了市场金融为文化产业的发展提供了资金外,政府也为推进文化产业的发展做出了巨大贡献。美国政府通过立法的方式来鼓励社会资本流入文化产业。通过发布一系列的减免税政策,如对非盈利性文化机构和团体免征企业所得税，同时规定对捐赠者减免部分的税款来鼓励社会各界对文化产业的捐赠。

美国政府大力支持公益性文化事业，为此每年都会投入一定比例的政府财政资金，如博物馆、美术馆等公益性文化设施建设。同时，美国政府还额外的成立了政策性基金，如美国国家艺术基金会。美国政府会定期拨款给基金会，基金会再把资金用于支持文化产业项目的发展。国联邦政府主要通过国家艺术基金会、国家人文基金会和博物馆学会对文化艺术团体给予资金支持。[1] 这种做法有效地避免了文化事业和文化团体对联邦政府财政资金的过分依赖，不仅减轻了政府的财政压力，还能鼓励文化产业自力更生、积极进取。一方面促使了各地方财政与联邦政府资金的联合配套，另一方面也鼓励了各艺术团体或艺术家积极向社会筹集资金以获得政府的资助。这种资金的匹配方式，不仅调动了各州、各地方乃至全社会资助艺术事业的积极性，也调动了各艺术团体、艺术家的积极性。同时，经过多方的考察与监督，能够更加合理地确认该项目的社会意义与艺术价值，保证了项目的可实施度，避免了无效投入，提高了有效产出。可以说，美国良好的政策环境为文化产业的做大做强贡献了举足轻重的力量。

美国的文化产业主要是以股权、债权作为融资渠道，这也是美国文化产业金融来源的基本方式。在美国，有全国性的股票市场，同时也存在着地方性的股票市场，这两个市场的存在使得美国文化产业在股权融资方面十分的便捷。美国有一定程度规模的文化企业都会选择通过股权进行融资。发行债券进行融资也为其文化产业的发展提供了资金支持。美国有一部分文化产业和文化项目利用发行债券的方式进行融资，就比如旧金山图书馆的部分资金来源是发行债券。同时因为文化产业具有重内容、轻资产的特点，创意产品市场的需求具有很大程度的不确定性，在文化产业进行融资方式上也引入了风险投资。在进行投资时，其风险相比于其他的产业更大。美国的文化产业通过风险投资方式来分散风险，从而使得文化产业流入大量的资金。电影行业风险高，通过利用风险投资模式将会把风格不一样的多部影视项目投资打包作为一个投资组合，使得分散风险，同时平衡收益。美国多元化的融资方式见专栏5-3。[2]

---

[1] 蔡灵芝.国外文化产业金融支持模式及启示［J］.合作经济与科技，2016（24）.
[2] 张颖，黄希.小企业融资，美欧日各有招［J］.国际金融报，2014（8）.

专栏 5-3　美国多元化的混合资助

美国文化产业主要通过政府支持、产业资金以及社会资本等多元化的途径得到资金资助。政府的主要着眼点是针对公益性文化项目进行支持。美国中小企业管理局是专门为扶持中小企业的发展而成立的一个机构，为中小企业提供资金支持和融资保证。但美国中小企业管理局所支持的企业限于年收入额在 100 万美元以下，或者其员工数量比较少的中小企业。美国中小企业管理局所提供的融资方式主要有两种，一是中小企业投资公司计划。中小企业投资公司是由美国中小企业管理局核准授权而成立的、介于政府和民间之间性质的非国有投资公司，目的是对小型新兴企业进行投资或融资。中小企业投资公司对中小企业的融资时间较长，通常为 7 年到 10 年，其资金主要由私人、政府以及通过由美国中小企业管理局担保发行的债券和参与型证券在资本市场筹集的资金三部分组成。二是中小企业贷款保证。只要中小企业符合美国中小企业管理局贷款保证要求和条件，便可申请融资保证，由美国中小企业管理局的合作银行或其他融资机构为其提供所需贷款。这种融资保证方式不仅使中小企业获得了资金支持，而且也降低了贷款银行或金融机构的坏账风险。

另外，美国的文化产业还得益于社会资本的资助。美国一直提倡着宽松自由的文化政策，所以在对文化产业的资助上，政府投入的比较少，大部分的资本是通过民间资本的投资来实现的。例如，美国的迪士尼乐园、好莱坞环球影城、百老汇等都是由民间的创意而成立的文化设施。在政府出资的一些文化项目中，虽然在决策方面是采取董事局组织的形式，在经营管理方面，是由董事局聘请专业人士来负责，但是日常的经费来源主要是以门票、培训收入等形式像社会公众筹集。民间资本的进入，不仅解决了文化产业发展所需的资金问题，还进一步形成了文化产业的竞争局面，保证了足够的、差异性的文化产品供给，更好地满足了人们的文化消费需求，同时促进了文化资本的再循环和文化产业的发展。不仅如此，开放的投资环境还使美国引来了外来资金，加速了全球性的资本流动，更加进一步促进了文化产业的繁荣发展。

二、政府引导模式

文化产业的发展需要国家政策和资金的支持与推动，尤其对国家特色文化及价值的传承与开发。政府主导型强调的是政策对文化金融的引导与调节，体现了政府对文化金融的发展意图和方向，一般主要应用于文化金融合作的初期。政策的贯彻和实施，离不开国家层面和地方政府的"同心同力"，只有国家和地方一条心，政策的传达与执行才能统一和高效。很多发达国家对于文化金融的支持，采取了国家和地方"两手抓"的举措，国家在大方向上制定方针，再由地方政府"因地制宜"，推出符合实际情况、具有地方特色的具体措施。

经济学研究表明，政府财政直接资助的增加将形成社会投资的"挤入效应"。由于政府投资领域的变化具有经济风向标的作用，政府重点投资的领域同样将吸引社会资本的跟进，形成政府投入的"挤入效应"。布鲁克斯研究发现，交响乐团公共资金和私人资金之间有积极的"挤入效应"，约为1:2.5。史密斯对美国国家艺术基金委员会资助非营利性舞蹈公司的研究表明，公共资金带动私人资金的挤入效应约为1:3。托马斯的研究表明，政府拨款和非营利表演艺术组织私人捐款之间的挤入效应在0.14美元到1.15美元之间，挤入关系根据艺术类型的不同而改变。英国、美国等国社会赞助的不断增长和比例的不断扩大，就是公共财政引发社会资本"挤入效应"的最好诠释。

英国的文化产业涵盖了影视、表演、音乐等十多个行业，成为英国的支柱性产业之一。为了促进社会资本投向文化产业，英国政府采取了一系列政策引导性措施。

首先，英国通过立法的方式将发行彩票所得收入的28%用于发展文化、体育、艺术以及慈善事业。以发行彩票筹集资金来促进文化产业的发展是英国所特有的模式。自1994年以来，英国政府将彩票收入的一定比例用于发展文化产业。与此同时，英国政府还按照社会资本投入文化产业的一定比例相应的为文化产业注资。具体表现为当企业决定投资某一文化产业，政府会相应的将给予配套资助。如果该企业是首次投放资金，则政府会按照1:1的比例进行配套资助。当该企业再次进行投资时，政府将对超出前次出资额的部分实行1:2的比例资助。这种"陪同资助"的方式，鼓励了社会资本流入文化产业。英国国家彩票基金模式见专栏 5-4。[①]

> **专栏 5-4　英国国家彩票基金模式**
>
> 英国是最早提出把文化创意产业从服务业中独立出来的国家，其政府在发展文化创意产业方面，尤其在产业发展方面采取的一系列有效融资措施，使得英国的文化创意产业成为世界发展文化创意产业的典范。
>
> 英国创意产业从业者多为中小企业，其发展中往往会遇到缺少资金、研发投入不足、无力开拓海外市场等问题。因此，英国政府为了给那些有创新能力的个人或从业者的发展提供资金，出版了《融资一点通》(Banking on a Hit)手册，公布了《创意产业资金地图》，指导相关企业从政府部门或金融机构获得资金上的支持，例如，为小型音乐从业者提供被称之为 Music Money Map 的资金提供者联络方式。同时，提供各种各样的融资渠道，如政府拨款、准政府组织资助、基金会资助等。
>
> 国家彩票基金模式最值得提倡的是英国采取了国家彩票基金投资文化创意产业的新模式，即以法规的形式将国家彩票的部分收入投资文化设施的建设，支持优秀艺术门类的发展和人才的培养。在 1995 年到 1999 年间，超过 1000 个艺术项目从"彩票基金"中获得了 10 亿英镑以上的资助。仅彩票收入一项，一年就可以为文化艺术事业筹集到赞助费 6 亿多英镑，极大地弥补了政府文化投资的不足，兴建了一批文化设施，支持了优秀文化人才的培养。

其次，英国政府通过税收优惠来刺激对文化产业的投资。由于英国对文化产业的税收优惠，许多企业都有比较稳定的增长，如英国的出版业，英国政府税法规定对报纸、期刊等不征收增值税，这项税收政策也为英国成为出版物大国提供了支持。英国政府给予一些大学出版社全部免除税额的优惠政策，以促进学术的发展。对文化产业实施出口退税政策，如对于出口的图书报刊、游戏产业等，给予出口退税或者补贴。

---

① 橘子.美英文化产业融资之道[N].中国文化报，2013-01-12.

最后，政府对中小企业的支持。中小企业往往在融资方面比较困难，而在文化产业中，中小企业是主力军。为了帮助中小企业顺利融资，英国政府设立了多项基金和资助计划。例如，创意卓越基金能够向达标企业提供贷款，其额度高达15万英镑，而且不需要为其进行担保。另外还有一些小型公司贷款保证计划专门为具备潜力的小型文化公司提供担保，贷款的金额主要是在0.5万英镑到25万英镑范围内浮动，期限最长为10年。

英国一直以来都提倡重视文化创意产业理念，自2010年以来，英国的文化创意产业一直保持着高增长的速度，文化产业更是占GDP的5%以上。英国的公共政策引导与信息服务支持的合作模式主要有以下几点可借鉴。一是注重中小企业的资金支持和税收减免。二是政府配套资助。文化企业获得外部首次投资，政府按照1∶1的比例配套同等规模的资金支持。三是大力鼓励资本市场直接融资。英国鼓励信托、风险投资与文化产业广泛合作，且在首次筹集资金完成后，鼓励企业在证券交易所挂牌交易，畅通风险投资的推出机制。

在加拿大，文化创意产业一直深受政府关注。据加拿大2017年文化遗产部统计，艺术、文化及文化遗产领域在加拿大有546亿美元的市场规模，电影、广播、音乐、出版、表演、文化遗产等行业解决了超过63万人的就业问题。对加拿大政府而言，文化创意产业已经成为其经济发展的关键元素，为文化创意产业寻找新的市场，其持久、强劲的增长态势有助于加拿大经济的持续增长、就业岗位的增加及中产阶级的壮大。[①]

三、政府与社会资本共同投入模式

日本是世界上文化创意产业的强国，其文化创意产业发展模式的特点在于政府联合社会资本共同投入文化产业。日本政府运用宏观经济计划与产业政策进行干预，同时大力发挥市场机制配置文化资源的基础性作用来促进文化创意的发展。

日本的文化产业涵盖影视、音乐、游戏、新闻出版业等多种行业，由此也被称为内容产业。由于国家的重视，制定了非常多的支持文化发展的政策，还提出

---

① 宋佳烜.加拿大文化遗产部部长：提高文化创意产业竞争力[N].中国文化报，2017-04-21.

文化立国的发展战略，使得日本在目前是亚洲文化产业最发达的国家。日本在发展文化产业和金融融合方面主要采用由政府主导与社会资本共同为文化提供支持的方式。

为了支持文化产业的发展，为其引入资金，日本政府在1991年3月成立了"艺术文化振兴基金"。该项基金由政府与社会资本共同出资，主要用于文化相关活动，为这一系列活动提供资金支持。同时还设立了专门用于游戏、音像、动漫等文化产业项目的发展的基金，如"东京多媒体基金Ⅰ""东京多媒体基金Ⅱ""动画片基金"等。此外，日本还成立了文化产业专项基金，专门用于为海外举办相关文化和地方性文化活动等提供资金支持。

社会资本对文化产业的发展在日本动漫产业中发展得十分兴盛，从创作、出版到销售，形成了一整套完整的产业链。而日本动漫产业主要靠产业链来进行融资，产业链上的各个投资主体共同进行投资，很大程度地降低了产业开发的风险，也使得融资渠道更加丰富。在日本，还有其特有的知识产权融资，通过知识产权公司，实现知识产权证券化，可以向拥有专利权、商标权、著作权等的文化企业提供融资方式。日本文化产业的主要资金来源于日本企业的投资。日本文化产业的市场准入限制少，使得市场上各类投资者都可以投资于文化产业，更进一步地促进了日本文化产业的发展。日本在文化产业与金融融合上一直积极创新，这也使日本的文化产业成为仅次于美国的世界第二位。日本文化产业的资金来源主要有三种方式，第一种是政府增加财政支持，第二种是通过政府与社会资本共同资助，第三种就是政府通过实施税收优惠政策来吸引社会资本投资文化产业。随着日本政府对文化产业的支持大幅度的提升，对文化产业的财政支持目前已经达到了日本文化财政厅财政支付的最高峰。为了吸引社会资本，引导社会资本来投资文化产业，政府与企业共同成立了信用担保公司。

日本文化产业与金融合作的创新主要体现在知识产权质押融资方面。日本政府通过担保的方式来锁定企业的知识产权以及版权等，然后再进一步达到信贷融资的目的，其主要程序包括事前调查、知识产权核定、事业性评价调查、财产评价（委托外部机关）、设定担保。日本鼓励所有的金融机构开展知识产权质押信贷业务，其中政策性投资银行的收效最好。日本政府与社会资本共同出资投入文化产业见专栏 5-5。①

> **专栏 5-5　日本共同出资影视作品**
>
> 在日本，80% 以上的影视作品由电视台、广告公司、出版社及玩具厂商、唱片公司、游戏软件厂商、商社等共同出资，组成作品制作委员会来进行投资。因为制作规模有限，所以每家出资的金额都不是很大。这种投资模式的主要特征在于，它虽然是一种共同投资行为，但参与者又有着自己的独立性，在自己分得的那块"一亩三分地"里可以进行深度的市场开发；它既不干涉他人的"内政"，又能将投资贯通到整个产业链上。这种投资模式可有效控制投资风险，又能借助各投资主体的市场经验迅速有效并有序地延伸产业链，最大限度地调动投资参与者在产业链中的积极性，强化其在相关产品领域的竞争优势。我国的文化创意产业项目在投资额上与日本类似，大多是"中小制作"，因此，日本同行的经验显然值得吸收借鉴。

---

① 尹良富. 如何让文化创意产业不再"融资难"［EB/OL］.（2011-10-12）［2018-06-23］.http：//roll.sohu.com/20111012/n321966209.shtml.

第三节 国外"文化创意+"金融发展的政策环境

一个产业的健康、快速发展,不仅取决于这个产业本身的性质和特点,同时也离不开良好的政治生态环境。国家对于一个产业的政治态度和政策取向,往往能够决定这个产业的发展境况,甚至能够决定其生死存亡。文化创意金融产业相对于其他产业而言具有价值测不准性的特性,因此更加依赖政府的政策和支持。测不准原理[①]的基本观点是:一个微观粒子的某些物理量不可能同时具有确定的数值。对大部分文化创意产品(尤其是文物、艺术品等)来讲,由于创意、设计、智慧、艺术性等某些价值受时间、空间等条件的影响,无法准确测量,因此,文化创意产品往往具有价值测不准特性,这无疑加大了资本投资风险,影响金融机构对文化创意产品的投资热情。但对大部分文化创意企业而言,利用市场融资十分重要。这是因为,创意艺术家或企业家的创业需要资金将他们的产品转化为商机。文化创意产品的试验、研究和发展面临着巨大的商业风险。创意企业进入市场、扩大规模需要大量的资金投入,为此许多国家制定了多项政策措施以推进市场融资对文化产业的支持。虽然市场对文化产业的支持力度在不断加大,但文化创意企业由于存在缺乏分析风险和机遇的能力、知识产权资产价值的评估困难,以及对企业成长潜力的了解不够等原因,使得大多数国家的金融机构和金融资本参与文化创意产业发展的程度并不高,文化创意企业与金融机构之间尚未建立起长期有效的合作方式。

世界各国的一个普遍共识是,不能任由文化产品在市场里生存。欧洲多国认为,文化是体验性产品,需要花费时间去享受和欣赏,并具有强烈的社会外部性。如果只有文化精英享受文化将是不可想象的,因为文化和语言一样,本质上是一

---

① 测不准原理(Uncertainty principle)是由德国物理学家海森堡(Werner Heisenberg)于 1927 年提出的量子力学的一个基本原理。

种社会现象。由于市场并不能妥善考量文化的社会价值、代际价值等外部性因素，各国政府通过探索和研究，采取了各种政策和措施来支持文化创意金融的发展。

一、文化创意金融发展的法律政策

法律在社会生活中有着规范、警示、强制等作用。此外，通过制定法律还能够在一定程度上引导人的行为，甚至是社会的发展趋势和方向。文化创意金融作为一个新兴产业，通过立法来支持和引导其发展也具有重要的实践意义。在某些文化强国，通过这种方式也取得了意料之外的良好效果。

日本是当今世界上文化产业第二大国，文化产业也是日本的支柱性产业，在其国民经济中占相当高的比例。其中最具特色和标志性的就是日本的动漫产业，闻名世界。日本文化产业的发展有着多方面的原因，其中法律制度、机制发挥着重要作用。诚如有学者所言，日本文化产业制度创新注重推进立法，"在法律上对文化产业进行保护、管理与促进"。良好的法律环境，有利于金融资本进入文化产业，同时也保障了文化产业的发展成果及其转化成社会财富的能力。20世纪中后期，日本的传统产业逐渐不能满足人们的消费和经济的发展需要，于是文化创意产业思想应运而生。20世纪90年代，日本的经济开始走向低迷，传统的经济产业陷入长期的衰退中（这段时期也被人称为"失去的十年"）。如何找到日本经济新的增长点，重振日本经济，成为日本当时的首要任务。

文化的发展不仅可以提高国民的身份归属感，还能利用这种软实力谋取外交利益，让世界认同该民族的文化。于是，日本国内开始把文化创意产业作为可以重振日本经济的重要产业。经过一段时期的探索，日本政府的文化创意产业思想完全确立起来，并逐渐成为日本经济发展的重要推力。在文化产业快速发展和确立了"文化立国"战略思想的背景下，保障文化产业发展的法律法规相继出台。日本国会接连通过了《文化艺术振兴基本法》《电影盗版防止法》《展览会上美衍品损害补偿法》《文化功劳者年金法》《文化财产保护法》等一系列法案，形成了较为完善的文化产业法律体系。这些法案着力保护文化产业的创造运用、成果和权利，并且规定这些法律的目的之一就是推动国民经济健康发展。[1]

---

[1] 饶世权.日本文化产业的立法模式及其对我国的启示[J].新闻界，2016（11）.

与日本政府一样，韩国政府也制定了一系列促进产业融合发展的文化法规和经济政策，如《国民政府的新文化政策》《文化产业促进法》《文化产业发展推进计划》《21世纪文化产业的设想》《电影产业振兴综合计划》等。

再例如，美国政府特别注重利用法律法规的作用来鼓励各州、各企业以及社会其他成员对文化事业进行支持和资助。明确要求各州、各地方政府将财政支出的一部分与联邦政府的文化发展资金相配套，用来支持文化产业的发展。而且，明确地规定"与文化公益事业相关的单位或群体，一律享受免税待遇"。例如，美国的联邦税法就规定了"对非盈利性的文化团体和机构免征所得税，并减免该项目资助者的相关税额"，以此来激励大公司、基金会、社会团体和个人进行投资，从而引导一部分社会财富用于文化产业的发展，这也是政府资助文化产业发展的税收政策的一部分。

法国政府长期坚持"使最广大民众平等享受文化"的执政理念，重视文化对经济社会的促进作用，并充分认识到数字变革为文化发展带来的机遇和挑战。通过制定政策法规营造健康的数字内容传播环境，促进网络资源的合法获取和充分利用。2014年，法国文化部长任命国家资政顾问深入调研，提交了名为《预防和打击网络盗版操作方案》的报告，并据此提出了打击文化产品网络盗版的三大行动方向，即通过与广告商和在线支付应用商签订协议阻断大规模盗版网站的盈利方式、通过公布大量侵犯版权的网站名单让消费者和网络运营商自觉抵制盗版行为、通过吊销执照等处罚加强对侵权网站的监管。

二、文化创意金融发展的投融资政策

由于财政补贴往往能够起到最直接、最显著的作用，而文化金融产业因其自身的特殊性，投资回报一般需要较长的周期，因此，一般的民间资本很多都不愿意投资文化产业。在这种困境下，财政补贴就扮演着十分重要的角色。无论是市场导向的财政金融模式还是政府主导的财政金融模式，加大对文化产业的公共财政支持已是各国的一个基本趋势。美国虽然主要依靠市场机制促进文化产业发展，但在支持文化艺术方面的力度仍旧逐年增加。在欧盟，公共财政的直接支持也表现出普遍增加的态势。由于西方国家的市场化程度较高，文化企业和机构的经费尽管不依赖于国家财政，但国家财政的作用依然显著，尤其是在促进社会资本的

"挤入"与"跟进"方面,发挥着重要的激励和导向作用。

韩国和日本不仅有着毗邻的海上国界线,在文化产业的发展上也有着颇为相似的地方。韩国政府和日本政府一样,十分重视本国文化产业的发展,并且从国家意志上重视和支持文化与金融的相互合作。在文化产业投融资方面,韩国走的是一条行政指导式的支持模式路径,即由政府推动文化创意产业融资。通过政府投入资金的杠杆和托底作用形成多层级的资金支持体系。比如,专门设立影音分轨公司,以政府补贴的方式全额资助将出口产品由韩文翻译成外文,设立广播文化交流财团支援计划,为年产过千的大型出口影音制作公司提供支持等。韩国的文化创意产业一直在政府的主导下进行,其最主要的融资模式是政府直接投资。政府对文化创意产业的财政预算连年增加,到 2015 年,韩国政府的资金投入为 2.2 亿美元(同比上年增长率超过 80%)。[①] 韩国司法委员会还决定对未来文化创意产业发展加大投资预算,尤其是加大对网络游戏业的扶持。同时,韩国政府利用税收、信贷等经济杠杆,为游戏、动画等风险企业和进驻文化产业园区的主体提供长期低息贷款,降低甚至免除税务。在文化产业园区建设中,免除农田、山林、草场的转让费和再造费以及交通设施补偿费。同时,政府出资购买国外昂贵的机器,再转租给国内游戏开发商等。

德国文化创意产业政策建立于联邦体制模型之上,体现出"权力重心下移、地方多元创新"的特征。联邦政府在政府内设文化司,负责处理部分原则性的事务,主要的文化产业管理权被下放给地方政府,权力重心下移。各联邦州及市政府的文化产业管理机构负责本区域内的文化创意产业政策、文化艺术支持和区域文化项目资助等事务。为解决小微文化创意企业融资难的问题,德国政府联合各类金融机构,在提供更多贷款机会的同时,加大风险投资力度,以更好地扶持小微文创企业的成长。自 2008 年起,德国就利用国家财政力量针对创意性初创企业推出贷款项目"启动金",小微文创企业可申请到单笔最高 10 万欧元的贷款,还贷期限最长达 7 年。如贷款申请人无力偿还贷款,放贷银行可向德国政府申请偿还部分贷款。德国政府联合复兴信贷银行成立"德国小额信贷基金",注资 1 亿欧元并委托私营银行对其进行信托管理,对德国各地的小额贷款发放机构进行扶持。

[①] 孙佳山. 韩国政府为何如此重视文化产业 [EB/OL].(2015-04-08)[2017-08-04].http://money.163.com/15/0408/10/AMM0TDOH00253G87.html.

为增强文创产业的竞争力，充分挖掘文创产业的就业潜力以及提升小微文创企业和个体的盈利能力，德国联邦政府于 2009 年成立了联邦文化创意经济职能中心，该中心挂靠于德国经济合理化和创新中心，其任务是打造德国文创产业交流平台，打通政府与受扶持方的多渠道沟通，通过业务培训和经验推广提升小微文创企业经营管理水平，促进创意成果的转化。[①]

法国政府对文化创意金融主要是间接的财政支持，同时不断探索制定数字时代的文化政策体系，这有助于营造健康的数字文化创作、传播和消费环境，激发产业创新活力，满足民众不断增长的文化消费需求。法国对电影产业投入巨额的财政资金，建立电影与文化产业融资局，为电影及文化产业的发展提供贷款担保，担保对象主要是中小型文化企业。此外，法国不断扩充电影资助账户，通过调节财政税收标准来达到间接支持文化产业的目的，将电影票附加税、电视播放税、录像点播税、特别税等纳入账户投入电影制作。值得一提的是，法国政府规定，该国电视台必须播放一定数量的本国影片，年播放电影超过 52 部的电视台必须参与投资电影制作。

为支持文化研究和文化产业发展，欧盟也通过欧洲投资银行为这方面的投资项目提供长期贷款。欧盟在"2000 年创新"动议中提出，为大公司提供长期资金，为鼓励中小企业的发展，给从事视听和内容业的公司（包括创作小说、动画片、纪录片和多媒体）提供银行贷款或冒险资本。开展这些活动要与欧委会的计划相结合，旨在促进欧洲视听内容、调研和开发工作，同时促进欧盟最落后、条件最差地区的发展。欧盟的"企业政策"除强调竞争外，还给从事文化和文化旅游业的中小企业以资金投入。促进中小企业在互联网和多媒体方面进入资本市场，这也是欧盟"电子内容计划"的一个目标。电子内容计划中提出，欧盟提供资金给开展培训、建立网络和服务的项目，促进中小企业和投资者之间的伙伴关系。欧盟"媒体计划"重点支持电影产品的制作、发行和推广，便于它们走向市场。欧盟通过媒体计划中的措施为影片在其他成员国放映提供便利条件，以便扩大观众面、方便欧盟公民享用其他成员国的文化产品，进而维护欧盟国家文化的多样性。

---

① 吴天洋. 德国：加大小微文创企业的扶持力度 [N]. 中国文化报，2018-04-18.

三、文化创意金融产品的出口政策

为了支持文化金融产业的发展，部分国家还在文化创意金融产品的出口上给予政策支持。有着"动漫王国"之称的日本是全球最大的文化创意金融产品的制作和输出国之一，据初步统计显示，目前全球有68个国家和地区播放日本电视动画、40个国家和地区上映其电影动画，并且全球播放的动画节目中约有六成是日本制作的，如阿童木、机器猫、樱桃小丸子、Hello Kitty 等动漫形象深受各国观众的喜爱。2012年以来，日本动漫产业年平均销售额达2000亿日元之多，已经成为该国经济的三大支柱产业之一。

以动漫为代表的日本文化创意金融产品在全球的迅速崛起，与其政府积极推动本国动漫等文化创意金融产品的对外输出有着莫大的关系。其采取的政策措施主要有以下两点：一是积极利用外交手段扩大文化创意金融产品的海外影响。"文化外交"在国际关系领域是一门新的综合性学科，但在日本，利用文化与外国开展国际交流活动却是由来已久的。20世纪70年代，日本首相福田赳夫最早提出了"文化外交"政策之后，日本便设立了"文化交流部"，强化与各国之间的文化交流。2006年，日本前外相麻生太郎在《文化外交新设想》的演讲中，提出了以动漫等文化创意金融产品为主开展外交活动的策略，并提出了一些具体做法。①设立一个24小时专门用英语播出日本动画和电视剧的电视频道；②拨专款从动漫制作商手中购买动画片播放版权后免费提供给发展中国家的电视台播放；③在东京设立一个面向世界各国年轻漫画家的漫画诺贝尔奖——国际漫画奖；④任命日本优秀的动漫画家为"动漫文化大使"等。二是举办动漫艺术节，扩大动漫影响力。早在1997年日本政府就开始每年举行一次动画、漫画、游戏娱乐、新媒体艺术等媒体艺术节，并且在日本的东京、广岛等很多地方也每年都举行有大大小小不计其数的动漫节。这些动漫节的举办，在加强文化创意交流、扩大日本文化创意金融产品的国际影响力等方面都起到了重要的推动作用。①

---

① 张莹莹.国外文化创意产业发展的政策支持经验及启示［J］.辽宁行政学院学报，2013（2）.

韩国国土狭小，只有近10万平方千米，山地占领土的三分之二，自然资源匮乏，人口不多，国内市场小。韩国在成长为"经济大国"的过程中，实行的是出口导向型发展战略。韩国政府清楚地认识到在韩国经济的发展中固然需要扩大内需，但更重要的是必须在国际市场中成为胜者。而文化创意产品的出口也成了实现这一目标的首要选择。

韩国政府专门成立了内容产业振兴院，并在东京、北京、洛杉矶、伦敦设立海外办事处，负责为本国文化企业的海外输出提供服务。同时，动员政府各部门联合起来，共同支援文化产品出口事业的发展。在文化产品的出口方面，韩国政府提出了"瞄准亚洲市场"的口号，对文化产品的出口进行援助和奖励。韩国政府机构中有众多机构单位承担着振兴文化产业的责任和义务，如韩国内容产业振兴院、电影振兴委员会、大韩贸易投资振兴公社（KOT R A）、韩国输出入银行、韩国贸易保险公社、韩国产业技术振兴院、韩国专利信息院、技术保证基金、信用保证基金、韩国文学翻译院等。

韩国大力举办国际性的文化创意产品会展，为文化企业的海外业务拓展铺路搭桥。韩国作为一个国内市场狭小的国家，充分认识到拓展国际市场对发展文化产业的重要性，瞄准国际大市场，把日本、中国作为重点目标市场进行开拓。为了配合日益崛起的放送产业的需要，每年举办以向海外输出文化创意产品为目的的国际博览会，并对各届博览会进行资金支援，同时对参加海外主要国际博览会的企业进行援助。为了促进文化创意产品的出口，韩国还对出口对象国提供影视节目制作技术。韩国对亚洲各国（越南、印度尼西亚、缅甸、尼日利亚、乌兹别克斯坦、柬埔寨、菲律宾等）影视行业的技术人员实行研修培训，提供韩国影视制作先进的技术。通过这种方式，密切了与目标国专家之间的感情，有利于产品的出口。[①]

[①] 张志宇.韩国文化产业的出口振兴政策和韩国文化产业的发展［J］.当代韩国，2016（1）.

第四节　国外"文化创意＋"金融发展的启示

文化产业在我国经济结构转型升级过程中逐渐发挥出重要作用,加快振兴文化产业是我国的重要战略部署。美国、英国以及日本等国家从自身国情出发,文化产业的金融支持政策有着各自的特色。从对文化产业的定义来看,世界各国之间存在着一定的区别。但是整体上看,主要都包括影视、音乐、广播、动漫、音乐等相关行业。文化产业作为一种新兴行业,在一国的经济发展以及转变发展方式中的作用越来越重要,各个国家也越来越重视文化产业的发展。都在大力发展文化产业。在我国,自 2009 年以来,中国政府启动了《文化产业振兴规划》,表示要大力支持文化产业的发展。然而,文化产业的经营方式、风险特征、盈利模式等方面不同于其他产业,目前金融机构提供的金融产品服务不能契合文化产业的特点,金融支持文化产业的发展面临诸多困难。纵观国外的文化产业兴起发展过程,例如美国、英国以及日本等国家,文化产业的金融支持政策起到了关键性作用,分析和总结其经验,能为我国文化产业发展提供有益的经验及启示。

一、构建文化产业发展良好的政策环境

文化产业不同于其他产业,其具有经济性和意识形态性的双重属性。因此需要构建一个发展良好的政策环境。尽管美国有着发达的市场经济、完善发育的资本市场,同时融资途径也多样化,但是美国政府依然十分重视政策环境的构建。对文化产业大力地支持,设立相关文化资本的同时还通过一系列法律法律对私人资本进行引导。在英国,政府对文化产业的基础设施建设和文化机构进行投资补贴,对盈利性的文化产业实施税收优惠的激励政策。日本政府对文化产业发展发挥的作用更为直接,在文化产业发展前期起着主导作用。日本在 1995 年提出了

"文化立国"的战略,为了实现战略计划,日本政府构建了良好的金融环境,建立专业金融机构助力文化产业发展。

(一)完善相关交易制度

因为文化产业主要是通过知识产权的有效交易以及确认来实现价值的,因此需要加强完善相关制度,如知识产权保护制度。同时进一步完善文化产业融资担保机构,为文化产业的融资提供便利。政府要积极通过利用税收优惠政策来引导社会资本支持文化产业的发展,设立文化产业基金来弥补市场融资的不足。

(二)政府部门要积极加大政策和资金支持力度,拓宽文化企业融资渠道

我国文化产业要形成竞争优势,需政府对文化产业给予政策和资金持续支持。积极推动文化企业通过发行公司债、企业债、中小企业集合债、融资租赁以及文化产业项目未来收益证券化等工具融资。引导有实力的大型文化企业上市融资。大力推进文化产业投资基金建设,成立文艺振兴基金、文化产业振兴基金、信息化促进基金、广播发展基金、电影振兴基金、出版基金等,吸引和鼓励民间资本、社会资本、国外资本积极参与投资文化产业,改善文化企业的资产负债状况,有效地提升文化企业的信用等级,增强企业的融资能力。鼓励民间资本投资文化产业,利用集团优势拓展文化企业资金来源渠道,通过集团担保提高文化企业信用等级,从而获得银行信贷支持。利用国际直接投资,推进文化产业资源配置的国际化。[1]

(三)财政金融等部门明确好分工,各司其职,同时又要形成一种合力,相互配合

文化产业的发展是一个相互联动的过程,由于文化产业涉及的种类比较多,所以协调组织工作十分的重要。财政资金可作为发展文化产业的引导资金,采取资本金投入、无偿资助、贷款担保、税收优惠、贷款贴息、风险补偿等方式引导金融资本和社会资本积极投入文化产业。银行应坚持以支持重点文化产业、重大文化项目为切入点,加大对中小企业等薄弱环节的支持力度。

---

[1] 宋俊平.当前我国金融支持文化产业面临的主要问题、国外经验及启示[J].现代经济信息,2012(20).

（四）进一步深化文化企业改革

进一步提高文化产业的规模化、集约化、专业化水平。以转企改制、重塑市场主体为中心环节，按照创新体制、转换机制、面向市场、增强活力的原则，推动转制文化企业建立现代企业制度，培育大批富有活力的文化市场主体，打造一批有实力、有竞争力、有影响力的文化企业和企业集团。整合文化资源，加速文化产业集聚，推动企业兼并重组，规划和建设一批有规模、有竞争力、有特色的产业基地和园区。

（五）加快发展完善文化市场制度

加快建立文化产业的信用担保体系，建立健全文化产业的贷款担保工作机制，多渠道探索解决文化企业融资担保难的问题。加快文化版权的交易和流通，积极培育流转市场。建立无形资产价值评估中介机构和抵（质）押登记、交易平台，抓紧制定和完善文化产业专利权、商标权、著作权、版权等无形资产评估、质押、登记、托管、流转和变现的管理办法。鼓励支持各类中小企业信用担保、再担保机构开展文化产业项目业务，提供融资增信、信用增级服务，缓解文化企业可抵押的担保物少、无形资产评估难等矛盾。

二、建立健全多元化、市场化的投融资体系

发展多层次的资本市场。以美国为例，美国的资本市场非常发达，种类和层次众多，能够为不同发展水平的企业提供融资条件。具体包括纽约证券交易所、纳斯达克市场等全国性市场，还有地方性的证券交易所。另外，美国的场外交易市场上市条件更为宽松，可以作为新兴的文化产业发展平台，一些企业都是先在场外交易市场发展壮大，然后转入主板市场。

放宽市场投资，降低市场准入。对于文化产业以及文化事业基础性投资，凡是国家法律法规不禁止的，都积极地引入市场竞争机制，放宽对市场投资的准入限制，积极地对社会资本开放。支持各类投资方参与文化产业投资和管理，为文化产业发展吸引资金和优秀的管理经验。引入多元化的投资主体，同时鼓励各类经济力量按照"谁投资""谁决策""谁受益""谁承担风险"的原则兴建公共文化

基础设施。积极发展文化创意产业，在税收、信贷、土地使用等方面享受与国有经济投资同等的待遇。

发挥银行信贷的作用。国外经验表明，银行信贷在文化产业发展中发挥了很大的作用，美国的文化企业向商业银行和投资公司的借款占公司总资本的29%，日本的文化企业的贷款比例则更高。因此，我国的商业银行应根据文化产业无形资产多、固定资产少的特点，建立适合文化产业信贷的金融项目。

三、推动文化金融产品和服务的创新

文化金融产品和服务的核心在于创新，创新是先进文化得以发展壮大的根本动力，也是先进文化的本质特征。金融文化的创新对市场经济发展效率的提高有着不可忽视的作用。金融创新能够为文化产业的融资提供新的金融工具、新的金融服务以及新的融资技术。文化产业主要通过经营和开发创意内容来实现其盈利，而与之相关的一些版权、知识产权等难以进行资产评估，具有较大的不确定性，从而造成融资困难，银行信贷服务受限。所以，为了改善文化产业融资难的困境，我国应该加快推动文化金融产品和服务创新。金融机构应该根据不同文化产业特征来进行金融创新，如美国就将风险投资作为其文化产业融资的主要来源。由于其电影业风险较高，通过风险投资模式就可以将不同风格的多项项目投资打包成为一个投资组合，从而使得其达到分散降低风险的效果。同时，保险公司为电影制片公司提供影视制作"完工担保"服务，有了保险公司的担保，电影制片公司就能够向银行申请贷款，从而得到资金的支持。再如日本的动漫产业，日本的动漫产业从创作到销售，形成一整套完整的产业链。日本基于产业链的融资模式也是一种值得学习的金融模式，有助于实现资本与资源的整合和利用。

（一）创新文化金融服务组织形式

鼓励金融机构建立专门服务文化产业的专营机构、特色支行和文化金融专业服务团队，并在财务资源、人力资源等方面给予适当倾斜，扩大业务授权，科学确定经济资本占用比例，加大信贷从业人员的绩效激励，提高文化金融服务专业化水平。支持发展文化类小额贷款公司，充分发挥小额贷款公司在经营决策和内部管理方面的优势，探索支持小微文化企业发展和文化创意人才创业的金融服务

新模式。在加强监管的前提下，支持具备条件的民间资本依法发起设立中小型银行，为文化产业发展提供专业化的金融服务。

（二）建立完善文化金融中介服务体系

支持有条件的地区建设文化金融服务中心，通过政策引导、项目对接、信息服务、业务培训、信用增进、资金支持等方式，服务于文化企业和金融机构，促进文化与金融对接，扶持骨干文化企业和小微文化企业，搭建文化金融中介服务平台。推动文化产业知识产权评估与交易，加强著作权、专利权、商标权等文化类无形资产的评估、登记、托管、流转服务。鼓励法律、会计、审计、资产评估、信用评级等中介机构为文化金融合作提供专业服务。在清理、整顿各类交易场所的基础上，引导文化产权交易所参与文化金融合作。建立完善多层次、多领域、差别化的融资性担保体系，促进银行业金融机构与融资性担保机构加强规范合作，为文化企业融资提供增信服务。

（三）探索创建文化金融合作试验区

为探索金融资源与文化资源对接的新机制，引导和促进各类资本参与文化金融创新，建立文化金融合作发展的长效机制，文化部、中国人民银行择机选择部分文化产业发展成熟、金融服务基础较好的地区创建文化金融合作试验区，探索建立地方政府、文化、金融等多部门沟通协作机制，通过创新地方政府资金投入方式，引导和促进金融机构创新金融产品和服务模式，搭建文化金融服务平台，完善文化金融发展政策环境，集中优质资源先行先试，探索符合本地区特点的文化金融创新模式。

（四）加快推动适合文化企业特点的信贷产品和服务方式创新

鼓励银行业金融机构发挥各自比较优势，打造适合文化企业特点的金融服务特色产品。在有效控制风险的前提下，逐步扩大融资租赁贷款、应收账款质押融资、产业链融资、股权质押贷款等适合文化企业特点的信贷创新产品的规模，探索开展无形资产抵质押贷款业务，拓宽文化企业贷款抵质押物的范围。全面推动文化金融服务模式创新，支持银行业金融机构根据文化企业的不同发展阶段和金融需求，有效衔接信贷业务与结算业务、国际业务、投行业务，有效整合银行公司业务、零售业务、资产负债业务与中间业务。综合运用统贷平台、集合授信等方式，加大对小微文化企业的融资支持。鼓励银行、保险、投资基金等机构联合，采取投资企业股权、债券、资产支持计划等多种形式为文化企业提供综合性金融服务。

（五）创新文化资产管理方式

推进符合条件的文化信贷项目资产证券化，释放信贷资源，缓解金融机构资本充足率压力，盘活存量资产，形成文化财富管理。鼓励资产管理机构和金融机构市场化处置改制文化企业资产。提高文化类不良资产的处置效率。

第六章 "文化创意+"金融的结合机制与模式选择

在文化金融创新发展的过程中,需要有市场与产业发展的生态,需要有创新的基础,需要手段与抓手,需要根据文化资源的特性创新文化金融发展的结合机制与产品。在加大文化创意产业与金融业的融合力度中,要积极探索文化金融合作新模式、新路径。在机制体制和服务模式方面,要因地制宜突出特色,形成和复制推广文化金融合作新模式。

第一节 "文化创意+"金融的结合机制

一、资金投入机制是推动文化发展的关键

在文化与经济结合的过程中，文化资金作为重要的生产要素，已成为文化发展的决定性制约因素。大幅度增加对文化的投入，改革旧的文化投资体系，建立新型的文化与金融结合的机制，是推动文化事业和文化产业发展的关键。在文化资金投入体系中，包括国家财政拨款、银行贷款、自筹经费和社会资金、外国资本和创投基金等，虽然其投入方式、途径及运行机制各异，但在文化事业和文化产业发展的不同阶段它们互相联系、互相依存、互相促进、互相补充，产生不同的作用，形成了一个系统的联动过程，实现了文化与金融的有机结合。在这个系统中，政府财政对文化产业发展的投入，要严格以市场和政府的效率边界为基础，做到有所为、有所不为。对于在市场竞争机制中更能发挥作用的文化行业，政府的职责要侧重在履行市场监管的义务，减少经济和行政的干预；对于基本公共文化服务领域或者准公共文化服务领域，政府要以外部溢出效应为基础加以扶持，通过分析财政资金的投入效果，去分析现行投入标准是否科学有效，并且努力实现地区间的财政投入边际效应均等化。

2018年，中央财政通过一般公共预算安排公共文化服务体系建设相关资金208亿元，积极支持完善公共文化服务体系。一是持续推进全国5万余个博物馆、纪念馆、美术馆、公共图书馆、文化馆（站）等公共文化设施向社会免费开放。"中经文化产业"获得的数据显示，2018年5月，中央财政通过转移支付下达2018年免费开放补助资金51.85亿元，支持范围包括全国1854个博物馆、纪念馆和全国爱国主义教育示范基地，1123个市级和5941个县级美术馆、公共图书馆和文化馆，41493个乡镇文化站、城市社区（街道）文化中心。二是引导和支持地

方落实国家基本公共文化服务指导标准和地方实施标准，推动改善基层公共文化体育设施条件和加强基层公共文化服务人才队伍建设。其中，安排资金11.6亿元，专门支持精准实施戏曲进乡村、村综合文化服务中心设备购置、县级应急广播体系设备购置等项目，推动增加贫困地区公共文化产品供给。三是选派和培养文化工作者，加快推动边远贫困地区、边疆民族地区和革命老区文化人才队伍建设。四是支持民族地区文化事业发展，保障群众基本文化权益。

政府的财政资金只是文化融资的一个方面，要研究建立健全市场化、多元化的投融资机制，在充分发挥政府财政的公共职能作用、不断加大财政投入的同时，通过财政政策引导，消除民间资本和外来资本进入文化领域的体制性障碍，引入市场机制，吸引、鼓励社会资本投资文化产业，如银行贷款、自筹经费、社会资金、外国资本和创投基金等，使不同所有制文化机构都能享有平等的投资机会和权益保障，形成以政府投资为引导、企业投资为主体、银行信贷为支撑、多方引资为辅助、风险投资为促进的多元化的投融资机制。[①] 理顺政府与产业之间的关系，明确政府在推动、引导、调控文化经济发展中的地位和作用，从而减轻政府投资负担，突出企业在文化产业发展中的主体地位，调动企业的积极性，使企业成为资金投入及受益的主体，培育符合文化金融产业市场要求的、具有竞争力的文化金融产业主体和投融资主体，不断优化并完善文化金融产业投资主体结构，逐步形成多元化的文化产业和文化事业投融资机制。

文化产业专项债券作为社会领域专项债券的重要内容之一，为文化产业融资提供了新的通道，特别是为新闻出版发行、广播电视电影、文化艺术服务、文化创意和设计服务等文化产业生产项目，以及直接为文化产品生产服务的文化产业园区等项目发行债券融资带来新的契机，开创了投资政策支持文化产业发展的新局面。文化企业融资难是长久以来难以解决的问题，债券融资是文化企业融资的重要组成部分，但是要解决文化企业融资难的问题，关键是要建立多元化、多层次的投融资体系。未来要在多层次资本市场构建上多下功夫，让更多的中小文化企业进入公开和准公开的市场，提高企业信用水平。同时，要进一步加强文化企业的无形资产和版权评估，扶持提供专业服务的机构进行长期运营，同时在各资本方之间打通评估通道，推动无形资产和版权资产评估评价的统一化、标准化和

---

① 韩健.福建：发挥财政职能作用 推进海洋经济发展[J].中国财政，2015（22）.

市场化。此外，针对文化产业轻资产、高风险的特点，重点发展 VC、PC、天使投资等风险偏好型金融产品。[①]

为缓解文化企业发债难的境遇，国家发展和改革委员会在 2017 年 8 月下发的社会领域产业专项债券发行指引中首次对"文化产业专项债券"做了具体安排，以发挥企业债券和产业基金对文化产业发展的融资促进作用，提高文化企业融资能力。2018 年 3 月，文化和旅游部发文，在全国范围内征集筛选优质文化项目参与文化产业专项债券及产业基金融资对接。国家发展和改革委员会表示，文化领域企业债券的推出，体现了政府对文化建设的高度重视，是繁荣社会主义文化的必然要求。其不仅是市场化融资手段，更是释放政策信号、引导产业发展的重要工具。

文化金融发展的核心，就是要提升对文化资源的价值发展能力。首先是要推动文化艺术资源的资产化、金融化水平，这是核心、主线。其次是在价值发现和资产化、金融化发展的过程中，建设产业发展的主体、产业发展的体系、产业发展的产品、产业发展的组织竞争能力。探索、挖掘文化金融产业发展的内在核心机制，不要把主要的精力放在边缘化的创新上，想从边缘化的一些层面上去突破文化金融发展的核心是不可能的，也是难以持久发展的。只有在核心上、主线上有所创新，有所突破，才能真正地带动文化金融的发展。也就是说，从规律层面上来说，要加大对文化金融产业发展规律的认知。[②]

二、国家战略与市场机制相结合是文化发展的基础

市场机制是实现中国"文化创意 +"金融产业资源配置的有效手段，要将文化金融产业的发展纳入到国家文化发展规划的体系之中统一规划，只有这样，才能在国家战略的框架下高效、公平地配置有限资源，发挥市场在文化金融资源配置中的积极作用，实现国家战略与市场机制的结合。要探索国家战略与市场机制的关系问题，既要强调发挥市场机制的基础性作用，也要有顶层设计的战略与政

[①] 李志勇. 多部委加大对文化产业金融支持力度［EB/OL］.（2018-05-21）［2019-04-17］. http : //www.jjckb.cn/2018-05/21/c_137194391.htm.

[②] 西沐. 在文化繁荣发展中探索文化金融发展规［EB/OL］.（2017-12-18）［2018-04-18］. http : //wemedia.ifeng.com/41390820/wemedia.shtml.

策，同时要与区域政府的政策与投入相衔接。① 发挥市场机制重在依靠市场机制培育产业的核心竞争力，不能理解为靠政策办项目办产业。要建立并完善中国文化金融产业发展发育的机制和体系，现有的文化产业投融资机制已经不能满足当今社会的需求，机制和体系的建设要符合市场经济的要求，遵循文化金融自身的发展规律，在既不违背市场经济规律，又能吸收生产文化产品和提供文化服务的特点的前提下进行合理规划，建设一个完备的尊重文化与金融共同发展规律的文化金融机制。

首先，市场机制有利于进一步解放文化生产力，实现文化资源的优化配置。当前，中国的文化产品和服务的供给普遍存在供需不对称的情况，这种不平衡是由于资源少而又无法得到合理的分配。政府的介入和干预有可能影响市场配置资源功能的发挥，并对社会力量进入公共文化服务领域造成一定程度上的"挤出效应"。因此，在现代公共文化服务体系中，政府是主导者，但不是唯一提供者，借助市场和社会来配置资源，可以提高供给效率。②

其次，市场机制有利于形成多元共生的文化生态，激发全社会文化创造活力。在现代公共文化服务体系中，政府从公共文化服务和产品的直接提供者变为组织管理者。2016年10月12日财政部发布《关于在公共服务领域深入推进政府和社会资本合作工作的通知》，首次明确了在公共服务领域深化PPP改革工作的思路，让更多的社会资金、社会力量进入公共文化服务领域，有利于解决公共文化服务领域政府投入不足、供给主体单一，资源配置不合理、运行机制不灵活、社会参与度不高等问题，凡可以由社会自服务力量提供的非基本公共服务领域的事务，都可以通过委托、承包、采购等方式交给社会力量承担。

最后，市场机制有利于公共文化服务与文化产业的协调发展。在党的十六大报告中，区分了经营性文化产业与公益性文化事业，它成了文化体制改革的逻辑起点，但两者不是割裂的关系，应是有机的整体。因为文化产业是面向整个社会提供文化产品和服务，承担的是相同的文化职责和使命，即满足群众多层次的精

---

① 西沐.文化金融：文化产业新的发展架构与视野［J］.北京联合大学学报（人文社会科学版），2014（1）.

② 李媛媛.充分发挥市场机制作用 完善现代公共文化服务体系［EB/OL］.（2017-08-01）［2019-05-20］.http://www.sohu.com/a/161528224_488939.

神文化需求。经营性的机构进入公共文化服务领域，有利于提高资金和资源的使用效率及服务的精准化程度。例如，北京市连续四年举办的"惠民文化消费季"活动，通过发放"文惠卡"，实现了市场整合，提升了公共文化产品内容供给的丰富性，激发并引领民众潜在的文化消费需求。

需要强调的是，在文化服务体系建设过程中引入市场机制，并非弱化政府的主导作用，也并不意味着政府公共文化职能的削弱，而是要优化公共文化服务的供给结构，形成政府主导、市场运作、社会力量参与、全体公民共享的公共文化服务架构。应该看到，市场在某种程度上代表并整合了社会最活跃的要素，但是市场本身也有其盲区和弊端，因此，政府的引导和监管必不可少。在公共文化服务领域应坚持政府主导和市场调节相结合，政府的作用除了要为社会提供市场不能主动提供的公共产品和公共服务外，还要在市场化运作中保障公共利益，运用各种法律及经济等手段强化政策调节、市场监管、社会管理和公共服务职能。[①]

三、建立完善的风险制约机制是前提

十九大报告同时指出，深化金融体制改革，提升金融服务实体经济能力并完善金融监管，防止触及系统性金融风险的底线。文化产业是新生代实体经济中的代表，是金融行业重点发展的对象。但存在诸多问题，中小型文化企业固定资产少、投资收益周期长，加之国家限制银行对文化产业投资，同时金融市场对文化企业无形资产的评估存在专业缺陷且对文化产业持观望态度，使得文化产业面临银行贷款困难，获取金融、债券性投资机会少等风险。中小型文化企业频繁出现并购、破产等现象，极易造成金融、债券市场混乱。文化产业基金同质化投资问题明显，同时还存在实际投资后劲明显不足和文化产业基金监管等风险。中国文化创意产业联盟主席王守亮指出，80%的文化创意公司成立两年就会出现严重风险——陷于困境或倒闭。新时期如何防范和化解文化产业金融风险迫在眉睫。

新时期文化产业金融呈链条式发展，主体包括文化企业、文化产业基金、金融债券市场、银行业、保险业以及金融监管机构等，通过主体间的有机结合为文

---

① 李媛媛.充分发挥市场机制作用 完善现代公共文化服务体系［EB/OL］.（2017-08-01）［2019-01-11］.http：//www.sohu.com/a/161528224_488939.

化企业提供融资支持和金融服务。因此,文化产业金融风险亦可能呈现链条式,文化产业金融风险表现在以下几个方面。

第一,文化企业风险。文化企业面临融资风险和投资收益风险。文化产业在国内兴起仅十余年,大多数文化企业仍处于初创期和成长期,企业规模普遍比较小,核心竞争力不成熟。以动漫文化产业为例,截至2017年,全国约有1万家动漫企业,但年产值在3000万元以上的仅有26家、亿元以上的大型动漫文化企业仅有14家。由此可见,形成规模的文化企业凤毛麟角,大多数文化企业仍在探索发展中。投资收益方面,文化企业大多具有投资周期长、收益回报不稳定的特性,存在高投入、低收益风险。文化企业融资风险表现为融资渠道单一,由于国内无形资产评估领域不成熟,同时还存在信息不对称等风险,所以文化企业获取金融资金支持和银行贷款难度大,存在较大的融资风险。

第二,金融市场风险。金融市场风险主要表现在缺少针对文化产业的金融服务和金融机构。现阶段,金融服务与金融体系不能满足文化产业的融资需求,主要表现在:作为新兴轻资产产业的文化企业想得到国家资本扶持的条件苛刻,为无形资产多、可抵押资产少的文化企业提供贷款业务领域极度缺少经验,无形资产评估体系、风险评估体系以及多层次的贷款风险分担和补偿机制不健全,缺少针对中小文化企业特点的信贷产品和服务机制流程。同时,文化产品或服务的初始生产成本非常高,而复制、流通、传播成本会相对降低,于是可以通过传播、开发、品牌经营等方式延伸产业链,实现利润最大化。但是金融机构介入而难盈利,制约了文化产业与金融业的有效对接,再均衡考虑其投资收益与风险,金融机构、投资公司等保持审慎态度。

第三,银行业务风险。长期放贷风险与无形资产评估风险是银行的两大难题。长期放贷风险表现为,文化企业投资收益回报周期时间长,且收益不稳定,在银行长期贷款业务中,存在企业破产无法还贷的风险。在无形资产评估风险方面,文化企业大都属于轻资产的企业,拥有的主要是版权、知识产权等无形资产,若只能与银行进行固定资产担保,直接阻碍了文化企业从银行贷款的融资方式,导致文化产业获得银行信用贷款和抵押贷款的可能性小。由于文化产业中无形资产占比大,需要银行对知识产权、版权等进行估值放贷,对评估专业水平要求较高,故无形资产评估风险较为棘手。而我国银行面对这些形式多样、价值波动大的无形资产,评估准则规范尚不完善,法定确认范围不明确、账内确认少,因此,弥补无形资产评估空缺是核心问题。

第四，产业基金风险。基金是文化产业重要的融资方式，但它的发展在规模、体制和规范上都存在不少问题。产业基金风险主要集中在以下几个方面。首先，管理监督风险。以政府主办的文化产业基金为主，政府一方面制定政策，另一方面执行监管，以致在区域文化产业的投融资过程中往往偏向政府主办的文化产业基金，缺乏市场的监管和规范的运作。其次，运作环境风险。现阶段文化产业市场仍不成熟，市场形式、机制与制度体系尚未成型，同时，与之配套的产业投资基金法律制度不完善，文化产业基金缺乏有利的发展环境和制度平台。最后，产业基金同质化风险。目前文化产业基金的投资领域主要集中在影视产业、游戏和娱乐类，产业基金同质化问题严重，极易造成文化产业发展不平衡、基金投资混乱、投资后劲不足和文化产业基金监管等风险。

文化产业金融风险究其根源，在于文化产业的特殊性，文化产业的研发、生产、营销等环节都需要文化产业的金融链渗透支持。从深层次探究文化产业金融风险成因包括以下几个方面。

第一，文化资源价值难以估计。文化产业的发展源头是文化资源，文化资源不同于一般资源，其占用、传播和消费的全过程成本很低，且其资源本身价值难以估量。文化资源转化为文化商品和服务投放到商品市场中，同样存在诸多不确定性，受时代文化、市场环境、受众反应等不确定性因素影响，其价值难以估计与预测，导致文化金融不可能从文化产品的源头对产品进行评估、预测并提供金融支持。

第二，文化产业的设立、退出程序烦琐。文化产业设立、变更、终止等许可程序复杂。多部门管理机制使得文化产业市场准入门槛高；文化产业知识产权确认存在保护范围过窄、费用过高等阻碍因素。

第三，文化创意人才和组织机构特殊性。文化产业是一个以原创力为核心驱动力，通过知识产权的开发获取财富的经济活动，文化产品和服务由文化创意人才设计创造，同时这些人也是文化企业的核心人物。需要考虑的是，文化创意人才不全是理性"经济人"，只单纯追求经济利益，他们有时更享受文化创造的过程。由于文化设计者的擅长领域不同、能力不同，文化金融机构也难以准确预估创意人才本身的市场价值。文化生产组织以创意人才为中心，文化创意也是文化生产者、文化企业的核心竞争力。文化创意的稀缺性导致了文化产业组织在运作项目时淡化生产组织的特性,以项目为中心集结合适的生产者,这种以项目为核心的组织方式,决定了文化生产组织的规模较小,抗风险能力较低,一旦产生风险,以项目为核心的生产组织缺少明确的责任主体,这种相对松散的组织方式必然在放大风险的同时,加大金融支持文化产业的难度。

第四,文化商品和服务生产过程的特殊性。文化产品和服务是文化产业的最终经济价值载体。公司必须将文化理念产品化、市场化推广,最终才能销售给消费者。该过程不同于传统产品和服务,难以找到统一化、规模化、标准化的生产模式,文化产品转化率低。原因是文化商品和服务内涵载体丰富,拥有丰富的附加价值,例如意识形态属性、文化内涵属性、艺术价值属性均可蕴涵在文化商品和服务中。文化商品的艺术属性明显,是文化商品在市场中运作的主要作用属性,但实际上文化商品的艺术价值往往不能准确估计。所以文化商品和服务的生产过程被赋予诸多文化内涵属性,导致最终产品充满不确定性,这种不确定性加剧了文化金融的高风险性。

第五,文化产品内容价值难以估计。一般情况下,文化企业所拥有的固定资产较少,无形资产较多,导致文化企业在融资时难以获取充足的资金,文化产品无形资产部分又难以确定市场价格,所以文化创意产品的无形资产评估和市场定价问题至今尚未解决。在金融实践中文化产品版权抵押较为普遍,以目前金融服务业的技术能力还无法对文化产品和服务的内容进行准确的评估预判。文化产品内容价值难以估计还表现在知识产权保护不到位,在未进行知识产权申请,没有得到法律有效保护的条件下,任何创意文化产品都很难获得有效的金融供给。

第六,文化消费市场难以预测。文化产品作为商品在市场运作的规律难寻,文化产品和服务的生产者也无法预测文化产品是否能得到消费者青睐,即便是文化产业极度发达的美国,也只是局限于电影行业,而且还常常错误地估计消费者需求,故在一般文化产业消费市场更是难以预测。由于我国文化产业发展起步晚,加之人口众多,无法较为准确地预估大众文化消费偏好、消费行为以及市场变化规律。同时,我国大部分文化企业的品牌影响力相对薄弱,极度缺乏用创意文化衍生品扩大文化消费市场,导致盈利能力不足,文化企业投资收益的高风险成为常态。上述现象均使得我国文化消费市场存在诸多不稳定因素,导致金融市场一直对文化产业持观望态度。

如何建立并完善文化金融风险管理机制,是我国文化金融业迫切需要解决的问题。1988年7月,由10国集团中央银行行长倡议建立的、其成员包括10国集团中央银行和银行监管部门代表的巴塞尔委员会,在瑞士的巴塞尔通过了《关于统一国际银行的资本计算和资本标准的协议》(简称《巴塞尔协议》),该协议第一次建立了一套完整的、国际通用的、以加权方式衡量表内与表外风险的资本充足率标准,有效地扼制了与债务危机有关的国际风险。[①] 我国在建立和完善文化金融风险管理机制过程中,要按照《巴塞尔协议》规定的要求,建立与风险资产相适应的资本补充机制,政府和中央银行要在政策、措施上引导文化金融业的金融资产多样化,发展直接融资,减少信用放款,建立金融资产多元化机制。同时,文化金融的存款保险制度、存款准备金制度、防范股市风险机制、外汇风险防范机制、信贷资产风险管理机制、信贷资产风险制约机制等方面,都有待健全并完善。具体措施包括以下几个方面。

第一,积极的政策引导。尽管国内已基本形成多元化、全面化的文化产业政策支持体系,但值得注意的是,文化产业金融的预防控制不仅要对文化企业进行风险预防,还需要对文化产业的社会环境进行完善。金融市场、消费市场更需要国家的政策性引导,从而推动文化产业、文化企业发展,尝试出台扶持文化产业的金融服务政策,以及搭建文化产业发展平台,为更多的中小型文化企业提供发展机遇;进一步完善加强金融监管,防止偷税漏税、恶意收购等不良经济违法行为出现,为文化产业提供稳定的市场竞争环境和金融环境;完善文化产业基金管理。目前文化产业基金仍是国家主导,监管力度需进一步加强。同时,规范文化产业基金使用并出台相关政策,使得文化产业得到基金持续支持。

第二,加强商业银行金融服务能力。商业银行是文化产业融资的最重要主体,提高其文化金融业务服务对文化产业风险防范有积极作用。创新银行金融产品业务,开发新型金融产品组合,能进一步激发文化产业银行融资活力。创新性的金融文化产品可抵御文化产品在市场中的高风险,容易获得投资者青睐、吸取民间资本,从而解决中小型文化企业的融资难题。尝试构建针对文化产品和服务的金融风险评估制度体系,强化与第三方评估机构合作,对文化产品及其衍生品进行市场定价。从专业化、标准化角度评价并进行风险评级,将文化企业投融资风险量化控制,发挥商业银行投资文化产业的积极作用。建立健全银行风险管控体系,

---

[①] 邱天.简评巴塞尔Ⅲ下的资产证券化风险计量系统[J].商,2015(35).

可成立专门组织关注文化产业在金融市场的变化，实时了解文化企业发展状态，同时培养银行人员的文化产业领域专业知识及业务水平，进一步完善银行对文化产业的风险管控。

第三，增强征信实现信息对称。文化产业金融市场采取双向征信的征信制度，一方面是对文化产品和服务创造者与生产者的信用评价，另一方面是对银行、金融机构等文化产业投资者的信用评价。征信市场的信息对称程度至关重要，文化企业应公开金融市场交易信息，增加投资者对文化企业的了解程度，实现信息对称。在如今的大数据时代，建立详细的文化产业征信数据库，并录入相关的商品市场、金融市场、文化产业、银行信用等数据，搭建信息交流平台，激发银行、金融机构等投资者活力，同时有利于文化产业获得更为稳定的投资来源。

第四，完善文化产业基金管控。文化产业基金本质上是为扶持文化产业持续发展的一种特殊金融模式，需要进一步完善文化产业基金组织及配套服务管理体制建设。对于发达地区的文化产业发展，需注重对文化产业孵化基金的使用，扶持基金向多文化领域发展，防止出现同质化基金使用。要进一步完善政策法规和金融监管制度、严格合理使用基金、文化产业专业化人才培育、无形资产价值评估等一系列配套服务建设。欠发达地区仍要以政府集资为主，同时可吸引民间资本、外资企业入股基金，实现政府引导并与民间资本共担风险。政府要能起到积极引导作用，在区域性协调产业基金投资及使用过程中，要注重基金回流管理，以期实现可持续使用。同时加强基金监管，要形成政府监管、企业监管、第三方监管的三方共同管制机制，对基金使用过程严格监管，明确基金流向并对基金使用情况进行及时评估，决定是否进行基金持续支持。

第五，注重培养"文化金融"人才。文化产业金融领域急需文化金融复合型人才，随着文化产业与金融市场的深度融合，银行、金融机构、保险公司等都逐渐向文化产业拓展业务，新型文化产品、金融服务、银行业务等都需要专业型人才，既需要熟悉金融行业等各种参与主体业务，又要了解文化产业领域发展状况。随着文化产业多元化发展，其细分行业越来越多且都各具特色，需要针对不同文化企业特点采取相应的金融服务，对金融人才要求既掌握各种金融工具，又要熟悉文化企业发展。所以，金融市场应广泛吸收"文化－金融"复合型人才，为扩展文化金融领域提供人力资源支持和智库支持。尤其是当今各金融债券机构、信托公司、商业银行等专门成立与文化产业合作的金融服务项目，急需人才助力，

"文化-金融"复合型人才培养与成长需要较长周期,建议金融机构可尝试聘用文化企业产业的管理人员或与文化企业进行项目合作,并让员工进行业务融合,同时还可与高校开展人才定制服务等合作,从而尽快培养出文化金融实用性人才,以解文化金融市场燃眉之急。

第六,引进保险行业激活文化产业发展。目前,我国保险业已开始涉入文化产业的金融市场,文化产业保险无法避免地呈现出保险业务不成熟、保险产品单一、专业人才缺乏的缺陷,导致保险业难以开展与文化金融相关的业务。但保险行业日益激烈的竞争使得保险公司进入文化产业趋势不减,为促进保险业融入文化产业金融市场,必须综合考虑保险业、金融业和文化企业三方主体间的关系。保险业必须突破传统文化产业融资模式,可以尝试"贷款保险+公众责任险+无形资产险+保险融资"的模式,令保险业逐步渗透到文化产业金融的各个参与主体,从而激活保险业进而扩张文化产业融资渠道,并且可为文化企业提供担保。[①]

综上,建立完善的风险制约机制还要构建高效严密的风险管理组织架构,建立文化金融管理委员会,设立审计稽核部门,经常性地对文化金融产业项目开展业务审计稽核工作,从而掌握风险的第一手资料。此外,文化金融的发展需要现代科技信息技术的支持,利用网络化、信息化技术实施文化金融客户信贷科学管理,对文化金融客户融资服务进行标准化与流程化处理。运用先进的数理统计风险计量模型与系统,对文化金融在各个业务层次的信用风险、市场风险、操作风险等进行全面有效的识别、计量、监测和控制。

四、激励机制是文化与金融结合的动力

充满合理的动力激励机制是实现文化与金融结合,促进文化产业和事业发展的重要基础与核心。我们可以把激励机制定义为在组织系统中,激励主体通过激励因素与激励对象(或称激励客体)之间相互作用的方式。组织通过设计适当的外部奖励形式和工作环境,以一定的行为规范和惩罚性措施,借助信息沟通来激发、引导、保持和规范组织成员的行为,以有效地实现组织及其成员个人目标的系统活动。一般说来,它包括五个方面的制度,即诱导因素集合、行为导向制度、

---

① 王晓军,梁高杨. 新时期文化产业金融风险及对策探索[J]. 银行家,2018(12).

行为幅度制度、行为时空制度和行为规划制度，这五个方面的制度和规定也就是激励因素。在激励机制的总和中，诱导因素起着激发行为的作用，后四者起着规范行为和制约行为的作用。文化金融合作激励机制的基本任务就是调动文化与金融双方的积极性、主动性和创造性，实现推动文化经济发展的目的。[①]

在文化与金融的结合方面，如何改革现有的文化体制和金融体制，完善文化与金融的结合激励机制，为文化金融的发展提供动力，是当前面临的主要问题。现阶段，在"文化+"金融体系存在着激励约束等问题，激励机制是文化与金融结合的动力，是金融机构实现经营目标的重要手段。值得注意的是，不当激励机制可能诱发行为扭曲及其他潜在风险。缺乏健全的激励结构和风险防范机制必然滋生贪污腐败等违法违规问题，过度激励，铤而走险，会严重损害消费者合法权益及其对金融机构的信赖，引发金融与文化融合过程中的体系风险。金融监管机构不能简单认为激励机制是市场行为而不闻不管。[②] 建议从激励考核目标、激励机制设计及指标权重、机构风险管理和内控机制等方面予以完善。

合理确定激励机制考核目标。依据管理学的原理，目标本身具有诱发、导向、激励行为的功能。文化与金融的结合，在目标上是共同的。在这个共同的目标上，根据文化事业发展的需要，确立适当的发展目标以及为实现这一目标而应达到的资金规模等需求目标，激发文化部门与金融部门为实现目标而努力的动机和积极性，是文化金融激励机制的重要方面。金融属于服务业，其业务需求与经济周期和宏观经济状况密切相关，当经济向好时，金融服务需求增加，反之则会减少。文化创意产业是以创造力为核心的新兴产业，强调主体文化或文化因素依靠团队通过技术、创意和产业化的方式开发、营销知识产权的行业，满足人们的精神需求。两种产业之间有联系更有差异。因而合理确定激励考核目标，需要综合考虑社会经济发展、市场需求变化等因素，科学测算和确定文化金融融合进程中的经营目标。

完善激励机制设计。利益制约具有资金共筹、风险共担、收益共享、盈亏共负、积累共有的特点，利益激励是文化与金融结合内在的强大经济动因，通过利益制约恰当地调整国家、企业、职工各方面的利益关系，最大限度地把三者的主动性、积极性和创造性充分释放出来。文化金融融合设计激励机制时，合规经营

---

① 祝孔海.中国企业薪酬管理制度研究［J］.农场经济管理，2005（6）.

② 徐华亮."三个着力"推进 文化创意产业与金融融合［N］.邵阳日报，2018-03-19.

类指标和风险管理类指标权重应当明显高于其他类指标，确保业务发展建立在合规经营和风险有效控制的基础上。增加消费者权益保护指标权重，注重营销质量，确保业务发展和营销回归其服务客户的本源。建立完善的绩效薪酬延期支付和追回制度，提高绩效薪酬支付与风险暴露期的匹配度。

健全针对激励机制风险的内部治理机制。文化金融融合应定期评估激励机制的风险，树立健康的销售文化，金融机构高层应认识到"唯业绩论"的激励机制可能会增加不当销售行为发生的概率。为管控相关风险，机构应结合其业务规模建立独立的业务质量监控部门或销售质量管理人员岗位，由其负责识别激励机制可能引发的风险，并向机构高层建议采取相应的措施缓解风险。业务质量监控部门或销售质量管理人员应独立于销售部门，避免利益冲突。[①]

建立个人精神、物质激励。也就是给予在促进文化金融发展方面有突出贡献者精神、物质利益的奖赏以及感情激励需求。提高该行业总体收入水平，鼓励个人工作的积极性，改变过于僵化的人才激励机制，实行完整科学的人力资源管理制度，在促进文化金融融合发展进程中为优秀人才创造脱颖而出的机会和环境，坚持差异化激励，根据个人需求、个性、期望目标等不同，讲究原则、方法和技巧，对不同层次的员工采取不同激励措施，充分考虑个人发展成就和成长需要，将眼前的短期激励和未来的长远激励结合起来，建立一整套的尽可能照顾到其各个层次且多方面需要的激励机制。但若只偏重物质奖赏，忽略心理需求激励也会导致问题积累。促进金融和文化融合，物质激励和精神激励要相辅相成，使得个人在工作进程中形成"心理契约"。总之，要建立和完善有效的文化金融融合治理结构，制度选择要建立在以个人理性基础之上的本利结构为前提，寻求个人利益接近集体利益的制度安排，在此基础上构筑文化企业与金融企业之间的利益共同体，规范双方信息的有效披露及评价机制，完善市场的准入及退出机制，同时也应该完善约束机制，防止利用权力非法谋取个人私利的行为，建立有效制约的、全方位的、相互补充的、完整的制度化约束体制。加大违规处罚的力度，提高违法的成本，用多种手段，完善文化金融的激励机制。

除此之外，还需要在外部环境上建立和完善相关激励机制。

[①] 孙天琦，陆翔，张晓东. 激励机制：金融风险和市场乱象微观源头[J]. 清华金融评论，2018（8）.

一方面，在文化产业发展专项资金中安排专门资金，不断加大对文化金融合作的扶持力度，支持文化创意企业在项目实施中更多运用金融资本，实现财政政策、产业政策与文化创意企业需求的有机衔接。发展风险资本以助力文化产业进程。我们把高风险、高回报的资本称为风险资本。它能将闲置在各地具有风险偏好的资本吸纳集中，重新配置到那些富于冒险和创业的投资者手中，文化产业的高风险性暗含着潜在高额资本回报率，正是这种特征吸引了风险偏好者的目光，文化产业近年来成为风险资本的新宠，风险投资可将文化产业的人力资本以及知识产权视为有价值、可投资的资源，前期进入时，通常能以较低的价格分享到未来的高成长、高增值。文化产业打破了传统资本雇佣劳动的关系，开创劳动雇用资本的关系。风险资本投资者作为人力资本所有者的合伙伙伴存在，帮助文化产业运营更加规范化和制度化，为文化产业带来更多融资机会。充分发挥财政政策引导示范和带动作用，发挥财政金融的撬动作用，解决文化产业金融支持不足的问题。完善项目准入、退出机制，为文化创意企业融资建立风险屏障。

另一方面，建立基于信任、合作与分享的文化创意产业发展的公私协力伙伴关系良性互动机制，借鉴国外文化创意发展中公私协力伙伴关系的互动模式。例如，在文化创意产业的发展过程中，提供人才、资金、信息等方面的平台支持，通过政策法令为文化创意产业从业者之间的合作提供保障，改变政府部门过去单向的监督问责模式，建立双方合作关系的联结相嵌要素体系。改变过去紧紧依靠政府或者市场的观念，从整体上构建起科学、系统的文化创意产业发展的公私协力伙伴关系机制。明确政府与市场在文化创意产业发展中的不同角色定位，从而发挥各自的优势与作用，并最终形成促进文化金融的强大合力。

五、政策导向机制是文化与金融结合的保障

文化与金融结合的政策导向机制包括政策导向体系和政策约束体系。政策导向体系是指按照国家的路线、方针、政策以及一系列相关的文化金融和产业政策，引导文化与金融的有效结合；政策约束体系是指运用国家相关的政策、法规，规范文化金融工作始终不偏离国家的大政方针，遵守国家的各项法律法规及政策，使文化与金融的结合逐步走向科学化、法制化、规范化的轨道。为强化并完善文化与金融结合的政策导向体系及政策约束体系，必须建立并完善与文化金融产业

相关的政策机制、法律法规及规章制度，设置相应的文化与金融结合的宏观管理及政策决策机构，实施政策监督，并适时检查政策落实的效果。同时还要加速对文化金融人才的培养，造就既懂文化又懂金融的人才。[①]

文化与金融结合的政策导向机制是融合进程中整体建设的一部分，这不是简单的一项规章制度的建立，而是一系列经济、社会、法律乃至政治体制的变革。但由于文化创意产业的信息不对称程度较大，文化产业的金融发展市场导向更容易出现市场失灵的问题，文化产业的金融发展市场导向的发展过程与我国传统产业市场化整体演进过程存有差异。在可能存在市场失灵的现实约束下，倡导文化与金融结合的政策导向机制要协调模式创新中政府与市场的关系。

政府投入机制属于政策导向机制的一部分。政策导向机制不同于市场导向机制，市场导向机制是指纯粹的市场交易制度，参与文化与金融产业内的主体以市场为导向开展融合活动、创新合作。政府投入机制可以理解成是政府以市场为导向进行投入的机制。以企业为主体，是市场导向的核心内涵。政府将资金投入到符合文化和金融结合的行业，并对文化金融行业活动进行干预，能起到政府干预产业经营"扶持之手"的积极作用。我国正处于经济体制转轨过程中，政府通过影响金融贷款、财政补贴、税收优惠、政府订单、干预产业投资和日常经营等手段，可以对文化金融行业进行干预。2018年1月发布的最新《关于金融支持文化产业振兴和发展繁荣的指导意见》指出：①充分认识金融支持文化产业发展的重要意义。文化产业快速发展迫切需要金融业的大力支持。②积极开发适合文化产业特点的信贷产品，加大有效的信贷投放。推动多元化、多层次的信贷产品开发和创新；积极探索适合文化产业项目的多种贷款模式。③完善授信模式，加强和改进对文化产业的金融服务。完善利率定价机制，合理确定贷款期限和利率；建立科学的信用评级制度和业务考评体系；进一步改进和完善对文化企业的金融服务；积极开发文化消费信贷产品，为文化消费提供便利的支付结算服务；继续完善文化企业外汇管理，提高文化产业贸易投资便利程度。④大力发展多层次资本市场，扩大文化企业的直接融资规模。推动符合条件的文化企业上市融资；支持文化企业通过债券市场融资；鼓励多元资金支持文化产业发展。⑤积极培育和发展文化产业保险市场。进一步加强和完善保险服务；推动保险产品和服务方式创

---

① 李镇西.中国文化金融导论［M］.北京：中国书店出版社，2013.

新。⑥建立健全有利于金融支持文化产业发展的配套机制。推进文化企业建立现代企业制度，完善公司治理结构；中央和地方财政可通过文化产业发展专项资金等，对符合条件的文化企业，给予贷款贴息和保费补贴。支持设立文化产业投资基金，由财政注资引导，鼓励金融资本依法参与；建立多层次的贷款风险分担和补偿机制；完善知识产权法律体系，切实保障各方权益。⑦加强政策协调和实施效果监测评估。加强信贷政策和产业政策的协调；建立多部门信息沟通机制，搭建文化产业投融资服务平台；加强政策落实督促评估。人民银行各分支机构会同同级宣传文化、财政、银监、证监、保监等部门，根据本指导意见精神，结合辖区实际，制定和完善金融支持文化产业发展的具体实施意见或办法，切实抓好贯彻实施工作。各金融机构要逐步建立和完善金融支持文化产业发展的专项统计制度，加强对文化产业贷款的统计与监测分析。人民银行各分支机构可根据辖区实际情况，建立金融支持文化产业发展的专项信贷政策导向效果评估制度。

政策导向机制有利于保障产业研发活动决策的正确性，得到政府支持资源，激发义化企业的研发积极性，提高研发效率。政府投入机制可采用分担研发成本和研发风险的方式，将带动文化和金融结合发展。

第二节 "文化创意+"金融融合的模式选择

金融是实体经济的血脉,要实现我国文化产业快速发展并迈向新的台阶,就要充分发挥金融对文化产业的驱动作用和塑造作用。金融和文化产业的结合,绝不仅仅是解决钱从哪儿来的问题,而是整合资源、培育功能、重塑生产力的过程。实现金融助力文化领域发生深刻变革和跨越式发展,就需要打通文化金融的血脉,多方发力,形成合力,发挥政府、文化企业、研究机构和金融资本同频共振、多维一体的创新模式。在我国文化金融及其产业发展的现有局面下,要进行相应的模式分析并非易事,但可以从演变发展成为模式的典型案例中积累经验。以下基于5个最具创新意义与探索性的经典案例总结了5种模式。

一、综合服务产业链模式

这一模式的核心是以艺术品资产化、金融化为抓手进行机制创新,并使利用艺术品资产直接融资常态化,以此为基础,不断拓展艺术金融服务产业链条,从质押融资、集中保管、艺术家推荐、培训、策划展览及市场资讯服务,包括估值、指数、咨询等,逐步建构起了艺术金融综合服务产业链。

总部位于山东省潍坊市的潍坊银行作为一家正规金融机构,从2007年2月提出"文化兴行"的管理理念,到2009年9月成功推出第一单艺术品质押贷款,再到2014年5月成立潍坊银行艺术金融研究中心,潍坊银行经过数年的努力探索与务实进取,建立起一套以艺术品质押融资业务为核心、依托潍坊本地市场资源和潍坊银行自身业务资源优势,不断谋求常态化发展的运营模式。在这一过程中,潍坊银行在艺术金融产业的探索之路上逐渐摸索出一条迎合时代创新要求、契合地方发展特色、整合自身发展优势的艺术金融发展思路,打造完成了一条相对完善的艺术金融综合服务产业链,在国内乃至世界范围内找到了具有自身特色化、差异化的发展思路。① 见专栏6-1。

> **专栏6-1 潍坊银行推出综合服务产业链模式**
>
> 目前潍坊银行是国内最具影响力的艺术产业商业银行。2009年,潍坊银行推出全国第一单书画艺术品质押融资业务,成为中国第一家艺术市场直投银行。几年来艺术金融产品不断丰富,推出了针对普通客户(非艺术市场经营主体)的艺术品质押融资业务;针对拍卖行、基于提高拍卖履约率的竞拍贷产品;基于提高居民艺术品消费能力的艺术品消费信贷按揭等。艺术金融业务规模和范围不断扩大,截至2014年年末,潍坊银行有授信的艺术金融客户数量70余户,贷款余额7.3亿元,累积投放艺术金融贷款达到11亿元。同时,近几年潍坊银行还在艺术品仓储、艺术市场研究、艺术策展、艺术品投资咨询等方面不断拓宽艺术金融的产业链条,在全国艺术品界产生了重要影响,得到了市场各方和社会各界的充分肯定。

在潍坊银行所打造的艺术金融综合服务产业链中,包括互相联系、紧密咬合的几个环节(业态),分别为艺术品融资、艺术品仓储、艺术策展与中介、艺术品投资咨询、艺术金融数据库等。从潍坊银行构建的产业链本身来看,这些业态可以被分为三个等级,第一级业态是带动整个产业链发展的核心内容,可视作主旨型业态,主要指其中的"艺术品融资"环节;第二级业态可视作产业链中的支撑型业态,主要起支撑艺术品融资活动顺利开展的作用,重点包括艺术品仓储和艺术金融数据库等环节;第三级业态可视作产业链中的衍生型业态,即由一、二级业态所衍生出的业态,主要包括艺术策展与中介、艺术品投资咨询等环节。这些业态组合成一个闭环,共同对潍坊银行的艺术金融实践发力。

整体看来,潍坊银行的艺术金融探索实践作为中国艺术金融产业发展进程中的一个颇具典型性的案例,无论对整个中国的艺术金融产业发展而言,还是对相

---

① 范大为.潍坊银行艺术金融受青睐[N].齐鲁晚报,2015-05-26.

关学科的理论建设而言，都表现出十分重要的研究价值与启发性意义。特别是在当前国家大力提倡发展文创产业的时代背景下，在创新需求众多但发展门径匮乏的情况下，对潍坊银行的艺术金融综合服务产业链展开深入、详尽的研究，无疑会让多方关注者有所受益。

潍坊银行从 2008 年着手研究，2009 年开始发放第一笔艺术品质押融资贷款，到目前为止已经发放了 50 多亿元，没有发现实质性的坏账。潍坊银行的实践可以说是银行参与艺术品市场非常成功的案例。很多银行开始向潍坊银行学习，也开展了相关的业务。之所以这个业务没有大范围开展，主要是因为我们的监管政策和监管理念的制约。我国对于银行、金融业的监管是非常具体、非常严格的。银行业想要做一点创新，难度非常大。所以，潍坊银行的创新是带来了巨大的冲击力的。[①]

二、中心服务集成模式

该模式从顶层设计入手，整合文交所、文化小贷公司、文创基金、文化银行、保险、担保、信托等金融机构，构成了一条文化产业金融服务链，针对文化企业不同的发展阶段提供差别化的融资和交易服务。通过积聚效应，实现不同需求的文化企业和门类繁多的金融机构之间的有效对接，降低融资成本，促进资本的转化。

南京文化金融服务中心在中小文化企业与商业银行、担保、保险、基金等金融机构之间搭建了一个"信息和增信服务机构"，通过与市文化类产业协会的紧密合作，为全市文化企业重点提供信息服务、融资服务、征信服务和协作服务。见专栏 6-2。自 2013 年 11 月正式上线以来，截至 2016 年 10 月，已有 1858 家文创企业加入数据库。

专栏 6-2　南京市文化金融服务中心

南京文化金融服务中心是全国首家综合性文化金融服务中心，由南京市委宣传部、南京市文化广电新闻出版局、南京市金融发展办公室、南京市财

[①] 西沐.在文化繁荣发展中探索文化金融发展规律［EB/OL］.（2017-12-21）［2019-05-20］. http：//www.ce.cn/culture/gd/201712/21/t20171221_27365554.shtml.

政局、南京市科学技术委员会等部门依托市文化投资控股集团组建，2013年11月正式运营。中心本着"政府主导、整合资源、打通路径、多方共赢"的原则，在政策支持引导下，让文化企业和各类金融机构通过平台对接。截至2014年8月底，已入库优质企业1200余家，并与全市11个区、8个市级文化园区、11个行业协会等形成一张覆盖全市的文化金融服务网。

这一模式最突出的就是依托南京市文化集团建立的南京市文化金融服务中心，它是专门为全市中小文化企业提供全方位金融支持的服务平台，它整合了文交所、文化小贷公司、文创基金、文化银行、保险、担保、信托等金融机构，构成一条全手段的文化产业金融服务链，并将根据企业发展规模、阶段提供差异化的金融服务。

南京文化金融服务中心的服务内容主要包括以下几个方面。

（1）金融服务。符合要求的文化企业填写申请表成为全市文创企业资源库会员，即自动成为中心企业数据库会员。如企业有融资需求，可以填报融资申请表，经各区文化改革发展领导小组办公室初审，通过中心向文化银行、文化小贷公司申请融资支持，向基金公司、风投机构进行推荐。符合文化银行扶持条件的中小文化企业，可以享受优惠利率贷款等政策。

（2）信息服务。建立完善的信息系统，汇集国家、省、市最新的文化产业政策、金融信息及文化产业园区招商引资信息，利用先进的互联网和数据库技术建立行业信息库、企业数据库、项目招商库和专家人才库，及时反映政府政策和行业动态、做好各种应用端设计，为全市文化企业提供及时准确的各类信息。

（3）培训服务。依托文化科技企业家沙龙等平台，定期组织全市文化产业相关行业的企业家培训交流，组织外出参加国内外各类文化展会。向库内企业提供政策、法规的咨询及培训等。定期提交行业分析报告，为政府有关部门决策提供依据。同时，该中心还充分发挥省市文化产权交易所的现有功能。江苏省文化产权交易所2016年10月前已完成版权、物权、股权及投融资交易额度4.1亿元。

三、生态链建构模式

这一模式最突出的就是根据文化金融产业发展的需求，建构了文交所平台、文化金融服务中心、艺术品交易中心、美术馆、P2P 平台及小贷等金融公司，基本搭建起了以要素市场为主线，以不同文化金融服务产品与手段为体系的服务文化金融产业链条的金融服务集群。在此基础上，面对"互联网+"与"文化+"的发展需要，通过互联网文化金融的模式与思路，以互联网文化金融为抓手，以建构综合服务平台+互联网机制为突破口，构建基于文化金融产业综合服务平台的文化金融产业生态链的架构。

陕西文化产业投资控股（集团）有限公司（以下简称"陕文投集团"）成立于 2009 年，注册资本 22 亿元，紧紧围绕"文化强省"战略，高举文化旗帜，把握创新驱动、产业协同、体制机制创新，形成了合理优化的产业布局，见专栏 6-3。①

专栏 6-3 "陕文投"生态链建构模式

陕西文化产业投资控股（集团）有限公司是陕西省政府直属的国有大型文化企业，是陕西省实施"文化强省"战略的重要市场平台。通过对陕西省文化资源的梳理，目前集团形成了文化金融、文化旅游、影视娱乐、艺术投资、现代传媒、文化科技六大产业板块，下属二级子公司 24 家，总资产 150 亿元。集团涵盖了文化产业的绝大部分领域，产业跨度比较大，细分业态也非常丰富，其中一半以上公司中有各类社会资本的参与。

陕文投集团的文化金融生态链从难度最大的文化资产标准化入手，通过依托陕文投集团在艺术品、影视投资等行业积累的投资经验和风险识别定价能力，利用现代科技手段推动艺术品、版权等这些原来主要依靠人为主观评判的文化资产进行科学评估，让没有文化产业投资经验的人和机构也能看懂其中的风险和机会，为金融机构和社会资本参与文化金融奠定了基础。在此基础上，通过与金融机构的合作以及建立文化金融机构，搭建整个文化金融生态的服务体系，包括文化小贷、文化担保、文化资产管理、文化产业基金、互联网金融、文化融资租赁、文化商业

---

① 王勇.建构文化金融发展的"陕文投模式"[J].艺术品鉴证·中国艺术金融，2017（8）.

> 保理、文化产权交易所、版权交易中心、书画艺术品交易中心等十多家文化金融类机构,形成了全国最大、最完整的文化金融服务体系。
>
> 陕西的文化金融发展模式,就是在政府产业政策的引导下,充分发挥国有文化投资企业的市场能动性,构建起一个联通文化产业资源、政策资源与金融资本的对接平台。

"十二五"以来,陕文投集团抓住文化金融中心建设的机遇期,在文化金融创新领域表现活跃,在推动文化与金融深度融合发展的实践中不仅努力开发传统金融手段与文化产业结合的新路径,还深入研究文化金融产品与服务创新,开阔集团文化产业与金融融合的创新思路,为集团文化金融产业链的构建奠定了基础,实现了企业转型发展的阶段性突破,建立起全国领先的文化金融生态体系。通过9年的发展,已经形成了包括文化金融、文化旅游、影视投资等在内的六大板块,总资产规模达150亿元的企业集团。近几年来,陕文投集团进一步着重打造"筑巢引凤"的资本平台,文化金融市场被激活,形成了良好的协作机制,带动了文化金融的整体快速发展。如陕文投集团在2015年打造了P2P文化融资平台,使其文化金融发展呈现出阶梯式金融平台的升级过程,并且在不断完善和提升文化金融产业链布局的进程中加强艺术资源的金融内化。此外,陕文投集团在文化金融布局的大生态系统中积极实现与社会资本的对接,在此基础上进一步深化出艺术金融的生态链构建。这一艺术金融生态链的构建过程正是验证了一个健康的生态链应该是多环节、多层次的,并且是"有机"的,整个系统内部生态环境较好,各个子系统之间沟通协作、良性互动,并且按照规则和谐高效运作的生态性系统要求。[①]

1. "陕文投"艺术金融生态链特点

(1) 布局全面,打造"普惠"艺术金融的践行平台。以陕文投集团为代表的陕西文化艺术金融发展迅速,创新活跃,开展的多层次、多领域、差别化的文化艺术金融合作与实践在全国产生了较大的影响力。陕文投集团在艺术资源资产化、金融化环节不断优化、艺术金融机构不断集聚、艺术金融人才不断汇集、流通渠道多元开拓等各方面要素环节全面布局,构建起了以系统性为特征的艺术金融生

---

① 王勇.建构文化金融发展的"陕文投模式"[J].艺术品鉴证·中国艺术金融,2017(8).

态链。在这个链条中，多品种、多种类并存，既有金融市场及系统，也包括艺术资源转化过程中的各个环节和协作体系。可以说，艺术金融生态链的建立将进一步促进文化金融创新要素在陕西的集聚，打造出文化与金融资本、社会资本相互融合的机制性平台，突出艺术金融的大众化参与理念，推动艺术金融的全局性发展趋向。

（2）推动社会资本参与艺术金融发展的优势力量。陕文投集团作为陕西省政府直属的国有大型文化企业，产业范围覆盖文化金融、文化旅游、文化科技、广告传媒等6个领域，拥有23家全资和控股公司，已成为产业门类丰富、全国知名的国有文化企业。陕文投集团的壮大过程中伴随着社会资本的强力参与，如陕文投集团担保公司积极开展业务合作，使资金来源从单一的银行扩展到了以银行为主体，小额贷款公司、社会资本、公司自有资本为附属的资金供给体系，这不仅丰富了企业资金来源，而且提高了企业的融资总量和融资效率。尤其是P2P的出现，更是提供了多样融资选择，使"互联网+"与金融业不断融合带动投资渠道和模式的不断创新。与此同时，陕文投集团利用文化创意的能力孵化文化项目，吸引民间资本共同投资，提升社会资本应用力度。当然，要进一步促进社会资本投资文化艺术金融领域，一是要有更大的专业化体系来消除壁垒，为社会资本进入营造良好的环境；二是鼓励投融资信息服务机构和平台的发展，最终实现按照新的模式和市场的需求促进文化艺术金融发展，促进社会资本更好地进入艺术金融领域。

（3）用系统论的方法培育艺术金融生态系统。按照生态学的观点，金融生态应该以培育良好的社会信用关系为基石，遵循金融自然发展规律，在自由、竞争、和谐的市场环境中得到逐步、均衡的发展。由此思路进而分析艺术金融的深化发展，同样应是以风险控制为前提，以系统生态方法管理和调节艺术金融的发展及运行，以增强艺术金融生态主体的自我调节功能为目标，并且积极探索寻求更加具有可持续性的良好机制来保证艺术金融各环节的协调运作，评估和认定参与主体的信用基础，积极推动金融信用征信系统作为艺术金融业务监管的参照和有益补充。

2."陕文投"艺术金融生态链启示

（1）打造艺术金融生态系统的策略选择——深耕细作是关键。艺术金融生态链是文化金融生态链的一个缩影，在国家大力发展文化产业的积极倡导下，各个地方皆推动文化金融、艺术金融业务发展，但是能够深耕细作沉下心来的不多，并且在深耕细作基础上能够紧随产业升级变革步伐,做到行业引领的不多。因此,借鉴陕文投集团推动文化艺术金融发展的"系统论""生态链"思维,构造稳健的艺术金融生态发展系统成为价值探索所在。与此同时,在促进金融经济良性互动的理论引导下确立科学的艺术金融发展观。科学的金融发展观以金融生态为本,是全面、协调、可持续的金融发展观,它以金融与经济的和谐发展和良性互动为根本目标和落脚点。因此,以艺术金融全面、协调、可持续的生态发展观来具体思考,一要树立艺术金融生态资源的"稀缺"观念,不仅要保护好艺术金融资源,还要将金融资源支持用在艺术金融发展最需要的地方。二要树立艺术金融生态均衡发展观念,即不仅要关注艺术金融生态内部体系的稳健发展,还要密切关注和支持外部结构的均衡稳健发展,使艺术金融生态各子系统在一个协调的平台上和谐共存、长效发展。①

(2)深度理解艺术+金融发展的内在性逻辑。艺术品的价值挖掘、价值发现,需要深度理解艺术+金融发展的内在性逻辑,在此基础上灵活合规地使用金融工具,优化艺术金融产品结构,才能为大众提供更好的艺术金融服务。因此,必须充分考虑到艺术资源在设计和开发过程中所存在的局部与整体之间的特性与差异性,既要深入挖掘艺术资源的文化内涵,强化艺术资源的资产化、金融化设计思路,又需要从艺术资源特性的实际出发寻找探索最适合艺术资源金融化的开发模式。而且,伴随着艺术市场消费基础的引导和扩大,还需要具备进一步将艺术资源资产化、金融化发展的衍生设计能力,以实现艺术资源金融化的最大价值发挥和艺术金融生态链中核心环节的有机协调。②

(3)艺术金融风险管理是最大抓手。做好艺术金融,必须要做好风险保障机制。陕文投集团作为国家大型文化企业具有责任担当意识,在文化艺术金融的开拓与发展进程中切实做好了风险管理机制的设计与保障工作,由专家团队高效执行,相关部门严格监管,保障了艺术金融业务的顺利执行,并且在业内取得了令人瞩目的成绩。金融深化的链条越长,金融价值越高,金融产品越丰富,金融市场越发达,融通资金的能力也会越强。一个好的金融生态链系统应当是在一套适

---

① 林永军.金融生态建设:一个基于系统论的分析[J].金融研究,2005(8).
② 宗娅琮.文化资源资产化、金融化发展路径的核心要素[J].学习与探索,2016(6).

宜的并能够不断完善的制度规范下有效协调运转的动态系统，这对于艺术金融生态链同样具有适用意义。

2016年，陕文投集团作为全国仅有的两家省级文投集团被列入财政部首次债券扶持计划，获得中央文化发展专项资金支持，这无疑是对陕文投集团企业规模、产业布局、发展模式、品牌影响、融资方式等综合实力的充分肯定。从国有文化企业到合格市场主体，从深耕文化产业到架接文化金融，从建立优化合理的产业布局到加强板块衔接，形成完善的产业链条，陕文投集团是在市场规律中找到了一条支持陕西省文化产业发展的正确道路。①

四、垂直整合行业链条模式

这一模式最突出的就是利用事业部制垂直整合行业链条，针对具体的文化产业业态进行文化金融服务。例如，为珠宝行业上游原材料供应商、核心加工企业以及经销商提供的满足其采购、销售等环节需求的交易结算、融资、投资理财、财务顾问等"一揽子"综合金融服务。这一模式的优势是针对不同文化产业业态，专业化地提供贯彻物流、资金流、信息流的综合金融服务，服务涵盖采购、生产、销售等各交易环节，从而帮助提高了这一行业的交易效率，降低交易成本，把握市场先机，实现价值增长。无论服务对象是属于产业链（或供应链上核心生产商）、交易平台、上游供应商还是下游经销商及终端客户，专业化的服务都能提供个性化、专业化、网络化的文化金融服务。

2013年1月中旬，民生银行成都分行的白酒金融中心获得总行批准成立，这预示着民生银行属下又有一家分行锁定了区域特色的开发目标。作为国内最大的白酒产销省份和最大原酒生产基地，四川白酒产业实力雄厚，2008年以来年均增长达30%以上，属于该省在全国范围内很有比较优势的产业。白酒已被民生银行锁定为特色产业，并确立了以高端白酒产业链全流程开发为核心的总体思路。②

在成都分行与白酒产业建立对应之前，民生系统内已有多家分行在存量客户

---

① 宗娅琮.陕文投艺术金融生态链研究［EB/OL］.（2017-06-08）［2018-10-11］.http: //lajuzi.com/show/1943.html.

② 王晓易.民生银行200亿入川"喝酒"［N］.中国经营报，2013-01-09.

整合、市场调研的基础上瞄准了自己的区域特色，而无论是珠宝、茶叶还是海洋渔业，虽都有同业涉足甚至占据先发优势，但鲜有银行能够达到民生银行的力度，做到"供、产、销"全链条式通吃。被瞄准的白酒产业亦不例外。不过，因上游核心酒厂较为强势，该行小微业务很难对其取得营销突破，民生银行成都分行选择了自下而上的开发路径。具体来说，就是该分行通过联合白酒经销商大量发行酒卡，并通过对终端消费者的锁定来提高与上游核心酒厂的议价能力，进而实现白酒全产业链的全面介入，见专栏6-4。

> **专栏6-4　民生银行青睐产业链金融**
>
> 民生银行于2013年在成都分行再设白酒金融中心，该分行在酒卡发行、信贷投入、产业基金、酒产业链撮合交易等方面的金融投入总量将达200亿元，并希望在三至五年内形成具有相当市场占有率的全国性白酒金融品牌。
>
> 具体来说，就是该分行通过联合白酒经销商大量发行酒卡，并通过对终端消费者的锁定来提高与上游核心酒厂的议价能力，进而实现白酒全产业链的全面介入。在具体的操作上，基于白酒产业链既有的生态分布，该分行将成品白酒企业分门别类，围绕融资、渠道建设和金融增值，为每一层级的企业分别配置了差异化但有针对性的产品组合，欲"多条线并进，至逐步打通全产业链"。
>
> 按照民生银行制定的新五年发展纲要，分行的职能将有所转换，实现传统零售银行和产业链金融的两翼突破是其努力的方向。不管是白酒，还是此前的石材、珠宝和乳业等，能够获得该行青睐的产业都有相似的特征——链条足够长，并聚集着大量的小微企业。

在具体的操作上，基于白酒产业链既有的生态分布，该分行将成品白酒企业分门别类，围绕融资、渠道建设和金融增值，为每一层级的企业分别配置了差异化但有针对性的产品组合，欲"多条线并进，至逐步打通全产业链"。

而从民生银行成都分行与四川白酒龙头企业的业务关系来看，2012年该分行先后为泸州老窖发行短期融资券15亿元、信托理财5亿元，发行产业基金4.5亿元，此外还有营销五粮液产业基金托管业务10亿元，营销郎酒发行非公开定向融资工具16亿元，带动存款增长逾30亿元。可见，面对难以直接切入的强势企业，"商行+投行"的综合金融服务模式在被普遍运用。

但任何行业都有风险。除原料成本、市场竞争及广告投入占利润比重较大可能产生的资金风险之外，在"三公消费"限令、塑化剂风波的负面因素下，白酒行业备受考验。民生银行看好白酒产业的发展前景，短期的金融方案可能会据市场变化有所调整，如在客户筛选和风险把控上有所加强，但长期的推进策略不会变向。①

五、资源集成模式

这一模式最突出的就是充分发挥平台的公信力及增信功能，尽可能地整合各方面的社会资源，并以此为基础，根据专业市场的特质，建构不同细分市场的交易中心，将平台优势与中心的营销优势结合起来，并通过业务集中，实现交易规模的拓展与交易风险的控制。资源集成型的典型模式介绍见专栏6-5。②

> **专栏6-5 南方文交所资源集成模式**
>
> 从2011年挂牌成立运营，南方文化产权交易所（以下简称"南方文交所"）交易额实现了从10亿元到3000亿元的剧增，从年交易额10亿元到日交易额10亿元的增量。短短5年时间里，南方文交所率行业先锋，运用"文化+金融"的商业模式，通过文化商品线上交易电子盘实现了金融创新；运用大数据、物联网、云计算等科技将文化金融与互联网紧密融合，以科技创新确保交易双方的资金安全。文化产权交易所的诞生有效地利用市场机制来配置文化艺术资源，营造了良好的政策环境和严格的市场规律，在规范中发展。南方文交所还与北方文化产权交易所强强合作，开创了股权合作的先河，成为推动全国文化产业发展要求的中坚力量。

---

① 王晓易.民生银行200亿入川"喝酒"[N].中国经营报，2013-01-09.
② 王晓易.南方文交所炼成记：从0到3000亿只用了五年时间[EB/OL].（2016-07-30）[2018-11-11].http：//news.163.com/16/0730/19/BT8C1ABM00014AEE.html.

南方文交所是经广东省委、省政府批准成立的一个综合性的文化产权交易机构，是广东省建设文化强省十大示范项目之一。除政府的支持外，南方文交所当初由南方报业传媒集团、南方联合产权交易中心、广东新金基投资公司、南方广播影视传媒集团、广东省出版集团、广东中凯文化传媒公司联合投资创立，具有强有力的经济实力支撑。另外，南方文交所立足珠三角、毗邻港澳台，这些地区经济水平相对较高，人群对文化消费有比较大的需求，而且，这些地区经济活跃，互通有无，对外走出去相对能更好地借力。据了解，南方文交所为走出去做了大量工作，目前与南方文交所打交道的消费人群中岭南占1/3、华东占1/3、其他地区（包括北京）占1/3，充分地布局了活跃的东部市场。

南方文交所秉承着创新发展的经营理念，以"互联网+文化+金融"为依托，首创出权威鉴定、仓储交收、登记交易、资金清算的"四分离"制度，创造了"公平、公开、公正"的交易环境，是以创新理念促产业升级的一重大举措，也是广东文化产业求创新、谋发展进程中的一大喜事。[①]

打造"四分离制度"护航交易。"首创出权威鉴定、仓储交收、登记交易、资金清算的'四分离制度'，创造一个公平、公正、公开的交易环境，是以创新理念促产业升级的一大举措"。例如，南方文交所钱币邮票交易中心在钱邮线上交易的过程中，将资金交易、藏品鉴定、仓储交收、登记结算业务这四个环节都交由具有极高权威性的第三方机构，其中，仓储方面交由北京中工美国际货物运输代理有限责任公司作为合作方，国家级金库保障藏品的安全，并承诺全额赔付，让投资者的利益得到强有力的保障。[②] 南方文交所首创的"四分离制度"是一个规范市场交易环境的良好机制，各个环节形成一个相互制约、相互监督的交易环境，让交易行为透明地开展，得到业内的认可。"四分离制度"成为艺术市场的一股清流，让市场交易者放心地参与进来。截至2017年7月，南方文交所的会员已达到70多万人，2018年有望突破100万人。

以上这些模式虽然不是很完善，但是它们的一些实践也代表了我国文化金融及其产业化发展的一些趋势。

---

① 王晓易.南方文交所炼成记:从0到3000亿只用了五年时间［EB/OL］.（2016-07-30）［2018-09-30］. http: //news.163.com/16/0730/19/BT8C1ABM00014AEE.html.

② 宋莉.中国首届互金时代玉石投资论坛在京开启［J］.中国科技财富，2017（2）.

第三节 文化金融合作区：文化金融融合创新探索

一、文化金融合作区内涵与发展模式研究

1. 文化金融合作区内涵

文化金融合作区是指服务于文化及相关产业的金融服务和资本运行的平台与网络，包括以园区为代表的实体平台建设和以网络为代表的虚拟平台建设。实体平台突出了文化企业的集聚发展与金融资源的优化配置，有利于加强文化金融产品创新、完善金融配套服务体系、推动区域文化特色的建设。虚拟平台突出了信息网络与金融服务的融合，有助于加快信息传递与市场推广、整合文化项目与服务资源、吸引相关产业合作与投资。实体与虚拟平台的并驾齐驱，是未来文化金融合作的发展方向。

文化金融合作区的主要功能表现在两个方面。一方面，合作区通过项目招标、购买服务、市场合作等方式集聚优秀的文化企业和人才，通过提供专业的中介服务，加强文化产品和服务的市场运营和推广，促进文化项目合作与产权交易，鼓励文化企业技术研发与创新，为文化企业和项目融资打好扎实的基础。另一方面，合作区通过政策与市场相结合的方式推动投资机构与文化产品和服务对接，鼓励金融和非金融机构开展金融创新与合作，优化金融服务功能与体系，开展产权、信用、担保、信托等融资方式，建立完善的文化金融服务网络与平台。[1]

2. 文化金融合作区的双线发展模式

文化金融合作区双线发展，即实体平台与虚拟网络的并行发展战略。实体平台主要是文化与金融硬件资源的集聚与配置，是文化金融合作试验区建设的基础。

---

[1] 朱佳俊.文化金融合作区的发展模式与运营机制研究［J］.江苏商论，2017（7）.

虚拟平台主要是信息服务软件资源的融合与构建，是合作区突破时间和地域限制的桥梁。"实体园区 + 虚拟网络"体现出当前我国文化产业发展的特征，是快速实现文化金融合作的途径和手段。文化金融合作区的双线发展有利于整合文化项目与服务资源、加强文化金融产品创新、完善金融配套服务体系、推动区域文化特色建设。

（1）以产业园区为核心的发展模式。文化产业园区是具有鲜明文化形象和区域文化特色的集创作、生产、交易、娱乐为一体的多功能园区。文化资源、人才、服务、政策的集聚，促进了园区的规模与品牌效应，成为区域经济增长的重要引擎。见专栏6-6。

专栏6-6　羊台山文化产业园

"羊台山文化产业园"规划是以文化融合科技为宗旨，以建设立足深圳、面向港澳、覆盖亚太地区的"专利运营中心"和践行"文化＋金融"模式的"文化金融服务中心"为核心项目。"文化金融服务中心"是深圳文化产权交易所设立在园区的服务机构。依托深圳文化产权交易所国家级、全国性、全资国有的平台资源和背景，专注解决入驻园区的文化产业企业资本轻、规模小，文化资产确权难的问题，重点围绕企业与知识产权之间的关系，展开金融和非金融服务。

2018年8月，北京市首个文化金融服务中心在北京朝阳莱锦文化创意产业园正式投入使用，首批20家金融服务机构已集中入驻中心，为文创企业提供文创普惠贷、蜂鸟贷、创业快贷、银担通、税易贷等30余种特色金融服务产品，为文创企业提供便捷、优惠、一站式的金融服务。该中心已吸引北京银行等9家银行、北京中小企业再担保公司等5家担保机构，以及北京信用管理有限公司等信用服务、深圳证券交易所北京中心、朝阳文化创意产业发展基金等20家金融机构入驻，为文化企业提供政策咨询、信息交流、项目对接、投融资合作等专业服务，同时配套展览展示、项目路演、高端沙龙、项目洽谈等公共服务功能，为文化企业提供便捷的一站式服务。

在发展过程中，莱锦产业园深度聚焦文创产业，进行穿透式金融产品整合，打通金融服务链条,既为文创企业进行金融赋能,也为各金融企业提供优质孵化客户,拓展金融服务文创行业的产业链和资本链条。另外,依托文化金融服务中心的线下实体,莱锦产业园将借力全国首个老旧厂房协同发展联盟等跨界平台的力量,凭借自身品牌优势,链接更多有需求的兄弟园区和企业,将中心的优质金融服务产品向园区外有融资需求的文创企业输出,打造高端文化园区的金融服务商,服务京津冀协同发展,发挥文创产业示范园区的示范引领作用。在国家文化创意实验区的带动下,2017年,北京朝阳区规模以上文化企业实现收入3754.4亿元,同比增长19.7%。2018年1—6月,朝阳区规模以上文化企业实现收入1716.6亿元,继续保持平稳增长态势。截至2018年7月底,朝阳区登记注册的文化企业达到8.9万家,包括万达电影、蓝色光标、掌阅科技、宣亚国际等194家上市文化企业(含新三板),汇聚了蜜莱坞、优客工场、微票儿、天下秀等一批"独角兽"企业,成为首都文化产业创新发展的核心承载区,引领全国文化产业创新发展。这些实体园区的发展为虚拟文化金融合作的发展打好了基础。①

(2)以服务平台为核心的发展模式。平台化的发展思路有助于推动文化产业供给侧结构性改革,解决文化供需错位问题;有助于发挥网络效应,提高资源配置效率;有助于增强社会信任等价值规范,积累社会资本,推动社会经济良性发展。要以平台化发展模式来推动文化产业转型升级,一是要创新平台治理理念,实现效率与公平兼顾;二是要全方位促进空间、市场、资金、人才、技术等资源共享,提高资源配置效率;三是要创新平台发展思路,不断探索商业模式的创新,推动文化产业转型升级。

2006年,经国务院批准,由文化部、新闻出版广电总局和北京市人民政府共同主办了北京国际文化创意产业博览会。世界知识产权组织、国际奥委会等20多个国际组织、500多个政府代表团以及15000多家国内外文化创意企业和机构参加展览,合作协议及交易总金额超过7000亿元人民币。文博会成为继广交会、上交会后又一个世界性的产业服务平台,在汇聚文化产业资源、促进文化科技融合、引领文化消费时尚、提高文化创新水平等方面发挥了重要的平台作用。国内有文化产业项目平台、文化产业信息服务平台、文化产权交易平台、创投服务平台等专业平台与网络,存在着资源分散、功能单一、政策重叠等问题,在一定程度上

---

① 王彩娜. "文化+金融"服务再升级[N]. 中国经济时报,2018-08-29.

制约了服务网络的运营成效。因此,以服务平台为核心的发展模式的主要任务是整合和改造现有的产业服务平台,构建政策统一、标准规范、功能健全的服务体系,发挥平台的品牌与资源优势、集成互联网银行、中介服务、数据服务等,逐步构建实体与虚拟相结合、硬件与软件相结合的综合服务网络,促进文化与金融的融合和创新。

平台化发展是文化产业的发展新趋势。"十三五"时期,文化产业发展呈现出了平台化发展、融合发展、特色发展和共享发展的新特点和新趋势。互联网平台的发展最为迅猛,也最具活力。就文化产业领域而言,大致有以阅文集团为代表的网络文学平台,以合一集团为代表的网络视频平台,以虎牙、斗鱼为代表的网络直播平台,以今日头条、一条资讯为代表的内容分发平台和以猪八戒网、洛客为代表的创意设计平台等。互联网平台经济作为一种新型经济形态,就行业市场态势而言,呈现两大特征,一是行业内部呈整合趋势,呈现综合化发展特征。以腾讯为例,业务已纷纷向视频、直播、网络文学、体育、游戏、社交等领域布局,通过投资运作和产业整合,丰富平台的综合化服务功能,打造流量和用户变现的商业模式。二是平台之间竞合关系多样,资本市场活跃。以 BAT(阿里巴巴、百度和腾讯)为代表的几大互联网平台,互相之间既存在激烈的竞争关系争夺市场份额,也相互合作,互惠互助。平台之间不断演化的竞合关系带来了资本市场的活跃,提升了文化产业发展的活力。[①]

二、文化金融合作区的运营机制研究

1. 协作机制

协作机制是文化金融合作发展的基石,是探索文化金融合作发展的长效机制。协作机制包括中央与地方政府的纵向协作,也包括财政、税收、金融、资产等部门的横向协作,既包括文化、制造、证券等行业协作,也包括服务、产品、市场等企业协作等。协作机制更多的是从关系上、流程上、手续上进行沟通与协调,减少文化金融服务环节与成本,克服区域及政策障碍与壁垒,为文化企业融资提

[①] 崔艳天. 重视平台化发展模式 推动文化产业转型升级 [J]. 行政管理改革,2018(1).

供一个良好、高效的政策与制度环境。

2. 对接机制

对接机制是文化金融合作发展的核心，对促进文化产品和服务的开发与创新发挥着重要的作用。对接机制包括两方面的内容，第一，政策、市场与文化企业和项目对接，主要由政府机构向文化企业提供各项资源。第二，机构、财团与文化企业和项目对接，主要由金融和非金融机构、企业及财团为优秀文化企业和项目提供资金融通、财务支持、技术合作、项目运营等服务。2017年以来，上海打出"组合拳"，频频撬动文化市场。文化产业基金的市场化运作，可以吸引和带动更多的社会资金投资于文化企业，扩宽文化企业的融资渠道，增加融资机会，更有利于文化企业的科技创新，推动文化企业的可持续发展，见专栏6-7。[1]

专栏6-7　上海：众源母基金

在上海市委宣传部的指导下，由国有传媒集团主导、市场化运作的文化产业母基金众源母基金正式宣布设立。首期管理规模30亿元的众源母基金，总规模高达100亿元，发起方主要包括上海市委宣传部旗下的投资平台、上海报业集团、上海浦发银行等，主要投向依托互联网和移动互联网发展的新媒体产业、网络文化产业以及与文化相结合的科技、媒体和通信领域产业。

2017年6月，由上海市委宣传部、上海双创投资中心、上海浦发银行通过各自旗下投资平台出资的"上海双创文化产业投资母基金"正式设立。投资方包括聚焦于艺术、新闻出版、移动多媒体、动漫游戏、网络视听、数字出版等国家文化产业重点发展领域的天使投资基金、创业投资基金、产业投资基金等，并对文化创意产业重点领域的部分项目进行直接股权投资。这也是全国首只由文化行业主管部门引导、市场化运作、金融机构平层参与的母基金。

---

[1] 韩晓余．"国家队"带头撬动文化产业投资 百亿规模"众源母基金"[EB/OL]．(2017-11-05)[2018-09-25].http：//www.cnr.cn/shanghai/tt/20171105/t20171105_524013176.shtml.

3. 中介服务机制

中介服务是文化金融合作的系统化、科学化发展的重要举措。文化金融合作的中介服务机制包括两个方面内容，第一，为文化企业提供融资担保、资产评估、财务审计、法律咨询、项目运营、产权代理等一系列系统的服务功能，满足文化产品与服务研发、生产、交易的全产业链发展需要。第二，具有规范和高效的中介服务管理功能，明确的中介服务名称与依据、服务内容与范围、收费依据与标准、准入条件与要求等，完善的中介服务机构惩戒、淘汰机制，以及信用体系和考核评价机制，以提升文化金融服务质量与效率。[①]

南京市文化金融服务中心的建立就是很好的典范。2014年3月，文化部、中国人民银行、财政部联合印发《关于深入推进文化金融合作的意见》，提出"建立完善文化金融中介服务体系"。与这一注重顶层设计的政策相符，早在2013年11月，南京成立了全国首家综合性文化金融服务中心，见专栏6-8。

专栏6-8　南京：文化金融服务中心

南京市文化金融服务中心整合了文交所、文化小贷公司、文创基金、产业发展基金、文化银行、保险、担保、信托等金融机构，构成了一条全方位的文化产业金融服务链。特别是针对南京文化企业发展的不同阶段，为其提供差别化融资和交易服务；通过文化金融服务中心的积聚效应，在文化与资本之间架起一座桥梁，让有不同需求的文化企业与门类繁多的金融机构有效对接。

南京文化金融服务中心运行一年间，共向文化银行及文化小贷公司推送企业融资需求420批次，累计发放贷款13.5亿元，其中小微文化企业占比超过70%。截至2014年三季度末，南京地区文化产业贷款余额227.68亿元，同比增长45.89%。服务中心还积极支持鼓励文化企业通过多层次资本市场融资。2014年3月，南京报业传媒集团成功发行3.5亿元中期票据；2014年5月，南京本土企业途牛旅游网在美国纳斯达克上市、芒冠科技在国内新三板上市。

[①] 朱佳俊.文化金融合作区的发展模式与运营机制研究[J].江苏商论，2017（6）.

4. 保障机制

保障机制是文化金融合作区高效运行的重要标志之一。第一，具有健全的文化企业信用评价和融资担保体系、完善的项目准入与竞争机制、系统的风险准备和补偿措施，以加强资金管理与项目运营，将企业项目融资风险降到最低。第二，具有完善的产权流动与交易、保护与授权、合作与协同机制，良好的市场环境与氛围，成熟的市场运营与管理体系，以实现资源集聚与优势互补，降低文化产品和产权运营的风险和代价。文化产品的开发是文化金融合作的核心，协作、对接、中介服务及保障机制既独立发挥作用又相互联系，满足了文化企业融资和发展的需求，构成了文化金融合作区的基本运营体系。①

三、文化金融合作区案例研究

文化金融合作试验区的目的应是通过财税、人才、资金等相关试验和先行政策，探索推出文化金融服务产品，以推动文化融资的担保、小额信贷、文化银行、融资租赁、投资基金、文化信托等业态的集聚发展，促进文化信息、人才流动和文化产权的交易，优化资源配置。文化部、中国人民银行择机选择部分文化产业发展成熟、金融服务基础较好的地区创建文化金融合作试验区，探索建立地方政府、文化、金融等多部门沟通协作机制。同时，通过创新地方政府资金投入方式，引导和促进金融机构创新金融产品和服务模式，搭建文化金融服务平台，完善文化金融发展政策环境，集中优质资源先行先试，探索文化金融模式创新，以此作为政府部门推动文化金融工作的载体，并依托试验区作为文化金融政策的"试验田"和"样本库"。北京、上海、江苏、广州等地于2014年开始推进文化金融试验区的建设。

1. 北京文化合作区

2017年，国家文化与金融合作示范区在北京东城区正式启动。2019年3月，北京市畅融工程东城区文化与金融资源对接会在北京华润大厦成功举办，80余家文化企业和银行、担保、创投等20余家金融机构参会。会议总结出，东城区2018年举办文化与金融资源对接主题活动一场、专题活动三场，近30家金融机构和近

---

① 朱佳俊. 文化金融合作区的发展模式与运营机制研究 [J]. 江苏商论，2017（6）.

百家文化企业实现对接，累计实现融资6亿元。活动通过提前征集配比投融资需求，设置精准服务环节，显著提高对接效率，优化政府服务水平，取得业内良好反响。北京东城区文化金融合作见专栏6-9。①

> **专栏6-9　北京东城区文化金融合作区**
>
> 　　2017年12月5日，国家文化与金融合作示范区在北京东城区正式启动。为破解文创企业投融资难题，北京市首创并启动了"投贷奖"联动体系，鼓励和支持股权投资机构为文创企业提供股权融资服务、金融机构为文创企业提供低利率的贷款，并对"投贷奖"体系内成功获得股权融资、债权融资的文创企业进行多项奖励支持。
> 　　东城区将积极引入和培育文化金融业态，打造一批优秀的文化金融专营机构，形成一系列可复制、可推广的文化金融产品、机制体制与服务模式。作为首都的核心区，东城区拥有356处不可移动文物、18.5片历史文化街区、81个文化院团及34个剧场设施。区域文创产业的增加值占GDP的比重达到14%，是东城区的优势产业。金融产业增加值占比高达24%，是东城区的支柱产业。2016年以来，东城区在文化部等单位的指导下，构建文化企业信用评级、文化信贷风险补偿、文化创业投资扶持引导、文化资产定价流转服务体系，设立每年1亿元的文创产业发展专项资金以及首期10亿元的示范区产业引导基金，并以前门地区为核心辐射东二环等地区，打造文化+金融产业功能区。

为加快首都"四个中心"功能建设，进一步激发市场活力，以改革创新精神推动首都经济高质量发展，推动创新融合，让文化金融跑出"加速度"。中共北京东城区委、东城区人民政府和清华大学五道口金融学院共同主办的"2018中国文化金融峰会"于2018年12月7日在北京召开。会议内容表示，东城区目前制定出台了多项产业政策，包括《东城区支持金融业发展办法》《东城区关于鼓励企业

---

① 张嘉玉.东城区创建国家文化与金融合作示范区［EB/OL］.（2017-12-15）［2018-03-24］.http：//www.sohu.com/a/210618298_498976.

上市挂牌融资的若干措施》等，拓宽了金融资本与文化资源的对接渠道，全力优化营商环境，为企业发展提供优质精准的"服务包"，助推企业做大做强，形成多赢、共赢的良好局面。主要措施包括以下几点。

（1）推动创新融合，让文化金融跑出"加速度"。北京东城区文化资源丰富，历史底蕴深厚，十几年来坚持实施"文化强区"战略，文化产业一直保持较高增速。2018年1—7月，全区限额以上文化企业收入合计777.82亿元，占全市比重的13.7%。文化艺术、文化旅游、新闻出版、艺术品交易等行业在全市保持领先水平。在文化金融创新方面，东城区积极尝试版权质押贷款、中小文化企业集合信托、文化投资基金、艺术品信托等创新手段，引导和促进各类资源参与文化金融创新，探索金融资源与文化资源合作发展的长效机制，形成了文化金融合作发展的示范高地。

在积极创建国家文化与金融合作示范区过程中，东城区取得了显著成果。包括推动北京文化金融服务中心、"文创板"、文化企业上市培育基地等重点项目落地，推进恒丰银行、南京银行北京分行、长保信用、恒信东方、永航科技、猫眼文化等重点企业落户；与故宫博物院签署全面战略合作协议，共建"故宫艺术馆"等项目。此外，东城区还推进了文化专营机构建设，2017年10月，北京银行成立文化金融事业总部，揭牌东城区首家文创专营支行——雍和文创专营支行。随着华夏银行北京分行文化产业管理部、杭州银行北京文化金融事业部、北京农商银行文化金融服务中心等机构的成立和发展，东城区与文化专营金融机构的合作也日益深入和紧密。

（2）营造良好营商环境，文化金融政策释放积极信号。为推进文化产业的健康、快速发展，北京东城区研究制定专门的政策措施促进文化与金融的结合，在"2018中国文化金融峰会"上也彰显了东城区加快建设国家文化与金融合作示范区，着力打造文化创新融合的高精尖经济结构的决心。具体措施包括以下几点。

第一，引金融活水，助产业提升。在《东城区支持金融业发展的若干意见》中提出了加快培育发展东城区金融业，鼓励外资金融发展等激励方向。意见强化了对金融机构成立初期的培育扶持，并鼓励金融机构入驻东城区发展。对新设、新迁入东城区的法人金融机构，根据其综合贡献给予一次性开办费用补助，并对购买办公用房的给予一次性补贴。意见体现了东城区文化金融的发展特色，支持文化金融发展，对新设、新迁入东城区的法人文化金融专营机构，在开班费用补助基础上再额外增加15%的一次性补助；对东城区银行、保险公司、信托公司等金融机构，按照每年向区内文化企业提供融资服务的业务规模，2亿元（含）以上的给予业务规模1%的奖励，单个金融机构年度奖励金额最高不超过500万元。

第二，借助资本市场，规范发展做大做强。在《东城区关于鼓励企业上市挂牌融资的若干措施》中提出了支持企业借助资本市场壮大自身，包含了诸多有力度的奖励政策条文，如申请国内主板、中小板及创业板首次公开发行股票上市（IPO）的企业，在获得中国证监会出具的申请受理通知书后，企业可申请200万元奖励。在获得中国证监会出具的核准首次公开发行股票的批复后，企业可另申请300万元奖励。企业在新三板成功挂牌的，自挂牌后3年内累计融资达到6000万元的，给予一次性200万元的奖励。政策也根据文化企业实际情况给予了重点关注，对文化产业类企业成功挂牌的，自挂牌后3年内累计融资达到3000万元的，给予100万元的奖励，累计融资达到6000万元的补齐差额。此外，区有关部门拟将上市企业、上市公司、优质挂牌企业列为重点服务对象，简化办事流程，提高办事效率；开辟"绿色通道"，提供"一站式"服务，积极帮助协调化解企业改制、挂牌、上市过程中和经营过程中遇到的问题，推进企业快速发展，进一步优化区域营商环境。

（3）构建"高精尖"经济结构，文化东城培育增长新动力。改革开放以来，北京市大力培育和发展文化市场主体，加大骨干文化企业的培育力度，鼓励和引导社会资本进入文化产业，文化产业逐渐成为首都经济发展重要引擎。近年来，北京东城区着力守正创新，深化文化领域供给侧结构性改革，文化产业活力持续释放，文化创新氛围日益浓郁，文化供给质量不断提升。

2018年以来，东城区紧紧围绕"疏解整治促提升"工作主线，持续打造"高精尖"经济结构，文化创意产业发展态势良好，产业规模在全市16区中位列第三。2018年上半年，东城区文化创意产业实现增加值159.7亿元，同比增长9.1%，占全区经济总量的比重达到14.4%；增速高于全区经济增速2.8个百分点，对全区经济增长的贡献率达到16.6%。文化艺术、文化旅游、新闻出版、艺术品交易等行业在全市保持领先水平。

东城区内金融业发展态势良好，银行、券商、信托等机构种类齐全，资源丰富。2018年上半年，东城区金融业实现增加值265.8亿元，占地区生产总值比重为23.9%。金融业已经成为带动东城区经济增长、财政增收、经济结构优化提升的第一大产业，丰厚的金融业基础为文化创意产业进一步发展提供了强有力支撑。北京东城区创建国家文化与金融合作示范区工作不断深入，后续还将大力引进文化金融龙头企业和重大项目，打造更多优秀的文化金融专营机构和中介机构，形成更多可复制、可推广的文化金融产品、机制体制和服务模式。此外，在进一步完善政策的同时，搭建文化企业和项目库大数据服务平台，构建文化企业信用评级体系等。

未来，北京东城区提出，将紧紧围绕全国政治中心、文化中心和国际交往中心核心承载区的功能定位，以履行好"四个服务"职责为出发点，以实现高质量发展为目标，以打响"文化东城"品牌为统领，大力发展高品质的文化产业和高端服务业，着力抓好空间布局、主体培育、资源配置、营商环境等重点工作，打造形成与历史文化名城保护、展示国家首都形象相适应的高精尖经济发展格局，为建设成为国际一流的和谐宜居之区提供强力支撑。

2. 上海文化金融合作区

2014年11月25日，上海市文化金融合作区成立。2017年6月举办了上海市文化金融座谈会，会议要求要进一步增强责任感、使命感，按照当好排头兵、先行者的要求，加强文化金融合作，充分运用金融杠杆，大力促进文化产业规模化、集约化、专业化发展，更好助推上海创新驱动发展、经济转型升级。要坚持把握规律、稳中求进，坚持把社会效益放在第一位，努力实现社会效益和经济效益相统一，积极推动文化金融合作向纵深发展，不断提升上海文化创意产业的竞争力。要持续改进创新，增强合作实效，拓宽融资渠道，以版权资产为基础创新信贷、质押、担保、债券、保险等服务方式，不断提升金融服务的针对性，形成社会资本敢进入、愿投入文化产业的良好环境。要畅通对接渠道，加强上海文化产业投融资服务平台建设，建好网上文化产业信息服务平台，提高文化金融服务专业化水平。要强化协作协同，形成工作合力，共同推动上海文化金融合作取得更大成效，为建设上海国际文化大都市做出新的更大贡献。并且上海市委宣传部、闵行区政府、浦发银行、上海双创共同发起设立总规模50亿元的"上海双创文化产业投资母基金"，上海滨江普惠小额贷款有限公司正式揭牌运营。上海文化金融合作区的发展历程见专栏6-10。①

---

① 陈长凤.上海文化金融合作座谈会在上海展览中心召开［N］.新民晚报，2014-11-14.

专栏6-10　上海文化金融合作区

2014年11月25日，上海市文化金融合作座谈会在上海展览中心召开，会上正式发布了《上海市关于深入推进文化与金融合作的实施意见》（以下简称《实施意见》），从完善文化金融合作机制、拓展文化金融合作渠道和优化文化金融合作环境三方面着手，提出了16项具体举措。

2014年11月，上海文化产业创业投资引导基金成立，与上海精文投资有限公司与上海国际集团创业投资有限公司、上海无穹创业投资管理有限公司、上海华晟股权投资管理有限公司3家创投公司签订投资协议；上海精文投资有限公司与北京申安联合有限公司、上海美感文化传媒有限公司共同发起成立上海首家针对文化企业的文化产业小额贷款公司；中国建设银行、交通银行、中国工商银行等银行机构与上海文化广播影视集团、上海报业集团、上海电影集团等文化企业强强联合，建立起长期战略合作伙伴关系；上海银行与上海文化基金会开展全面合作；静安区政府与上海文化产权交易所签署合作协议，一系列创新举措开启上海文化金融合作共赢新局面。

文化金融合作已成为上海文化产业发展的重要助力，推动上海文化金融合作发展，要正确把握市场规律，始终坚持改革创新，统筹协调整体推进，全力抓好政策落实，继续深化、细化《实施意见》，努力开创上海文化金融合作新局面。上海进一步加大力度、加快速度，使文化金融合作出上海经验、有全国影响。

《上海市关于深入推进文化与金融合作的实施意见》要从金融服务、财政扶持、产融对接、组织实施与配套保障四个纬度进行重点解读。首先，通过文化金融服务体制机制和产品创新，努力提升文化金融专业服务水平。其次，加大财政对文化金融合作的扶持力度，充分发挥引导带动作用。再次，优化合作环境，推动产业资源与金融资源融合创新。最后，建立联席会议制度、加强研究和专才培养，为文化金融合作提供有力保障。具体做法如下。[①]

[①] 陈长凤.解读：上海"十六条"推进文化金融合作[N].新民晚报，2014-11-25.

（1）完善合作机制。2014年11月，上海建立上海市金融服务办公室、上海市发展和改革委员会、上海财政局、中国人民银行上海分行、中国银行监督管理委员会上海监管局、中国证券监督管理委员会上海监管局、中国保险监督管理委员会上海监管局等部门参与的文化金融合作联席会议制度，通过联席会议制度，及时掌握全市文化金融合作动态，强化部门沟通协作，协调解决在产业政策、信息共享、企业上市、重大项目融资等方面的重大问题。与此同时，探索在徐汇、虹口等区（县）创建文化金融合作试验区，在试验区内试行包括资金、财税、土地、人才等在内的文化金融合作政策，推动文化融资担保、文化融资租赁、文化小额贷款、文化投资基金、文化信托、文化保险等集聚发展，并在金融合作试验区的实践基础上，鼓励有条件的区（县）建立文化金融集聚区。例如，徐汇区将专门斥资3亿元设立徐汇区文化类创投引导基金，目前已经集聚了一批国内外知名的文化投资机构、文化金融专营机构和文化特色金融机构，总体量和规模超过60亿元；徐汇支持区内文化企业通过多层次、多元化的资本市场直接融资或并购重组，在58家纳入该区拟上市企业库的企业中，文化类企业有33家，占比57%；与银行合作设立六大产业12类"文金汇"特色信贷产品；推动小贷公司在上海股交中心发行文化专项私募债；分别安排"两个1000万元"风险资金，用于金融机构创新文化金融产品的风险补偿和风险代偿。2014年，徐汇区内政策性融资平台累计已为4000多户次中小企业提供贷款（担保）超过130亿元，为"文化金融"融合发展提供了可复制、可推广的经验。

（2）拓宽融资渠道。针对文化类企业贷款融资难的问题，上海将设立文化创投风险引导基金，每年从市文化发展专项资金中安排1亿元，连续安排3年。每年将筛选5个符合条件的创投基金，对每个创投基金投入2000万元，由此撬动更多社会资本参与文化小微企业的早期风险投资。

中小型乃至微型文化企业提供金融的"绿色通道"也在上海启动。截至2014年10月末，浦发银行文化类企业的授信余额超过100亿元，其中文化类小微企业的贷款余额达20亿元，范围涵盖了文化产业的所有相关领域，其中影视动漫、网络游戏、广告传媒、文化艺术等纯文化领域的贷款比例接近50%。由此可知，服务文化类小微企业的模式已得到市场验证，其为以知识产权质押、未来应收账款质押、投贷联动、小额信用贷款等为切入点的文化类融资业务探索积累了宝贵的经验。

在推动适合文化企业特点的信贷和保险产品方面，上海市政府鼓励金融机构适度扩大融资租赁贷款、应收账款质押融资、产业链融资、股权质押贷款等信贷产品规模，支持履约保证保险、信用保险、出口信用保险等保险产品发展，支持开展艺术品、会展、演艺、影视、动漫游戏等文化产业保险。对于成功在境内上市、挂牌、发债的本市中小文化企业，将给予一定资金奖励，加大对文化企业贷款贴息的支持力度。对符合条件的融资担保机构，其担保项目代偿实际损失的补偿比例视情况提高至40%~60%。该举措使沪上各家金融机构对于文化金融的前景充满了信心，浦东发展银行、上海银行、交通银行上海分行等纷纷表示，将为上海文化创意产业的发展提供有力的资金保障。

（3）优化合作环境。上海文化产业投融资服务平台的建立支持了文化金融融合的新产业、新业态，为有条件的文化企业探索互联网金融创新提供了条件，如文化领域众筹模式等。例如，2012年东方惠金担保公司和东方惠金创投公司共同设立"上海文化产业投融资服务平台（一期）"项目，借此整合了宣传文化系统的文化企业信息资源，同时广泛对接上海文化创意和金融行业的各类相关机构和资源，共享文化金融产品、文化企业贷款、资信等方面的信息。自贸区金融政策优势赋予上海文化金融合作得天独厚的环境优势，鼓励和支持文化企业用好自贸区金融政策。例如，支持符合条件的文化企业进行跨境人民币境外借款、鼓励境外完片担保公司在自贸区内设立担保机构、鼓励在自贸区内设立文化装备融资租赁公司等。2018年10月，为加速推进上海文化金融深度合作，上海报业集团与国泰君安证券签署战略合作协议。国泰君安证券、上海报业集团建立全面战略合作关系后，国泰君安证券将在资本市场业务领域全面支持上海报业集团打造中国最具创新活力和影响力的文化传媒产业集团；上海报业集团将充分发挥主流媒体平台优势，助力国泰君安证券建设成为行业领先的具有国际竞争力的综合金融服务商。

3. 江苏文化金融合作区

2016年8月15日，江苏省文化厅与江苏银行股份有限公司举行了文化金融战略合作协议签约仪式，双方将在推动艺术事业发展、促进文化产业发展、培育发展艺术品市场、打造"精彩江苏"文化品牌等方面加强合作。

根据协议，双方将合作加大金融支持文化建设力度，通过政府担保，江苏银行开设文化企事业单位小额贷款，重点扶持文化小微企业，推动文化事业、产业发展；建立双方共用的产业资料数据库，共享文化产业投融资项目库，推进文化企业大数据信用融资,加大对省级文化产业示范园区、文化产业示范基地、重点动漫企业,以及文化产业集聚区和重点文化项目建设的支持力度,争取省级文化产业示范园区成为国家试点;江苏银行将与江苏省艺术品行业协会、江苏省艺术品鉴定评估中心、江苏省艺术品拍卖机构和江苏省艺术品经营企业、文博单位等结成战略合作伙伴,共同推动艺术品金融业务开展;围绕打造"精彩江苏"文化品牌,坚持"走出去"与"引进来"两手抓,精心组织"精彩江苏"文化交流活动,将中国故事传出去,创新融资支持手段,支持文化贸易走出去。江苏省文化金融合作试验区的成功开展以及效果明显,见专栏6-11。[①]

专栏6-11　江苏文化金融合作区

2006年起,江苏省全面推进文化产业的规划与建设,无论是规模还是效益,在全国文化产业发展中都名列前茅。为了进一步推进文化产业的发展,江苏省开始探索文化金融合作区的建设。

2015年7月,江苏省文化金融合作推进会在淮安召开,研究部署深入推进文化金融合作的工作任务,提出文化金融合作试验区的发展思路,探索金融资本与文化资源的对接机制,建立文化产业投融资体系、文化金融中介服务体系以及文化金融政策体系,拓宽文化企业特别是中小微文化企业融资渠道和手段,激发文化创造和金融创新活力,推动文化产业持续健康发展。

2016年3月,江苏省国民经济和社会发展"十三五"规划纲要强调了文化产业发展在国民经济中的重要地位,提出了提升文化产业竞争力、繁荣文化创作生产、深化文化领域改革开放的目标。2016年江苏省政府工作报告进一步强调了文化产业的发展目标和路径,通过完善公共文化服务体系,加强文化人才培养,加快新型智库和专业化高端智库建设,深化文化体制改革,培育壮大骨干文化企业和文化品牌,鼓励数字文化、网络文化等新型文化业态发展,不断增强江苏文化国际影响力。到2015

---

① 朱佳俊,朱甜.江苏省文化金融合作试验区发展研究[J].合作经济与科技,2017(6).

> 年年末，江苏省文化产业增加值超过3000亿元，占地方GDP的4.52%，占全国文化产业增加值的12.26%，年平均增长率达到23.68%。经过十多年的发展，江苏已经形成了以新闻传媒、休闲娱乐、文化艺术为主的传统文化产业和以网络文化、工业设计、动漫游戏为主的新兴文化产业的并驾齐驱，在2016年中国省市文化产业发展指数中，江苏省排名第三。

（1）江苏省文化金融合作试验区具体措施。政策先行、配套完善。为了配合试验区的建设，江苏省政府出台了相应的配套与优惠政策。2016年11月，中国人民银行南京分行、中共江苏省委宣传部、江苏省文化厅等九部门联合颁布了《江苏省文化金融合作试验区创建实施办法（试行）》，提出了文化金融合作试验区的创建标准、认定程序和政策方针，以实现产业、金融、财政政策协同配合，推动文化产业可持续发展。同年，中共江苏省委宣传部等部门联合发布了《江苏省文化金融服务中心认定管理办法》，旨在加快为区域内文化企业提供信息、融资、征信、评估及各类金融配套服务，并拥有专职人员、专门场地、专业管理的文化金融服务平台的建设和发展。此外，江苏省人民政府金融工作办公室、中共江苏省委宣传部、江苏省文化厅联合颁布了《江苏省文化金融特色机构认定管理办法》，进一步明确了文化特色支行、文化特色保险支公司和文化特色新型金融组织所需具备的条件，以完善文化金融服务的条件与功能。政策的出台和完善为文化金融合作试验区的发展提供了体制上的支持与保障。

基础扎实、设施齐全。经过数十年的发展，江苏省文化产业在产值和规模上都得到了快速发展，构建了比较成熟的文化产业链和文化市场，在影视动漫、出版发行、软件服务、动漫游戏、工业设计等方面形成了区域特色与品牌。截至2015年，江苏省建成或在建的文化（创意）产业园区和示范基地超过200家，拥有1个国家级文化产业试验园区、3个国家文化科技融合示范基地、4个国家级动漫产业基地、16个国家级文化产业示范基地、3个国家级文化与科技融合示范基地、14个省级文化产业示范园区、44个省级文化产业示范基地。近年来，文化产业园区与平台的建设，拓宽了文化产业发展空间，优化了文化资源配置，吸引了优秀的文化企业和文化专业人才入驻园区，为文化金融合作试验区的建设打好了扎实的基础。

服务创新、功能多样。为了加快推进文化金融合作，江苏省大力开展金融服务创新,改革现有的金融体制,完善金融服务功能。到2016年,江苏省已逐步构建了多层次的政银企合作机制,建立了文化支行、文化小贷公司、文化担保公司等专业服务机构,创建了"文创贷""影视通"等特色金融服务产品,不仅设立了文化产业发展基金,还推出债权、股权、信托等融资工具,解决了文化企业资金短缺的问题,促进了文化资本市场的繁荣。

(2)文化金融合作试验区保障措施。

第一,发展文化信用体系,引导文化金融合作。信用制度是文化金融合作的基础,不仅有利于行业诚信体系的完善,而且有助于提升金融服务的成效。在此方面的主要做法是:首先,推进文化金融市场信用制度改革,建设行业信用信息服务平台与网络,实现部门之间、行业之间、区域之间信息交互共享,建设全过程、全领域的文化市场信用管理体系和评价机制,构建履约践诺、诚实守信的发展环境;其次,加快行业协会管理和运营模式建设,健全文化产权保护与维权机制,建立市场警示和黑名单制度,完善文化市场准入和退出机制,出台和规范行业标准、从业人员行为准则,提升行业管理和行业服务的功能与效果;最后,落实文化金融信用服务体系建设,培育文化金融服务机构,构建基于信用体系的审计、评估、担保、认证、经纪、咨询等文化金融中介服务链,降低文化金融服务成本与风险,扩大文化与金融合作的领域与空间。

第二,开发文化市场需求,拓宽金融服务功能。文化金融发展的基础在于文化市场的繁荣,因此文化市场需求成为推动文化企业可持续发展的动力源。首先,江苏省有着庞大的文化消费市场,2015年江苏省人均年文化消费额超过人均年收入的20%,且增长的幅度较快,市场需求的高涨促进了文化企业的发展。因此,政府应从文化产业的供给端发力,促进文化产品和服务创新、提高文化产品和服务的供给水平和效率、扶持文化企业建设文化消费载体、丰富文化消费业态、改善文化消费环境、激发文化消费活力;其次,优化了文化金融合作环境,完善资本服务功能,结合文化企业特点和资产特性,建设了政策性和市场性相结合的金融服务与运营体系,支持文化金融合作的模式、方法与产品创新,延伸服务渠道与网络;最后,根据区域文化分布和特色,建设基于文化产业的旅游、观光、竞技、展览、洽谈等活动,扩大文化产业园区的知名度和美誉度,既有利于文化产品和服务直接面向消费群体,同时也有利于金融资本寻找有利的投资与开发商机。只有通过市场需求和金融服务共同发力,才能实现文化金融的"双赢"效果。

第三，构建文化金融平台，优化产业资源配置。服务平台与网络是文化金融合作区建设的核心，不仅完善了文化金融服务链，而且提升了金融服务的质量。依靠政府细化相关的政策规定，减免税费、财政补贴、奖励等政策，推进与文化企业与相关高校开展产学研合作，不仅有利于完善文化科技创新体系，促进文化产品与服务研发，而且有助于高校建立全方位、多层次的人才培养机制，为当地文化产业的发展提供创新型、复合型、科技型的文化人才。[①]

4. 广州文化金融合作区

2019年4月17日，由中共广州市委宣传部、广州市文化广电旅游局、广州市地方金融监督管理局及越秀区政府指导，广州市文化金融服务中心主办，广东森岛集团有限公司、广州万木草堂文化发展有限公司、广州东方文德知识产权服务有限公司共同承办的文化与金融合作试验区揭牌仪式在广州东方文德广场成功举办。这是全国首批、广东首家挂牌的文化与金融合作试验园。广州创建国家文化与金融合作示范区见专栏6-12。

专栏6-12　广州文化与金融合作示范区

2019年5月，广州市重点文化和旅游投融资项目推介会（下称"推介会"）在越秀区召开。推介会上，广州市正式启动创建国家文化与金融合作示范区，广州市文化金融发展促进会和广州市文化与金融合作园区等项目的揭牌仪式同步举行。包括珠江钢琴创梦园、北京路高第街商业项目、长洲岛农业公园、广州翼·空港文旅小镇和广州融创文旅城在内的五大项目在会上进行了推介路演。

广州市文化金融服务中心是由广州市人民政府批准设立的广州唯一一家综合性文化金融服务机构。中心围绕广州创建国家文化与金融合作示范区，以打造"全国文化金融服务中心"标杆为目标，搭建起广州"一会一库一体系，多园多金多联盟"的文化金融格局。推介会上，广州

[①] 朱佳俊，朱甜. 江苏省文化金融合作试验区发展研究[J]. 合作经济与科技，2017（6）.

市正式启动创建国家文化与金融合作示范区。此外，会上举办了广州市文化金融发展促进会、广州市文化与金融合作园区和广州市文化产业细分行业综合服务中心的揭牌仪式。

被誉为"全球最大的钢琴制造商"的珠江钢琴集团顺应广州市文化产业发展方向，提出建设珠江钢琴创梦园项目。据了解，该项目总投资额 3.2 亿元，建成后分为功能迥异的七大板块。相关负责人介绍，该项目将引进当下流行的新型文化产业，建设以音乐和影视为核心的文化产业创新孵化园。形成从音乐以及钢琴入手，打造辐射粤港澳大湾区、涵盖完整音乐产业链和影视产业链的制作基地。广州翼·空港文旅小镇和广州融创文旅城项目也将为广州现有文化产业带来蓬勃新生。广州翼·空港文旅小镇项目将改变白云机场附近凤和村的未开发现状，构建"i+翼体系"的空港经济新生态，打造国内空港文旅复合体；而规划于花都区建设的广州融创文旅城将提供大量商业服务，打造包含华南首家室内水乐园在内的三大乐园业态。未来，即便不出广东，也能在其项目内的雪世界体验冰天雪地。

此外，推介会上介绍的北京路高第街项目、长洲岛农业公园等项目也将成为广州城市文化的新名片，打造出可复制的文化园区建设运营新模式。未来，两地将建设集商业、文创、旅游、历史教育为一体的城市综合体。做到既保护好原有的历史文化遗产，同时也促进广州文化商业的繁荣。

2019 年 4 月 17 日，全国首家文化与金融合作试验园在广州挂牌。由中共广州市委宣传部、广州市文化广电旅游局、广州市地方金融监督管理局指导，广州市文化金融服务中心主办的"东方文德·文化与金融合作试验园揭牌仪式暨专场文旅项目路演活动"举办。

该试验园是基于广州市创建国家文化与金融合作示范区的契机，由广州市文化金融服务中心与东方文德广场合作共建的。试验园将围绕"一个平台，两大板块，三大创新"，依托市文化金融服务中心，打造全国首个集金融、展示、鉴定、拍卖、交易为一体的园区。目前试验园已经吸引了近百家企业进驻，园区将积极探索金融资本与文化资源对接新机制及"文化 + 金融 + 园区"的合作新模式。从全国来看，绝大多数文化企业处于初创期和成长期，从广州看，90%以上的都是中小文化企业。文化与金融的加速融合将进一步推动广州文化产业做强做大。

同时，广州文化旅游金融路演在万木草堂举行，吸引了多家投融资企业参加。广州文化金融中心每周定期举行常态化路演活动，不仅让金融机构和文化企业"相遇"，促进投融资信息对接，也让一些文化企业在这一平台上找到"文化伙伴儿"。以路演文化企业为核心，涉及多领域的业务对接正借助广州文化金融路演中心落地生根、开花结果。

广州市文化产业发展态势良好，产业规模继续扩大。资料显示，2012—2016年，广州文化及相关产业增加值年均增速超过13%，2017年实现文化及相关产业增加值约1161亿元，占GDP比重5.4%。文化产业的快速发展，背后离不开金融行业的大力支持。由广州市政府批准设立，广东广州日报传媒股份有限公司、广东省绿色金融投资控股集团有限公司等共同发起的广州市文化金融服务中心有限公司于2017年11月正式成立。广州市文化金融服务中心积极参与搭建各类文化金融合作平台，截至2018年10月，入库企业已经超800家，并开展常态化文化金融路演活动。

第七章 "文化创意+"金融产业支撑体系与运营机制建设

所谓文化金融产业的支撑体系，简单地讲，其核心就是支撑体系保证下的平台化运营。其中，支撑体系是基础，平台化运营是核心。文化金融产业建设的关键在于支撑体系。只有建立起完整的支撑体系，文化金融产业才能改变现有各自独立的产业运营状态，将产业各方的力量统一融合起来全力发展文化创意金融产业。

第一节　文化创意金融产业核心支撑要素

文化产业在我国已经进入了快速发展的阶段，在文化创意产业的发展过程中，必须要有完善的金融支撑体系作为支撑。金融支撑作为文化创意金融产业的核心支撑要素，从服务平台、交易市场以及信贷征信等方面为产业提供资金平台的支持。

一、"文化创意+"金融与投融资平台

文化与金融融合是促进文化创意产业良性发展的必要手段。金融是现代经济的核心，是百业之首，产业发展离不开金融支持，文化产业因其特殊性更加需要金融的支持。只有金融的深度介入，文化产业链条上的经营主体（主要是文化企业）才能生存和持续经营，才能转化成可持续发展的动力。[①]与所有市场主体一样，文化企业的经营运作离不开金融市场，对金融市场进行合理运用，企业的投融资活动才能顺利进行并得到保障，才能促进文化企业的提质增效，才能使我们的文化企业在新旧动能转换当中助推产业的发展。

文化资源的金融化资产化过程中，往往会产生巨大的社会财富效应。从过往经验得出，企业的上市可实现自身发展的资产化和金融化，房地产资源的资产化和金融化也使得人们的财富水平得到了极大的提升。时至今日，文化资源的资产化和金融化趋势也正是我们所面临的现状，文创产业也正面临着重要的财富成长

---

① 孙吉国.金融助力文化发展,构建多元化的融资服务平台［EB/OL］.（2018-10-10）［2018-08-19］.http：//www.sd.xinhuanet.com/sdws/xhft/sunjiguo/.

机遇期。① 目前，国内文化金融产业的集合程度普遍不是很高，文化企业的规模也一般偏小且个体性质明显；文化金融产业内部缺乏专业的资信评估机构，也阻碍了文化与金融领域之间的信息传递和沟通。因此，文化和金融主管部门应加快着手建立起全国范围内统一规范的文化交易市场，并为其构建起一套成熟的市场竞争机制，从而进一步完善和培育文化产业的风险评估及融资担保业务，为文化产业搭建起信息共享的平台。②

以银行机构为主导的债权融资体系向来是中小文化企业的主要融资渠道，然而，此前虽已有工商银行、交通银行、北京银行等对文创产品创新，但是整体银行体系的金融举措与文化企业的融资需求之间还存在着很大的差距，主要是因为传统商业银行以经营信贷风险为主，更看重表内业务、贷款企业的历史业绩，以及其未来的可控现金流等。所以，虽然已有北京银行的"投贷联动"模式③，但是文化金融范围存在的产品品种仍然较为单一，且很少考虑与股权投资、政府基金等方面的互动，同时也未能形成多元化、多层次的服务体系，而针对文化金融企业所开发的体系化、链条化、一站式的金融配套服务也尚未完善。但是，仍有银行做出了"一站式"服务的尝试，如中国工商银行台州分行于 2015 年做出了全市的首次尝试④，见专栏 7-1。

专栏 7-1 "文化+金融"成文化产业发展新动力

2015 年 3 月，中国工商银行台州分行被授牌为全市首家"文化产业银行"，标志着台州文化产业银行建设拉开序幕，文化产业企业多了一条融资渠道。通过设立专营机构和文化产业金融服务中心，集中全行优势资源，制定专项授信、担保、贷后及内控管理政策，实行"一站式"处

---

① 西沐.重视艺术品资产配置功能［N］.上海证券报，2012-09-01.
② 马红漫.文化金融正在投石问路［N］.华商报，2011-12-15.
③ 投贷联动：基于风险与收益之间关系而产生的一种金融创新，它打破债权式投资与股权式投资的壁垒，通过"债权+股权"的组合，旨在以企业高成长所带来的投资收益抵补银行贷款投放所产生的风险。
④ 陈亮亮."文化+金融"成文化产业发展新动力［EB/OL］.（2016-04-19）［2018-12-12］.http：//www.taizhou.com.cn/news/2016-04/19/content_2919334.htm.

理模式，并针对广大中小型文化创意类企业资产"看得见、摸不着、抵不住"等问题，创新推广商标权质押、专利权质押、股权质押等特色产品，满足文化企业多样化的金融需求。

例如，台州老粮坊文化创意产业园内约有70%属于文创类企业，此类创新性的融资需求大，批量化的金融服务方案能够在一定程度上支持园区内的文化产业企业发展。台州老粮坊文化创意产业园通过企业股权质押的方式，获得了来自台州工商银行400万元的授信额度。

台州工商银行的服务方向就是针对台州老粮坊文化创意产业园这样的文化产业集群及文化创意园区提供金融服务，除了继续对单一企业提供金融服务外，还将着重为集群文化产业小微企业制定批量化的金融服务方案。通过寻找同一集群内企业的共同点，制定集群统一的销售佐证方式及授信规则，设计个性化批量融资方案。将采用个人保证、企业保证、资金池担保、保险公司保证及知识产权质押等担保方式，满足小微文化企业的不同业务需求。

因此，在中国文化创意金融产业市场的发展过程中，必须坚持市场主体的平台化建设。一是出于市场交易制度与体系发展的需要，二是源自文化创意金融产业发展的自身要求。市场主体的平台化建设对于其交易制度与体系的发展和创新都具有十分重要的战略和现实意义，这不仅表现在它是实现从艺术品、艺术商品、艺术资产到文化金融产品的一条主线，更为关键的是，市场主体的平台化也将进一步推动和实现与金融体系之间的有效对接，专栏7-2反映了当前文化产业与金融共荣发展的特点。[①]

专栏7-2 文化创意产业投融资论坛

2018年10月16日，以"全国文化中心的金融之翼"为主题的第十届文化创意产业投融资论坛在北京召开。本次论坛结合当前国内外文化

---

① 刘园香.第十届文化创意产业投融资论坛在京召开［EB/OL］.（2018-10-16）［2018-04-24］.http://www.ce.cn/culture/gd/201810/16/t20181016_30538129.shtml.

产业发展现状，来自文化产业、教育产业、金融业的数百位人士齐聚一堂，共话文化产业与金融市场的共融与发展。

杭州银行北京分行作为北京首批试点的文化银行，发布了两款专门服务于首都地区文化产业的产品——"园区一站通""教育直通车"。杭州银行北京分行方面表示，未来，希望通过不断创新，能与更多的文化主体，包括园区、教育、传统文化、影视、动漫、音乐、游戏，以及消费升级时代的各类新物种建立起广泛的连接。

同时，《2018文化企业金融生态报告》在本届论坛上首次发布。报告显示，2017年资本市场主流融资渠道流入我国文化产业的资金总量为5248.52亿元，较2016年同比增长11.25%，依旧保持较高增速。2017年全国文化产业私募股权融资市场活跃，涉及行业达到52类；融资案例数量达991起，较2016年增长4.65%；但整体融资规模有所回落，仅为1101.14亿元，较去年同比减少4.47%，增速放缓。另外，2018年1—6月，北京文化企业共计流入资金276.88亿元，共计发生融资事件372起，占全国比重的17.16%。

面对越发活跃的文化投资市场，国内的市场交易平台化也是实现其资产化、金融化最为有效的发展路径。其中，以文化艺术品资产评估及资产化为核心的文化资本市场的发展也需要引起广泛的重视，逐步纳入各级政府的议事视野之中，并需要不断地引起文化学界、政府及市场方面的关注。同时，如何构建起能够既充分体现中华民族价值审美取向，又面向世界的审美文化体系，已经成为中国文化金融产业市场主体未来发展的热点之一。一般来说，在中国文化金融市场的发展过程中，平台化的建设至少需要具备以下四个条件，第一，要有公信力。公信力的产生主要依靠公开、公正、公平的原则。第二，要有相应的产业支撑体系。对于单独的文化产品市场交易来说，就是要有从确权、鉴定、评估到保险的市场支撑。第三，要与金融体系合理对接。这里特别是指要与银行、信贷、保险三大体系进行融合，并从根本上建立起一套系统的市场准入和退出机制。第四，要有专业的运营和管理团队，这些都是降低市场参与者风险的重要的制度保障。

二、"文化创意+"金融与产融结合

文化产业所涉及的门类众多,特别是产业的核心层,都无一例外地呈现出"轻资产、重创意"的产业特点,以及追求高投入、高风险、高回报的融资特质。作为偏好风险水平较低的商业金融机构来说,在缺少固定质押资产、版权权属不明确,且无担保机构承保的条件下,很难为文化类企业,特别是中小文化企业提供稳定的信贷融资服务。① 因此,想要突破文化创意产业与金融产业对接制度和观念阻碍,必须首先以文创产业的核心资产,即版权资产为价值载体,通过优质版权的推选、登记、权属核查价值评估、交易监管、资产处置等一系列服务措施,系统地组合信贷、抵押、担保、债券、保险等多种金融业务与产品,从而有效地规避可能存在的融资风险。2012年8月,中国银行全资附属公司中银国际参与发起并设立了中国文化产业投资基金,该投资基金是我国首只以"中国"冠名的大型产业投资基金,也是唯一的国家级文化产业投资基金。② 设立中国文化产业投资基金,是贯彻落实党中央、国务院加快文化产业振兴发展规划的必然要求;是适应社会主义市场经济和文化产业发展规律、切实转变财政投入方式的积极探索;是发挥财政资金示范和杠杆作用,带动社会资本投入文化产业领域,推动构建完善的文化产业投融资机制的重要手段;同时,对于培育国内经济新的增长点,促进产业结构整体优化升级,以及为文化产业直接融资和走向国际化创造了有利条件。

2012—2015年,除了国家级的产业投资基金,全国已在23个省区市设立了文化产业发展专项基金,各省市的文化厅、财政厅也在文化产业投、融资方面给予大力的支持,并且取得了一定的成绩。截至2015年4月末,共有128家文化企业通过银行间债券市场发行了524只债券,累计融资4703.4亿元。③ 研究机构数据显示,2016年文化产业基金新增241只,募集规模达38.4亿美元,同比增长

---

① 段桂鉴.加快文化金融服务创新[J].中国党政干部论坛,2011(10).
② 数据来源:中国文化产业投资基金官网,http://www.chinacf.com/Guanyuwomen/index.html.
③ 张晶雪.十八大以来文化金融发展综述:构建起多层次的投融资体系[EB/OL].(2017-10-11)[2017-12-31].http://www.chinanews.com/fortune/2017/10-11/8350159.shtml.

27%。2015 年，有 358 家文化企业挂牌新三板，而 2016 年仅 1—4 月，新三板文化企业挂牌数量就达到 255 家。数据显示，2012—2016 年，我国文化产业基金只数和募集规模呈现总体上涨趋势，文化产业投资基金总规模已破千亿元，如图 7-1 所示。

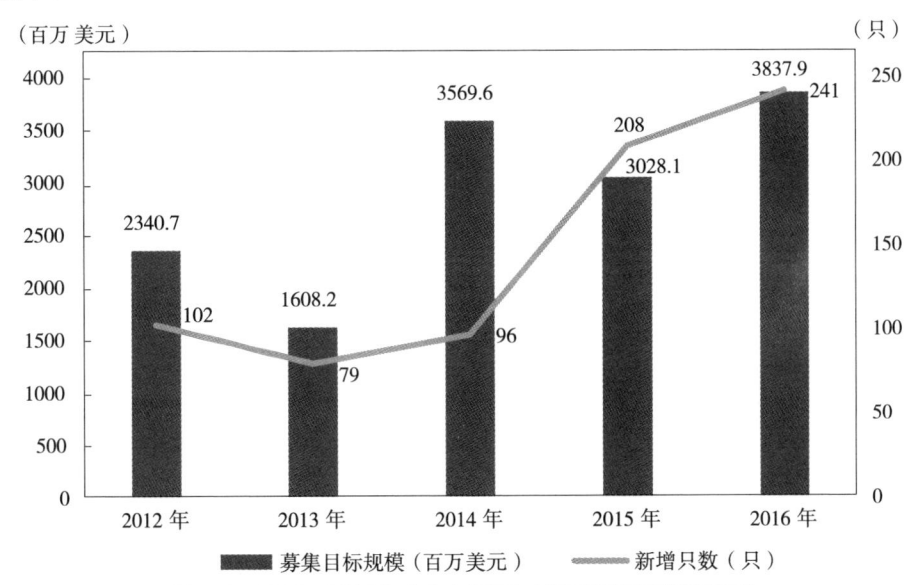

图 7-1 2012—2016 年文化产业基金支数及募集规模变化情况

数据来源：2017 年文化产业资本市场全景图，经济日报－中国经济网，2017-12-27。

2017 年之后，文化产业基金的发展又出现新的特点。随着国家对上市公司并购的监管要求越来越严格，以及金融服务实体经济的要求更加突出，2017 年上半年文创企业的高估值并购明显减少，文化产业风险投资和基金总量下降了 20% 以上，其中主要是防止高杠杆收购和高估值并购。同时，文化产业私募基金的设立和募资也明显放缓。[①]

与此同时，我国的民营文化企业也在不断地成长之中，如上海盛大网络发展有限公司、深圳华强文化科技集团等一批知名民营骨干文化企业也成为发展中国文化金融产业的主力军之一。对于这类进入市场成熟期，经营模式相对稳定，且经济效益较好的文化企业，要优先给予金融信贷支持。对于具有稳定物流和现金

---

① 成琪.政府牵头文化产业投资基金纷纷成立 四大问题突出［EB/OL］.（2017-10-13）［2018-10-19］.http：//www.sohu.com/a/197921570_160257.

流的文化主体，金融机构可发放一定的"应收账款质押"和"仓单质押"贷款。对于租赁展览、动漫游戏、出版物流、印刷复制、影视制作和电影放映等相关领域的文化企业，可适当为其发放融资所需的租赁贷款。对于这些具有优质专利权、著作权、商标权的文化机构，可通过权利质押贷款等方式，逐步扩大其收益权质押贷款的适用额度。因此，金融机构在积极开发适合文化产业特点的信贷产品的同时，加大市场有效信贷的投放；积极开展对上下游企业的供应链融资业务，支持文化企业开展并购融资，促进整体产业链的融合。

另外，在文化金融产业市场支撑体系的建设中，与金融产品关系密切的文化担保体系也十分重要，文化金融产业的发展也应建立起自身的无形资产评估体系，从而为金融机构处置无形文化资产提供实际的保障。一些行业内部领先的文化担保公司要求文化企业提供相当于其贷款额度一定比例的反担保物，监管企业的回款账户，甚至需要负责人承担无限连带责任，并与金融机构一同将文化企业未来的现金流牢牢控制住。例如，国华担保公司就与版权交易中心共同设计了主要针对影视制作公司的版权价值评估体系，通过对版权未来可能产生的现金流做出一定的估算，再基于此估值计算出"抵值率"，使之成为其担保业务的重要依据，依此向金融机构贷款。[1] 专栏7-3、专栏7-4反映了商业银行参与文化创意方面的建设。[2][3]

> **专栏7-3 工行大力推动文化创意金融发展**
>
> 近年来，工行将文化金融作为全行重要支持领域，构建了涵盖文化创意、文化传承、文化消费、文化产业升级等全方位的文化金融创新服务体系，积极推动文化繁荣发展，丰富百姓文化消费。
>
> 在支持文化创意方面，工行根据文创企业"轻资产"的特点，创新推出了影视通、版权质押贷款、贷款+基金直投等融资产品，积极解决

---

[1] 李佩森.文化金融领域喜忧参半[N].中国文化报，2013-07-13.

[2] 官志雄.工商银行推四大举措 助力文化金融发展[EB/OL].（2017-05-31）[2018-03-17].http://www.chinanews.com/fortune/2017/05-31/8238471.shtml.

[3] 简宁.差异发展谋特色 北京银行深化"文化金融"创新模式[EB/OL].（2017-07-21）[2019-06-12].http://www.chinatimes.net.cn/article/57028.html.

企业资产"看得见、摸不着、抵不住"的问题，近10年来为《琅琊榜》《木府风云》《唐山大地震》《战长沙》等60余部叫座又叫好的影视剧制作发行提供了资金支持。通过"直投+信贷"模式，协助一批知名动漫企业引入直投基金，并配套提供贷款，支持其加快推出精品国产动画片。同时，工行还大力支持各地特色精品文化实景创作，提供近百亿元贷款支持了《宋城千古情系列》《魅力湘西》《印象丽江》等知名演艺项目的建设。

专栏7-4 北京银行打造"创意贷"

北京银行从小微、文化结合的角度出发，在银行业首家提出文化金融的服务理念，创新推出"创意贷"特色品牌，成为国内最早涉足文创产业的金融机构之一。截至2017年6月末，北京银行文化金融贷款余额500余亿元，较年初增长超过100亿元，增幅超过20%。累计发放贷款超过1500亿元，支持近5000户文创企业实现长足发展。

为成长期企业提供"软件贷""智权贷""成长贷"、主动授信、应收账款质押、信托资产买断等产品；为成熟期企业提供包括并购贷款、中小企业集合票据、产业基金、现金管理、理财、债券、私人银行等一揽子综合化金融服务。

北京银行结合多年来在小微金融领域积累的经验，推出了投贷联动专属特色产品——"投贷通"，以自身实践积极推动文化金融服务，落实投贷联动政策号召。该产品方案涵盖认股权贷款、股权直投以及投资子公司三大模式，通过"投资+贷款"的方式，不仅能为种子期、初创期、成长期的小微企业提供有效的融资支持，更能以股权收益弥补信贷资金风险损失，从而实现银企"双赢"。

文化金融产业的健康发展，应不断鼓励文化企业建立起现代企业制度，完善公司内部的治理结构，按照创新体制、转换机制、面向市场、增强活力的四项原则，积极推动文化产业建立现代企业制度，引入现代化的公司治理机制和财务会计制度，规范审计流程，提高企业的信息披露程度，为金融产业支持文化产业发展奠定良好的制度基础。[①] 为此，相关金融机构应积极推动符合条件的文化类企业上市融资；支持进入成熟期且经营较为稳定的大型骨干企业在主板市场上市；不断鼓励已上市的文化类企业通过公开、定向增发等再融资手段进行并购、重组；探索和建立文化宣传部门与证券监管部门之间的信息合作机制，加强适应于创业板市场的文化金融类中、小企业进行的项目筛选储备工作，并支持符合条件的文化类企业通过发行企业债、公司债等方式进行融资。[②] 同时，中小文化企业可通过专业金融机构发行的债券和票据等方式进行融资。而对于一些符合国家政策规定的中小型文化企业，可适当地发行直接债务融资工具，鼓励金融中介机构降低费用额度，减轻文化类企业的融资负担等。

此外，还要积极发挥保险公司机构投资者的作用，在风险可控的条件下，保险公司应加大对于文化金融产业债权和股权项目的投资力度，一些符合条件的保险公司也应积极参与文化产业的投资基金项目，诸如"风投基金""私募基金"等风险偏好型金融产品也可适当介入新兴文化金融产业领域。最后，各保险公司也应在现有险种的基础上，探索开发侵权险，文化产业的完工险、损失险，影视类别的团体意外伤害险等适合文化企业自身发展需要的新型保险业务。[③] 进一步加强和完善有关文化出口企业的保险服务，对于符合《文化产品和服务出口指导目录》相关条件，特别是已列入《国家文化出口重点企业目录》和《国家文化出口重点项目目录》的企业和项目，保险公司应积极提供出口信用保险支持，促进文化金融产业未来更多地参与国际化竞争。[④]

三、"文化创意+"金融与征信体系

从金融机构的角度来说，投资文化企业的收益风险不确定性依然是目前确定是否投资的难点，而有限的金融贷款利率也难以覆盖较大的市场投资风险。例如，

---

① 孙悦.我国文化产业的外部融资方式［J］.中国审计，2013（22）.
② 林立人.政策解读 金融支持文化产业发展的"组合拳"［N］.广西日报，2010-05-04.
③ 陈若萱.金融"活水"助力文化产业发展［J］.潮商，2016（6）.
④ 涂永红.如何构建文化产业金融支持体系［J］.科技与企业，2011（16）.

广播影视行业的产业链条过长，平均100部制作中的影片真正能拿到院线播放的不足20%，这也是文化企业贷款还比较少的主要原因。

2016年，上海银行开设了文化产业专业支行，用专业的人员和工作机制来支持文化金融产业的发展。此外，还引入了第三方的专业文化评估和担保机构，建立起相关文化企业之间的互保体系，并与一些成熟的文化企业高管的个人信用担保进行链接，为文化企业融资增加信用额度。[①]

尽管上海银行在支持文创产业上做出了巨大的推动作用，但是文化金融产业在国内仍属于新兴的产业形态，由于并无先例可循，地方政府和金融机构在面对市场中存在的现实问题时还是缺乏足够的认识；而在地方所推出的针对文化金融产业的市场政策中，大多是宏观层面的简单延伸，缺乏具体可行性的实施举措；更为重要的是，无形资产的抵押和质押等问题并没有得到根本性的解决，相关第三方的服务体系也尚未形成，仅仅依靠地方政府的财政支持是很难形成切实高效的文创产业发展模式的。除此之外，可以看到，在地方已经或行将推出的文化金融产业支持举措中，获得关注和资助的项目往往还是规模较大的文化类企业，而那些真正需要资金的小微型企业仍然得不到应有的重视和扶持。在地方文化类企业以小、微型企业为主的情况下，帮助它们获得可持续发展的稳定资金也是文化金融产业的重中之重。由此可见，相关扶持政策的推出和实施并未真正解决文化金融产业的融资问题。

为此，必须鼓励金融机构认真研究文化产业自身的商业特征和盈利模式，转变固化、已有的经营管理方式，进一步强化信用风险评级工具的开发，加大文化知识产权、质押融资、收益权等信贷业务的创新程度，积极培育核心创意文化企业，带动上下游文化金融产业之间的供应链衔接。同时，也应建立起有效的信用担保体系，鼓励社会各界积极参与文化金融产业信用担保机制的建立，有效地降低市场信息的不对称程度，开拓多元化的担保业务，把政府的政策导向、财政投入与信用担保同市场化的运作结合起来，进一步完善二级交易市场中的各类无形资产，提高其自身的市场流动性，营造良好的文化金融产业生态环境体系。[②]除此之外，还应进一步完善文化金融产业的投融资服务平台，建立起包括信息披露、

[①] 杨浩鹏.发展文化金融，上海怎么做[N].中国文化报，2013-04-19.
[②] 涂永红.如何构建文化产业金融支持体系[J].科技与企业，2011(16).

登记托管、资金结算等在内的文化投融资服务体系，将文化创意、金融投资和相关中介服务机构在内的文化金融产业资源有效地聚集在一起，加快文化金融产业之间的联系，切实解决产业主体和资本市场之间由于信息与资源不对称所产生的问题。

同时，在与相关金融机构的对接中，如何合理地分析和研究文化金融产业的风险控制过程，从而有效地构建起文化金融产业的风险性传递体系，已经成为当下文化金融产业发展的重要突破口。特别是针对文化金融产业的风险控制要求，创新性地建立起文化艺术产品的"预收购"机制[①]和主体，以及文化艺术产品的担保机制和担保主体，就成为文化金融突围时期的当务之急。对此，研究者应充分地认识到文化金融产业作为金融业的一个特质化分类，必须直面其自身风险控制的内在规律和结构，并在此基础上进行机制和体制的创新。唯有如此，才能将研究与构建文化金融产业的流程链及风险控制体系落实到位，从而有效地推动中国文化金融产业的健康发展。[②] 同时，应适时建立起全面的文化金融贷款风险分担和相关的补偿机制，鼓励社会化的担保机构对文化产业提供融资担保，并通过再担保、联合担保以及担保与保险结合的方式尽量探索分散风险的可能性。此外，也应加快建立企业信用担保基金和区域性的再担保机构，以参股、委托运作或提供风险补偿等方式支持文化金融担保机构满足文化产业的融资需求。探索设立文化企业贷款风险补偿基金，合理分散承贷银行的信贷风险。

文化金融产业征信体系的建设，离不开建立起一套开放式的业务模式，中小企业信用担保等创新担保的方式，以及引进版权质押、账款押、股权质押等多种组合担保方式。[③] 所以，应根据支持的文化对象的不同特点，为文化企业制定个性化的金融产品；为文化企业设立专项的授信额度，并将其列为优先支持的项目；建立起文化产业的资深专家服务团队，为文化企业提供全方位、综合化的金融支撑方案；制定积极正向的激励措施，突出对文化企业贷款的奖励倾斜；借力与政

---

① 预收购机制：借款人违约时启动预收购模式，保障出借人资金安全；同时预收购机构或个人还会根据自身经营状况与市场前景，对所质押的艺术品在未来的变现流通做出预判，为艺术品的变现指引方向。

② 西沐.我国文化金融产业发展抓住"一条主线四个关键点"[EB/OL].（2012-10-17）[2018-11-11].http://www.ce.cn/culture/gd/201210/17/t20121017_23762720.shtm.

③ 段桂鉴.加快文化金融服务创新[J].中国党政干部论坛，2011（10）.

府部门、私募股权投资、风险投资等金融机构和文化产业的良好合作，为更多的文化产业主体提供更为增值的服务。同时，解决文化产业与金融业的对接问题，还需要进一步建立起健全的文化企业资产评估体系，包括灵活的利率政策，文化企业的筛选评定、资质认定、前景预测等。[①] 因此，地方政府应根据文化产业发展的特殊性，成立相关的专业评审部门，对文化相关项目进行内容评审和市场预测，向银行推荐优秀的项目，再由银行在此基础上做出专业的风险评估，有效地做到风险的可控性，并鼓励发展多样性的融资方式。在我国，私募股权仅占GDP的0.1%，但其投资空间和发展潜力巨大，可以给金融业带来更高的投资收益，以补偿所承担的高风险。由于私募股权的投资在审核分析方面更加具有自主性，可以提高银行类金融机构对文化产业的投资积极性。此外，还可以建立文化信托投资公司，发起针对文化产业的专项信托计划，将发行的信托产品转由社会资本认购，而募集的信托基金则交给专家评审筛选，并最终交付给能够体现政府意愿的优秀中小文化企业。同时，各金融机构在确定企业内部评级，设计内部指标体系、评级模型和计分标准的过程中，也要充分考虑文化企业的自身特点，建立和完善科学、合理的信用评级制度，并充分借鉴外部评级报告，进一步改进业务考评方法，建立针对文化产业的专业化金融服务考评体系，加强信贷风险管理，促进正向激励机制的形成。位于朝阳区的国家文化创意试验区做出了尝试，企业以信用作抵押取得贷款[②]，见专栏7-5。

专栏7-5　国家文化创意试验区征信体系模式

2016年8月，国家文创实验区发起成立了全国首家文化企业信用促进会。实验区促进会会提供中小企业在安全生产、缴纳税金、工商注册等方面真实、连续的信息，达到一定信用标准的企业才能加入信促会这个"诚信俱乐部"。到2017年年末，信促会已经与4家银行机构、8家担保机构、7家信用评级机构达成合作，形成了"信用评级、快捷担

[①] 郭濂.论金融支持文化产业发展［J］.银行家，2014（8）.

[②] 杨学静.北京朝阳建立以信用体系为基础 金融支持文化产业模式［EB/OL］.（2018-01-11）［2018-03-16］.http://www.wenming.cn/dfcz/bj/201801/t20180111_4556249.shtml.

保、见保即贷、贴息贴保"的工作闭环,从而大大缩短了金融机构的征信时间。此外,实验区管委会还与多家担保机构和信用评级公司签订合作协议,对实验区内企业的融资担保费率给予优惠,从而降低了融资担保成本。

2017年,急需现金流的麦爱文化传播有限公司通过了信促会的信用评估,成功获得了100万元的银行贷款。如按传统银行的信用标准进行审查,公司的主营业务是音乐版权管理、音乐节企划,属于典型的轻资产公司。而且其收入跟着项目走,缺乏连续性。麦爱文化几乎不可能获得授信额度。但以信用作为抵押,国华文创融资担保公司才得以在短短十余个工作日内,顺利批准了100万元的授信额度,使其成功贷款,解决了流动资金不足的困境。

第二节　文化创意金融产业的其他支撑体系

一、文化创意金融产业的科技支撑体系

针对文化金融产业而言，科技支撑体系的建立主要指产业的运营者要学会运用高科技手段来操作、运行、管理文化金融市场，使其运转得更加高效。科技的进步对文化金融产业的发展具有一定的推动作用。当下，文化金融产业发展观念的确立，最重要的是要坚持创新。因此既要积极推动传统的文化金融产业升级换代，也要孕育催生新的文化金融产业环境，突出科技推动文化金融产业发展的服务特征，强化产业发展的有效性与便捷性。同时，还应重视文化金融产业的教育功能与安全保障作用。文化金融产业不仅要追求观念的价值与效能，更要在发展中逐步实现自身的价值理念。

（一）文化产业与科技、金融融合已成为发展趋势

（1）科技和金融助力的新兴文化业态成为推动文化产业升级的重要途径。文化产业在科技和金融助推下，将传统文化产业赋予"创意""创新"内核，向具有时代活力和创新力的新兴文化业态转变，实现文化产业发展方式转变和升级换代。近年来，北京、上海、深圳等地通过数字化三网支撑和金融资本注入的引领和推动，促使新兴文化业态快速发展，推动文化产业大发展，其文化产业增加值占 GDP 的比重均达到 5% 以上，并呈现逐年递增趋势。

（2）文化资源与科技和金融结合成为壮大文化产业的重要手段。当前，各省市纷纷挖掘各自的文化资源，主打文化资源品牌，吸引科技和金融进入，不断改造提升传统文化产业形态，做大文化产业规模，逐渐把文化资源优势变为文化产业优势，实现从文化资源大省向文化产业强省转变。以陕西省为例，注重传统文

化与科技、金融等现代元素融合，依托文化园区建设，加大政策资金扶持力度、搭建公共服务平台等措施，将传统文化同现代技术和金融联姻。如支持陕西飞鸟文化发展有限公司科技创新和金融合作，其制作的以古典神话为题材的动漫短片《太阳神》，获得了第八届德国国际动漫节的中国国家奖。同时，传统工艺在新时代也实现了文化创意与科技创新的有效融合[①]，见专栏7-6。

专栏7-6　文化创意与科技创意比翼齐飞

十八大以来，我国推进文化科技发展迅速。2017年10月，"中国声谷"的规划方案在安徽省合肥市亮相，聚焦智能语音产业，重点打造战略性新兴产业，既要释放文化创意的想象力，又要激发科技创新的支撑力。预计到2020年，"中国声谷"企业营业收入将达到1000亿元，年均增长40%。

传统织锦工艺只能表现20多种颜色，运用数字技术的织锦则可以表现近千种颜色。国家文化创新工程项目"丝绸织锦文化创意与工艺创新及示范推广"，除了工艺技术革新，还力图搭建一个现代织锦文化创意产品的研发平台，融入现代绘画艺术内容和视觉设计，丰富产品题材和文化内涵。这项饱含文化元素和科技含量的技术，在两年多的时间里，研发了旅游纪念品、织锦唐卡、艺术衍生品、服饰旗袍、家居装饰用品5个类别的系列产品200余种，初步形成了具备年产织锦工艺品10万件能力的数字化生产线，使传统工艺在新时代实现文化创意与科技创新的"两翼齐飞"。

（3）文化和科技融合的示范基地成为推动文化产业的重要载体。各地国家级文化科技融合示范基地以及高新区、文化创意产业园区、现代服务业示范园区等基地和园区发展，聚集了一批具有一定实力的文化企业，这些企业纷纷将科技和

[①] 张玉玲. 文化创意与科技创意比翼齐飞 [EB/OL]. (2017-10-03) [2018-11-15]. http://cpc.people.com.cn/n1/2017/1003/c412690-29572176.html.

金融结合作为重要动力，推动企业创新发展。① 以国家级文化和科技融合示范基地为例，我国现有设立的34家国家文化和科技融合示范基地是打通文化科技融合"最后一公里"的关键环节，是文化和科技产业提质升级的重要驱动。2017年，34家基地总体营业收入达到126923.07亿元，集聚、孵化企业479792家，吸纳就业人员5475361人。基地文化产业发展迅速、结构优异，基地内文化企业营业收入占总营业收入比例为16%左右。基地科技创新能力突出，国家高新技术企业数量达到18507家，占比为3.86%，拥有知识产权（专利、著作权、商标权）773915个，专业化的文化科技公共服务平台332类。②

（4）民营企业成为嫁接科技和金融助推文化产业的重要力量。一批大型民营企业充分利用其所拥有的高新技术和研发优势以及雄厚的金融资本进入文化产业领域，通过科技和金融的协同创新，开发了文化新产品、新服务和新业态，凸显了民营企业通过科技和金融注入促进文化产业发展的重要力量。以深圳华强为例，该公司将其在电子、装备领域的研发和金融创新优势与文化产业融合，打造了一批具有中国特色的"文化主题公园"，带动了我国以主题公园为主导的文化创意产业的发展。

（二）现代科技助力完善文化金融服务体系

狭义的金融服务是指金融机构为服务对象提供以传统的存贷款为主要内容的金融服务。其服务对象既可以是公司法人、事业法人，也可以是自然人。广义的金融服务是指除传统的金融服务领域外，金融机构为客户所提供的资本市场领域服务，例如投行业务、交易业务、保险业务及信用评级业务等。现代金融市场是一个将实体经济货币化、交易化的场合。现代金融市场实际上是一个新型的货币市场，实体经济是其基础与标的产品。③

现代金融借助于互联网、大数据缩短人与人之间的距离，跨越地域屏障，使

---

① 康胜.国内外文化创意产业发展的趋势特征及其启示.第十届海峡两岸文化创意产业高校研究联盟白马湖论坛，2017-11-05.
② 中国人民大学创意产业技术研究院.34家国家文化和科技融合示范基地发展特色大揭秘[J].中经文化产业，2018（10）.
③ 王倩.现代科技可助力改革完善金融服务体系[N].中国证券报，2018-03-28.

中间环节减少。以传统金融服务体系中的贷款业务为例，由于 P2P 网贷快速发展，人们获得直接投资的机会增多，投资者获得直接回报相较于原来经由金融机构所获得的回报也增加了。由于现代科技手段进步，金融市场各种行为的交易量扩大了。例如，借助网络平台的交易与理财，现在几乎是人手一部智能手机，网络平台大大方便了证券交易与理财等行为。此外，借助现代科技，金融产品多样化特征也很显著。

另外，人工智能与大数据提高了文化产业项目贷款效率。在传统存贷业务流程中，资本提供方经由金融机构为需求资金的借款人提供贷款。在这个流程中，大数据、云计算与人工智能等现代金融科技均可渗透其中。存贷业务的核心为匹配。在这个流程中，有些环节是可借助现代科技进行优化的，例如节省成本与时间、增强准确度、获得更好的匹配结果、提高效率等。

从资本供给方看，资本供给方提供的资金特征有资本额度、资本持有时间、投资要求回报、资本稳定性与合法性等。这些因素都可借助机器进行归纳总结。对于资本稳定性，人们在部分程度上也可借助于人工智能完成部分工作，在此基础上结合人脑工作进行分析。

从资金需求方看，评估借款人信用占主导位置，例如需求资本额度、需求时间、能承受的贷款利率、资本合法性等，完全可借助现代科技进行匹配。这样不仅可以提高效率，还能保证结果的准确性。人工智能与大数据在这里对贷款提供方与贷款需求方的匹配是非常有帮助的。在借款人信用评估方面的早期阶段，即财务分析、特征归纳阶段，也可借助标准化软件实现。例如，利用大数据进行数据收集，结合人工智能在早期进行共性特征筛选、人为评判等。

另外，科技技术可助力防范风险。谈及借款人风险，还需时刻防范提前偿付风险（提前还款的风险）。在一般情况下，提前偿付风险的定价被包含在贷款利率中，即银行提供的利率里已包含提前偿付风险。在我国，存贷利率息差很高，一方面，是出于管理成本高；另一方面，是出于定价误差。定价误差在某种程度上相当于破坏了公允价值。如果这种情况长期存在，势必会导致金融服务体系扭曲定价，不利于其完善。为解决这个问题，可以将提前偿付风险剥离到保险公司，由保险公司直接为提前偿付风险定价，从而提供相应的保险产品。这样，银行等贷款机构提供的贷款利率就直接同信用风险与利率风险挂钩，保护了借款人的利益。

此外，也可利用人工智能对提前付款风险进行计算。例如，影响提前付款行为的动因有换手率与再融资。借款人更换居住地、换新房子、社会或婚姻状况发生变化，都会影响换手率。如果利率水平发生变化，借款人就有可能放弃现在的高成本借款，因为他可通过更低成本融资。再融资对利率敏感，而换手率则不是这样。在大数据与人工智能相结合的情况下，针对这两个因素的计算是可通过人工智能进行模拟的，这也是现代科技对于实现合理贷款利率的贡献。

（三）文化产业与科技、金融融合发展的实践探索

1. 宁波打造"中国金融数字文化城"的实践探索

宁波市于2014年明确了"文化强市"的发展目标，即文化软实力在全省和国内同类城市位居前列，文化在城市综合竞争力中的地位和作用更加突出，实现"文化大市"向"文化强市"跨越。因此，宁波着力探索科技和金融创新支持文化产业发展的新模式，进一步放宽文化市场准入条件，出台了《关于鼓励和引导民间资本投资发展文化产业的若干意见》，旨在加大市场准入资格、市场竞争地位和政策环境保障力度，推进文化与经济、科技、旅游、教育的融合，引导民间资本加快进入文化产业，激发民间资本在文化领域的创造活力。提出将优势文化资源转化为产业优势和发展优势，形成文化龙头企业的集群，将宁波市打造成为长三角南翼重要的文化创意产业集聚地和文化交流中心。因此，宁波市开始进行以下工作。

第一，明确发展定位。"中国金融数字文化城"明确了塑造"中国文化金融聚合硅谷"为发展的总方向，以科学规划为前提，以市场引导为手段，创新管理和服务体制机制，充分释放文化产业与金融产业和数字科技产业的集聚效应，打造新型产业融合发展的高地，体现金融资本、数字科技和文化创意三大板块于一体的高端产业基地所具备的创新内涵和示范意义。同时，围绕总方向，扩充内涵，进一步打造成为具有"绿色高端新兴经济融合区、宁波帮文化弘扬区、长三角区域协作发展区、金融与文化协同创新发展示范区"功能的"中国文化金融聚合硅谷"，并以金融为手段，嫁接数字科技，建立政策、资金、人才和技术全方位的保障体系。

第二，构建产业体系。大力构建文化、金融和数字科技三大产业体系。文化产业以力争成为"浙江省文化创意产业孵化中心"为目标，大力发展影视制作、动漫网游、文化演艺、文化旅游、新闻出版、创意设计、文化会展等行业。金融产业以力争成为"浙江省中小企业金融服务中心"为目标,大力发展以银行业、证券期货、保险为代表的传统金融业,以及以股权投资基金、融资性担保、金融租赁和融资租赁为代表的新型金融业。科技产业以力争成为"宁波数字科技产业示范区"为目标,大力发展数字新媒体、数字视听、信息软件三大行业。三大产业体系相辅相成,推动文化和金融、数字科技融合,构建成为对文化产业深度培育与扶持的新型城市产业综合体。

第三,完善配套服务。"中国金融数字文化城"以整合资源要素为基础,完善研发孵化、人才培训、科技服务和商务服务等配套服务,打造文化与金融、科技融合的服务平台。构建金融联动服务平台,加大对金融联动服务的引导,联合包括创投企业、证券公司、基金公司、天使投资、风险投资、创业投资母基金等在内的各类金融机构,建立文化产业金融服务战略联盟,借助专业研究团队,为文化企业提供综合性金融服务;[1]构建成果转化服务平台,促进文化和科技成果转化和产业化,着力挖掘优质项目,与金融机构形成互动,建立项目信息汇集和跟踪管理的联动机制,提升转化项目对文化城产业结构调整的引领作用;构建特色服务平台,统一规划、营销,整合产业链,推动特色产业集聚,招引龙头企业、配套企业,做大特色板块,走合作共赢道路。

2. 北京三间房地区打造"北京·中央文化区(CCD)"的实践探索

北京市于2011年提出建设"著名文化中心城市"的发展目标——把首都建设成为在国内发挥示范带动作用、在国际上具有重大影响力的著名文化中心城市。进而提出"文化科技深度融合,科技创新优势转化为文化发展的强大动力和现实竞争力",以及"推进文化金融创新,促进文化和资本市场全面对接。形成政府资金引导、社会资本参与、文化资源优化配置的投融资格局"。同时,北京对朝阳区提出了"努力建成国家公共文化服务体系示范区、中国文化产业创新发展示范区"的战略定位,朝阳区正在提速金融和文化创意产业发展,加强科技创新、文化创新,调整传统产业,促进产业结构优化升级。

北京市朝阳区三间房地区位于中国传媒大学核心圈内,处于"北京·CBD—定福庄国际传媒产业走廊"核心区域,是朝阳区东部发展带上的重要节点,是承接北京市区高端产业转移和人口疏散的重要区域。周边拥有中央电视台、北京电

---

[1] 熊秋琴.厦金文化产业一体化的金融支持[J].商情,2013(29).

视台、中国传媒大学、北京第二外国语大学等文化机构。基于这些方面，主要工作包括以下几个方面。

第一，明确发展定位。结合"北京·CBD—定福庄国际传媒产业走廊"发展，三间房地区提出打造"北京·中央文化区（CCD）"的总体目标，面积约10平方千米，由核心区和发展区构成，核心区为三间房乡，发展区为管庄、常营等乡镇。三间房地区围绕总体目标，进一步在文化、生态、城乡发展和制度创新等功能方面分别提出了"CBD—定福庄国际传媒走廊核心区""生态宜居的美丽中国体验区""文化驱动新型城镇化发展国家样板"和"中国文化创新发展示范区"等功能定位，明确了发展方向。[1]

第二，建立金融支撑体系。为促进金融与文化产业结合，三间房地区探索完善金融支撑体系。一是建立信用体系和担保体系。引入专业性资产评估和担保机构，开展贷款担保、票据担保、集合信托计划担保、集合企业债券担保、集合票据担保、履约担保、诉讼保全担保、委托贷款、典类融资等业务品种。[2] 二是加大版权保护力度及鼓励版权交易。鼓励文化企业进行无形资产、品牌、版权、专利等资源的价值评估和保护。鼓励形成中国动漫及衍生品版权交易的专业化中心，并鼓励文化产业企业和项目通过版权交易实现全球融资和发行。三是政策性银行和风险补贴政策助推文化企业。鼓励大型商业银行设立分行、分理处，引导大型银行设立针对动漫的信贷专营机构，通过实施风险补贴政策鼓励银行发展文化创意信贷，提升信贷额度。四是鼓励多元化社会资本投资文化产业。鼓励企业利用资源吸引国内外动漫和文化投资机构入驻设立办事处，集聚风投、担保等适合文化创意产业发展的资本。鼓励区内投资机构成立投资联盟（类似于中关村的天使会），实现银团支持。鼓励中大型企业发行企业债、信托计划、集合票据。担保公司免初审，简化反担保，优惠担保费率。

第三，开展产学研协同机制创新。开展文化产业与学术和科研协同机制创新。一是培育多类型的产学研创意创新主体。充分利用中国传媒大学和中国文化产业研

---

[1] 许文骏.传媒产业化和传媒经济的互动发展与实施策略[J].创意设计源，2015（6）.

[2] 李晓君.金融支持文化产业发展探究：以潍坊市为例[J].潍坊学院学报，2015（1）.

究院以及第二外国语学院等高等院校资源，鼓励社会各界，尤其是大学生、研究人员利用版权和创意等方式进行创业、就业，并提供基础的公共服务以及版权、专利服务，建立健全高水平创意创新人才自由流动机制和灵活使用机制。二是构建文化产业技术和服务平台。以中国传媒大学和今后将要入驻的中国文化产业研究院为依托，通过动漫产业的战略联盟以及一些专门的共性技术研究机构，建设共性技术研发和服务平台，同时支持和鼓励配音、音乐、译制、版权等共性服务企业进驻。三是发展文化产业创意和技术中介组织。搭建创意和技术中介服务机构与高校、科研院所之间的交流平台，建立优秀中介服务机构的政府推荐制。建立和完善创意创新资源开放共享的平台，构建第三方开放式创意创新平台。依托传媒大学，举办相关的产业论坛、与传媒大学合作邀请国际交流等，强化、培育相关的中介组织。

二、文化创意金融产业的人才支撑体系

在知识经济时代，中国文化金融产业始终缺乏一支强有力的人才队伍，而建设高效、多元化、动态性的人才支撑体系就成为中国文化金融产业走向科学化、正规化管理的重要保证之一。而在实际操作中，尤其是在管理人才的配置上，却存在重金融人才、轻文化人才的思维误区。人才是文化金融产业健康发展的重中之重。文化创意金融产业是文化与金融的融合业态，它需要金融、法律、经济、文化等多种知识领域的综合支撑，对于管理人才的知识结构和驾驭能力的要求也非常高，所以，单一知识结构的人才无法胜任这一领域的研究。近年来，文化金融产业在管理人才的配置方面重金融人才、轻文化人才的教训值得业内反思。只有重视创意人才，才能推动"艺术＋科技＋人文"的进步[①]，见专栏7-7。

专栏 7-7　中国文化创意产业人才扶持计划作品展

由文化部文化产业司指导、财政部支持、中央文化管理干部学院主办的"2017年度中国文化产业创业创意人才扶持计划作品展"于2018

---

① 潘旭临.中国文化产业创意创业人才扶持计划作品展开幕[EB/OL].(2018-01-19)[2019-03-29].https：//www.sohu.com/a/217693822_123753.

年1月19日在中央文化管理干部学院开幕。该展览旨在梳理4年以来中国文化产业创意人才扶持的成果，全面呈现当代青年创意设计师的新面貌。此次共有131名设计师的354件作品参展。

此次展览共63个板块。其中第1板块展示了中国传统平面设计到多媒体设计、动画的发展脉络，从"艺术＋科技＋人文"角度，思考中国设计前沿。湖北美术学院的"视觉诗人"叶佑天的《诗情与人生系列》，以独特的个人视角，用传统二维逐手绘的创作办法生发对人性的多角度思考。他的《彝族文化形象推广》动画作品，是以彝族传统图腾衍生出当代动画形象，使传统文化符号"鲜活"起来，进而同期开发出多种文化旅游产品。

因此，应加大对于文化金融产业复合型人才的培养力度，使得拥有文化鉴赏能力，具有现代经济、管理、法律、信息技术及数理工程方面知识，掌握现代金融基础理论和现代金融管理技术，综合运用金融工具和手段创造性地解决金融问题的复合型人才能够逐渐成为文化金融产业的主导力量。同时，文化金融产业人才的培养机构也应进一步深化教学改革，加大有关金融课程和文化实践课程的数量，聘请专业的文化金融领域的人才加入教学队伍，从而加快金融与文化产业复合型人才的培养力度，推动文化金融产业持续健康地发展。

（一）文化创意产业人才的一般特点

文化创意人才队伍是决定文化创意产业发展的关键要素。文化创意人才，按照其在产业链或价值链上的分工不同，可以分为创意的生产人才、创意生产的引导人才和创意产品的经营人才。与传统意义上的人才不同，文化创意产业人才具有许多独特的特点，概括起来主要有以下几个方面。

（1）富于创造力。文化创意人才最突出的特征是头脑灵活、异想天开，很少循规蹈矩，敢于突破条条框框的限制，所以勇于打破常规，拥有更多的创造力。[1] 他们对周围事物充满好奇心，自信自主，敢于承担风险；喜欢独立思考，有时显得争强好胜。

---

[1] 王菲，陈爱吾. 包容性感知对文化创意产业的影响研究. 第2届（2012）湖南省人力资源管理学年会暨中小企业人力资源管理研究学术研讨会，2013-01-01.

（2）流动性强。文化创意产业门类庞杂，各门类之间既有区别又存在很大的交融与共生关系，这为各门类之间的人员流动提供了客观可能性。加上文化创意产业处于发展上升期，广大中小型企业的存在也为创意人才的流动提供了机会。并且，文化创意人才自身年轻、敢于创新的特点也使他们具有流动的意愿。

（3）价值观独特。文化创意人才追求一种工作（Laboring）、学习（Learning）、生活（Living）三位一体的"3L"生存方式。相比创造利润，他们更看重在创作过程中的快乐体验；更倾向于自我管理，而排斥传统科层制；更强调独立自我的表达和对差异的包容，而非集体一致性；更强调多面，而非专业。

（4）注重软激励。与传统观念中"更多考虑财务""前往发财机会最多或经济最有保障的地方"不同，文化创意人才往往更注重自身价值的实现，因此，他们很难满足于一般事务性工作，更热衷于具有挑战性、创造性的任务，并全力追求完美的结果，渴望通过这一过程充分展现个人才智，实现自我价值。对于他们来说，成就激励和精神激励效果更大于金钱与物质激励。

（5）工作与生活休闲化。[①] 文化创意人才不是传统意义上的"白领""金领"，而是"无领"（Non-collar），穿T恤上班意味着他们更看重休闲，而非工作本身。他们总是"在该工作的时间玩耍，却在该休息的时间工作。"带有文化气息的户外休闲活动是文化创意人才极为看重的生活内容，露天音乐会、街舞、大排档等"街头或社区文化"形式更受他们的青睐。

（二）文化创意金融人才的重要性

党的十九大报告中明确指出，激发全民族文化创新创造活力。文化创意人才是发展文化创意产业、推动文化创意传播的主体力量，对于进入新时代的中国培育文化新业态、提高文化软实力、激发全民族文化创新创造活力具有重要意义。新时代的青年文创人才要着眼于树立文化自信、建设文化强国的目标，着眼于抓住我国文化产业、文化事业蓬勃发展的历史机遇期，着眼于发挥多学科学习与产学研合作的跨界优势，成为具有文化使命感与文化创造力的引领性、复合型文创人才。对于文化创意人才来说，核心的任务是通过自己的创新创造来实现文化自强，让本民族的

---

① 沐牧．保定市高校文化创意产业人才培养机制研究［J］．产业与科技论坛，2015（24）．

文化不断向前发展，展现出具有时代感和世界性的魅力；最根本的任务是要在全民族树立文化自信，让中国在成为经济强国的同时，逐渐成为文化强国。

在全球化日趋深入的今天，这种文化使命感不仅是为了中国文化的复兴，也是为了人类共同的命运。中国文化在历史上向世界各国广为传播，是多元一体的"和"的文化，因此，中国提出的"人类命运共同体"正是反映了中国文化理念对未来全球化的思考，而这种思考也呼唤我国文创人才创造出更多为世界所接受的中国文化作品、文化产品，让中国的文化成为人类新文明构建的重要推力与基石。当代文创产业发展的重点是"文创+"的跨业态融合，是一种新的文化经济形态，实质是将文创成果深度融合于经济社会各领域。从国际经验看，要提升文化创造力，培育"文创+"的新型文化业态，关键是基于文化品牌授权业发展。这种能力体现在善于挖掘各类文化产品的核心情感元素、价值元素，将其名称、标识、形象、故事等多样化的商品与服务授权。

文创人才的培养对中国未来发展具有战略意义，高校要培养大批既有文化使命感又有文化创造力的青年文创人才，这样的人才既有民族文化自信又有全球文化视野，既有深厚文化底蕴又有商业与科技素养，是引领性的、复合型的人才，是能够推动中国文化进步乃至人类文明发展的人才。

（三）文化创意人才队伍的建设路径

文化创意人才是文化产业人才的核心部分。要培养具有创新能力的高素质的文化产业人才，需要政府、企业、学校和个人等多方面的共同协调和努力。因此，建设文化创意产业人才队伍方面的经验可以概括为以下四个方面。

1. 依托高校资源，实施人才培养

文化创意产业的内涵包含视觉艺术、音乐及表演艺术、文化展演设施、工艺、影视艺术与广播、出版、广告、设计、设计品牌时尚、建筑设计、数字休闲娱乐、创意生活等多项产业元素。在文化创意人才培养体系中，完善各类学校的培养体系是最基本的，其中，高校完善文化创意人才培养体系尤为重要，可依托当地的大学或相关职业学校进行。[1] 从文化创意人才的培养实践来看，高校应该在培养文化创意人才的教育体系中发挥主体作用。创意，本质上是创新意识、创新思维

---

[1] 单丽.南京市模范路文化创意产业发展研究［J］.经济研究导刊，2011（33）.

和创新能力的和谐统一，因此，高校培养文化创意人才应该注重培养学生的创新意识、创新思维和创新能力，特别是在培养内容创意人才方面，高校具有独特的师资优势和良好的氛围。如澳大利亚依托昆士兰大学、南澳大学，建立了多个文化创意产业园区，从而吸引了一大批文化创意产业人才；加拿大BC省动画产业园区中，仅动画电脑学校就多达12家；韩国国家级专业的文化创意大专院校就达6所，有些大学开设的文化创意产业相关的专业达80多种。这些专业化的人才培养系统成为建设文化创意产业人才队伍的重要支撑。

除正规专业院校的培养外，对文化创意从业人员进行专业培训是另一项重要的工作。例如，德国出版业的各大学与高等专业学院，除正常培养学生外，还每年定期或不定期地开办各种培训班，这一系统为各公司或其他商业组织的中高级员工提供了重要的培训支撑。而在德国会展业，除大专院校外，AUMA（德国展览委员会）等行业组织制定了一整套完善的专业人才培训内容，通过业务培训、调查实践、授予资格证书等方式全面提高德国展览工作人员的专业素质。[1] 这种正规、严格的人才培训机制为德国会展业储备了丰富的人力资源，使德国会展业始终处于世界发展的最前沿。而英国政府为了解决文化创意产业人才缺乏的问题，于1999年就启动了名为"创造性的伙伴关系"的文化项目，由国家文化主管部门和地区文化主管部门共同负责，制订项目方案，通过创意机构（电影院、电视工作室、艺术中心、历史建筑、图书馆、博物馆、网站设计组织等）与学校合作从事一些长期文化项目，为5～18岁的学生提供时装设计、电视广播、互联网、舞蹈、电视和戏剧的指导与制作等新技能，从而为创意产业的未来发展造就一大批潜在的产业人才。[2] 我国台湾、香港、澳门地区设置文学写作等艺术硕士专业学位的院校比较多，一般需要两年至三年的时间修读完毕，白先勇、严歌苓、哈金等知名作家都受过此培训。其中，台湾艺术大学创意产业设计研究所招收博士班，其培养目标是配合国家文化创意产业政策，整合科技、艺术与人文之内涵，兼具本土化与国际化之设计观，培育跨领域创意设计研究人才。

2. 注重人才引进，提高队伍层次

在我国人才战略的总体设计中，引进各种海外优秀人才，这是我国近年来非

---

[1] 刘惠坚.基于高技能创意产业人才培养的对策研究[J].科技管理研究,2012(24).
[2] 赵敏祥.中外城市创意人才培养的实践与启示[J].现代经济,2013(5).

常重要的人才战略举措。从加强建设文化创意人才队伍的角度来看，大力引进海外文化创意人才也是势在必行，大势所趋。引进海外文化创意人才，首先，有利于激活已有的文化创意队伍的创造活力。其次，有利于在文化创意中实现文化创意的多样性和丰富性。

引进专业人才同样是各国文化创意人才队伍建设的重要环节。据资料显示，仅1990—1991年间，美国仅从苏联就引进了3万多名文化创意人士，其中著名人才就达1500多人。目前，韩国、日本和我国台湾、香港等亚洲国家与地区也纷纷大力引进各种文化创意专业人才，至于行业内的高级专家，尤其是在艺术领域，更是成为各地建设文化创意产业人才队伍时重点关注的对象。[①] 例如，纽约的SOHO区就极为注重大量艺术家和艺术评论家的引进，其中不乏如美国超写实派艺术大师查克·克劳斯等一批现代艺术大师。香港则专门颁布了《优秀人才入境计划》，通过"综合计分法"（对申请人的年龄、学历或专业资格、工作经验、语言能力和家庭背景进行综合评分）或"成就计分法"（获得例如奥运奖牌、诺贝尔奖、国家或国际奖项、业内颁发终生成就奖等）遴选优秀人才入境。自2003年7月实施该计划以来，已经招揽了包括郎朗、章子怡等各类人才886人。[②] 而更早时间就开始大力引进人才的新加坡，一方面通过减免税、提供高薪与住房、政府资助培训等方式吸引人才，另一方面通过重点强调新加坡"博采东西之长的国际化教学模式"和"大力强化对创意产业领域的教育资源"来吸引年轻人到新加坡学习和从事创意产业工作。[③] 诸如设立了艺术设计和新媒体专业学习的奖学金和助学金；为激励和奖励创意，进一步发展举行了多种多样的竞赛并开设了不同的奖项；每年举办大量各类的艺术活动、创意会展，并邀请很多国际知名艺术活动和艺术人物莅临等。目前，新加坡已经吸引了来自120多个国家和地区的8万多名国际学生，他们为新加坡在艺术、信息、广告、设计、管理等多个创意产业领域积累了巨大的潜在力量。

[①] 王彤玲.审美经济时代文化创意产业人才培养模式的转变[J].科技经济导刊，2016（28）.

[②] 尹明明.文化创意人才队伍建设研究[J].临沂大学学报，2014（1）.

[③] 董小静.关于人才评价结构的研究[J].价值工程，2014（12）.

3. 建立中介组织，促进人才开发

我国要发展文化创意产业，需要大批文化创意人才，但不能完全依靠政府政策的支持，而是应该倡导社会力量从事文化创意，让创意之火逐步形成燎原之势。在创新和发明的历史上，固然需要大批具有高级职称和受过系统教育的高级专家从事研发和创意工作，但实际上，除了这些专家以外，在一些中小企业，甚至在农村以及各种小微企业中，都潜藏着各种各样的创意人才。于是，行业协会或类似的服务组织往往成为人才引进、培养、培训交流互动的重要发起者和实施者。一般而言，这些协会和服务组织往往由该领域内受到大家一致尊崇的顶尖人才掌舵，这对于协会工作的前瞻性、权威性等方面尤其重要。而借助这些行业协会等组织，创意人才由分散的"人群"形成了"梯队"，极大地促进了人才之间的互相交流与协作。例如，伦敦西区、纽约百老汇、美国好莱坞等早已在历史发展过程中形成了完备的专业人员行业协会。[①] 新兴的如加拿大 BC 省，行业协会也发挥了独特的功能及作用，它们通过有效地制定产品的技术标准、从业人员从业标准、行为规范、人员分工方案等来建立人才合作队伍；通过联络动画学院和动画生产商，提出针对性的人才培养建议，由此推动企业和高校的合作；通过设立专门的网站，提供人员、市场和新产品信息，并且向外界推广 BC 省的动画企业和动画高级人才。

4. 完善文化设施，营造创意氛围

培养文化创意人才，特别需要创造有利于激活文化创意的人文环境，因为创意人才的本质特征在于其创造性，如果没有良好的人文环境，就不可能培养出具有文化创意能力的文化人才。从宏观环境来看，要培养文化创意人才，政府应该充分发挥导向作用。从微观环境来看，培养文化创意人才还需要建设一大批有利于文化创意人才激发创意的具体环境。

通过营造丰富浓厚的文化生活氛围，使得淡化功能性的"商业气息"而强化"人文气息"和"多元文化气息"显得尤为重要。其中的典型做法包括建立公共艺术空间（如影院、展览馆、美术馆、艺术画廊、公园、演唱馆和流行音乐中心、表演艺术中心等）和兼具办公功能的休闲文化空间（如咖啡吧、书店等"家和办公室之外的'第三地'"），设置众多定期和不定期的文化活动（如国际性的谢菲尔德纪

[①] 单丽. 南京市模范路文化创意产业发展研究［J］. 经济研究导刊，2011（33）.

录片电影节、Lovebytes 数字艺术节等）。另外，为了让艺术文化与休闲生活更紧密地结合，很多国家的政策中还非常强调街道艺术展示。例如，澳大利亚的阿德莱德，平时的 Shopart 项目会使得沿街的橱窗中处处展览艺术品和街景画，而到了每年一度的"开门艺术节"，所有沿街住户、餐馆、办公室、商店或其他房屋都会敞开大门，公开展示拥有的艺术品或进行表演。事实上，在一些高度发达的文化创意产业集聚区，如纽约 SOHO 区、百老汇、伦敦西区，这种街头艺术表演更是随处可见。

此外，还应引起注意的是，相对于其他方面的建设，这种文化的塑造往往难以取得赢利，如举办街区艺术展、设计各种室外艺术空间等，因此商业性的基金和企业投资往往不愿介入或只介入其中的高端部分。所以政府投资对这一领域来说就格外重要。事实上，即使是在以市场为主导的美国，政府也往往会在这一方面进行大量投资。

（四）我国文化创意人才队伍建设的重点

国外发达国家和地区的先进经验对我国加快文化创意产业人才队伍建设提供了有益的启示与借鉴。

1. 加大培养力度，提升人才结构水平

一是大力实施人才发现专项计划。通过定向培养、联合培养等形式，培养一批青年文化创意人才。全国的文化创意产业的龙头行业牵头部门应发挥抓总作用，制订并组织实施本行业的专项人才发现计划。启动"首席创意官"培训工程。依托高校资源，面向全国文化创意产业和制造业两大领域开展培训工程，每年开办 1～2 期，为文化创意企业和制造企业培养一批具有国际眼光、战略思维，会经营、善管理、懂文艺、知科技的企业高管。同时，加大高技能人才培养力度。紧密结合市场需求，整合培训资源，搭建高技能人才培训公共服务平台，加快培养一批企业急需的创造型、经营型、实用型和复合型人才。鼓励文化创意企业选送优秀员工参加高等院校和创意培训机构组织的学习与培训，对完成培训课程或取得相关从业、毕业、结业证书的员工，给予一定比例的培训费资助。多渠道发现各类文化创意产业人才，鼓励文化创意产业各行业牵头部门通过组织开展创意设计大赛、展会、展演、论坛等活动，发现和挖掘一批文创产业人才。

二是开辟高层次文化创意人才引进的绿色通道。对国外享有较高声誉、成就丰硕的作家、艺术家、动漫名家、设计师等创意名人来中国居住创业，经审核后

办理进入手续。组织开展海外招聘高层次文化创意产业人才工作,争取引进国际一流的创意设计名家。积极开展国际项目合作,强化项目对接,提高海外文化创意人才资源开发的针对性和有效性。通过政府资助启动经费,申报市文化创意产业专项资金公开扶持项目时,给予优先立项,吸引文化创意团队的发展。[①] 同时,完善柔性引进机制。走以人(名家)引人(团队)、以机会(提供创业机会)引人、以活动引人、以赛事引人的路子,采取公开招聘、兼职、短期聘用、项目合作、咨询、讲学、开办工作室、创作室等多种形式,吸引文化创意人才创业。

2. 加强载体建设,构筑人才发展平台

一是加强文化创意产业园区建设。加快推进文化创意产业园区建设。鼓励各文化创意产业园区采取"专业园""园中园"等形式,为创意名人、青年文艺家、大学生和初创者提供创业平台。二是办好大学生实训基地。做好文化创意产业实训基地的认定与管理工作,为培养文化创意产业应用人才提供载体支持。经认定的实训基地,可以享受相关政策。定期举办活动,为广大"草根"创意阶层和大学生创业、成长提供舞台。三是鼓励兴办大学生创业孵化基地。鼓励文化创意产业园区、科研机构等参与兴办大学生创业孵化基地,为大学生创业提供研究开发、成果转化、产业孵化、技术服务、人才培养等服务。[②] 对于考核优秀的孵化基地,每家给予奖励。四是积极整合高校资源。大力推进市校合作战略,充分发挥高等院校师资力量雄厚、人才资源丰富的优势,为文化创意产业人才的培养、引进创造条件。

3. 完善保障体系,增强总体服务能力

一是建立工作协调机制。把文化创意产业人才队伍建设纳入到各级政府相关人才培养、引进的整体工作之中,促进各市各类人才培养、引进机制一体化建设。共同推进文化创意产业人才建设的各项工作。二是落实经费保障。要设立各市人才专项资金来解决文化创意产业人才队伍建设问题。三是落实高层次文化创意产业人才用房政策。按照人才的不同类别与层次,分别落实住房问题。四是实施文

---

① 沐牧.保定市高校文化创意产业人才培养机制研究[J].产业与科技论坛,2015(24).

② 温晓南.加快文化创意人才队伍建设的实践与思考:以杭州为例[J].环球人文地理,2016(14).

化创意人才奖励计划。鼓励文化创意人才参加高规格的专业大赛，对在大赛中获得奖项的参赛人员，按获奖等级给予一定的奖励；鼓励专业设计人才开展技术创新，对获得产品发明专利且具产业效益的专业设计人员，经审核后给予一定的奖励。五是建立文化创意人才评估与管理制度。组建文化创意人才评估专家委员会，不断完善、规范文化创意产业人才评估制度，使各类文化创意产业人才都能够享受相应的优惠政策。建立开放共享的高端创意人才信息库，建立领导干部联系高层次文化创意人才制度。建立高层次文化创意人才工作绩效评估制度，对政策实施情况、资金使用情况及人才队伍建设整体情况进行定期评估。

4. 优化发展环境，营造良好社会氛围

一是弘扬创新创业文化。落实"尊重劳动、尊重知识、尊重人才、尊重创造"的方针，牢固树立"人人都是创业环境，人人都是创业主体"的观念，发挥文化人在实践"和谐创业"中的引领作用，进一步打造"和谐创业"模式。大力实施城市国际化战略，加快形成更具人文气息、文化气息的城市风格，营造宽松、包容、大气、开放的环境，加快形成有利于文化创意人才创业与发展的社区文化和社会氛围。二是营造人才发展环境。加大网络、图书馆、公园绿化、咖啡吧、书店等方面的投入，鼓励建立艺术馆、美术馆、纪念馆群和艺术家村落，支持街头艺术活动的开展，推动文艺与生活相结合，为"无领者"的创业和成长提供"参与"与"体验"式的生活空间。充分发挥各级各类社团组织的作用，积极举办面向社会各层面的文化活动，扶持、培养一批艺术培训机构，积极开办各类艺术培训，不断提高市民群众的文化艺术素养。三是加大人才宣传力度。认真做好评选工作，推出一批创新创业的典型。充分利用网络、报纸、电视等媒体资源，以人才开发计划为重点，积极宣传相关政策和举措，为文化创意产业人才队伍建设营造良好的舆论氛围。

第三节　文化创意金融运营机制建设

一、文化金融服务组织形式

文化金融服务组织是由金融机构建立专门服务于文化产业的专营机构、特色支行和文化金融专业服务团队，这些组织在财务资源、人力资源等方面被给予适当倾斜，业务授权更广，具有更高的文化金融服务专业化水平。另外，在加强监管的前提下，具备条件的民间资本依法发起设立中小型银行，为文化产业发展提供专业化的金融服务。同时，文化类小额贷款公司可充分发挥小额贷款公司在经营决策和内部管理方面的优势，探索支持小微文化企业发展和文化创意人才创业的金融服务新模式。

1. 营运模式创新

当前在实践中，我国形成了四种组织运作模式。一是以总行条线管理为特点的文化金融事业部，如民生银行的文化金融事业部；二是以文创企业为专门服务对象的专业服务团队，如北京银行杭州分行的文化创意产业服务团队，团队内部根据业务类型加以细分，其中影视融资服务团队业绩优秀，影视融资具有数额大、要款急、手续简、期限长、前端融等特点；三是以"一行两制、单独政策"为特点的专业支行和特色支行，如中国银行成立的横店影视、西溪文化、滨江动漫三家特色支行，杭州银行、农业银行宁波分行设立的文创支行；四是以提供综合性融资服务为特点的文化创意服务中心，如宁波民和文化产业园。[1] 园区运用了民和15年来的服务优势，专门成立了四大服务中心（金融服务中心、财务服务中心、商务服务中心、影视服务中心），为入驻园区内的所有企业提供有效的金融、财务、外联等方面的立

---

[1] 陈怡. 文化金融专营机构发展模式[J]. 中国金融，2015（20）.

体精准服务；努力创建有抓手、能落地的"文化＋金融"的投融资体系，引进了上海银行、邮政储蓄银行等具有影响力的金融机构，并积极引进证券公司、保险公司、文化产业基金及股权投资公司。同时，组建了文化创意小贷公司、文化创意担保公司、艺术品拍卖公司，还相继开发了文创宝、艺贷通、影视通、助拍宝、投贷通等一系列金融产品，为中小微文创企业在这个平台上脱颖而出、茁壮成长发挥了积极作用。不仅集结优越的市政、交通、产业配套，更是以企业总部基地、文化金融中心、文化众创中心、艺术人才公寓、艺术博物馆、特色商业的完整产业链，打造了古今文化展览馆、教育培训生态圈、影视生态圈、金融科技服务生态圈四大生态圈，将上下游企业无缝融合，令企业自如操控上下游资源，全面提升发展速度，并作为产业带的代表领袖在众多竞争对手中脱颖而出。

上述文化金融专营机构成立后，纷纷探索出各具特色的运营模式创新，具体表现为以下几个方面。一是管理体制"五个单独"。文化金融专营机构在信贷资源、审批授权、风险容忍、绩效考核、团队建设五个方面享有总行倾斜政策。例如，早在2013年，浙江银监局便支持杭州银行设立了全国首家文创金融专业服务机构——杭州银行文创支行。[1] 杭州联合银行在总行层面成立文创金融服务中心，积极开拓金融服务新领域。对文创支行单列信贷规模，开通绿色审批通道，对文创企业风险容忍度为平均不良率的2倍（2.4%），并对不良拨备减半收取，在新增文创贷款余额、新增客户数、推进产品创新、专营团队建设上制定专项考核办法、配置专项费用，见专栏7-8。

专栏7-8　杭州银行文化创意支行

2016年2月，杭州银行将原有科技、文创两大战略业务板块进行了整合，组建了全国首家科技文化创意金融事业部，实现了全行科技文化创意金融资源的进一步整合，致力于打造"中国的硅谷银行"。杭州银行科技文化创意金融事业部以专业专注的态度、以创新创业的模式，助推文创产业的发展。

杭州银行在杭州市委宣传部、市文创办、市节展办等部门的大力支

---

[1] 熊艳．杭州银行文化支行实践［N］．杭州日报，2016-02-16.

> 持下，设立了"杭州市动漫游戏产业非抵押贷款风险补偿基金"，在"杭州市文创产业引导基金"中设立动漫游戏业专项板块，进一步发挥杭州动漫产业专项资金的引导与杠杆作用，构建多层次的贷款风险分担和补偿机制，拓宽杭州市动漫游戏企业特别是中小型动漫游戏企业的融资渠道，整合各方优质资源，调动民间资本积极性，优化产业投融资环境，为动漫游戏产业发展进一步提供服务。

二是运营模式"四位一体"。文化金融专营机构在业务经营中摸索总结了一套银政、银投、银保、银园"四位一体"协作共赢的运营模式。与政府合作，主要在财政贴息、风险补偿、推荐客户等方面；与创业风险投资机构、证券基金公司合作，主要在资金募集、优质项目互荐、基金专业托管服务等方面；与担保公司联合推出了期权担保业务，共同扶持企业并分享企业股权增值收益；与文创园区合作，与文化产业园区及各类文化项目对接、银政合作孵化企业。

三是风险管理"三个特色"。首先是重大项目联合评审。建立由技术专家、政策专家、信贷专家和投资专家等组成的联合信贷评审委员会，参与重大信贷项目和业务的评审，弥补银行在文化创意领域专业知识方面的局限性。其次是专业团队专职审批。由总行派出专职审批人员常驻文化创意支行，并采用团队责任制模式，通过团队之间开展适度竞争，提高审批的效率和质量。最后是多方合作风险共担。与政府、担保公司、风险投资公司、私募公司、保险公司等合作，推出风险池贷款、孵化贷、银投联贷、基金宝等产品，建立贷款风险共担和风险补偿机制。

2. 产品服务模式创新

一是知识产权质押贷款。知识产权质押贷款包括专利权、软件著作权、版权、商标、影视版权、文化资源项目收益权质押贷款等。例如，中国银行推出"影视通宝"，采用影视作品版权质押和电视台应收账款质押相结合的方式，给予影视剧制作中小企业流动性资金贷款支持。

二是准信用贷款。银行对文化创意小微企业及股东、个体工商户给予纯信用贷款。如中国银行的"龙泉通宝"、义乌东阳市农村信用合作联社的"文化创意贷款"。此外，银行还以应收账款、股权质押、PE保证或类保证等方式，向文创企业发放准信用贷款，如农业银行的文化创意企业专属产品"文创贷"。

三是风险池贷款。风险池贷款是银行与政府相关部门、政府性担保公司共同发起设立风险池基金，银行对风险池基金的金额放大一定倍数，由担保公司担保，为文化创意类中小企业发放贷款，若出现贷款不良，按银行、政府、担保公司三方协议约定比例分担损失，具体见图7-2。例如，杭州银行的无形资产质押风险池，与市文创办、杭州高科技担保有限公司、杭州中小企业担保有限公司四方签署了《共同推进文创产业融资工作的框架合作协议》，共同推进文化创意产业发展；与杭州市文创办合作推出了"杭州市文创产业无形资产担保风险补偿基金"，为129家文创企业提供逾5亿元的银行贷款，银行信贷投放资金对风险池原始基金的放大比例超过25倍。

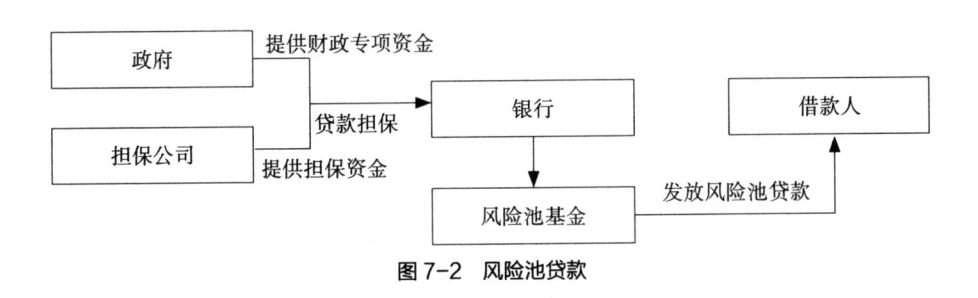

图 7-2　风险池贷款

四是选择权贷款。即银行为中小文化创意企业发放信用贷款或准信用贷款后，与企业签订财务顾问协议，财务顾问费与企业一定比例的股份未来增值收益绑定，从而实现分享企业股权增值收益，具体见图7-3。例如杭州银行文化创意支行为某教育集团制定了"选择权"融资方案，即在给予信用贷款的同时，获得公司一定比例的期权。

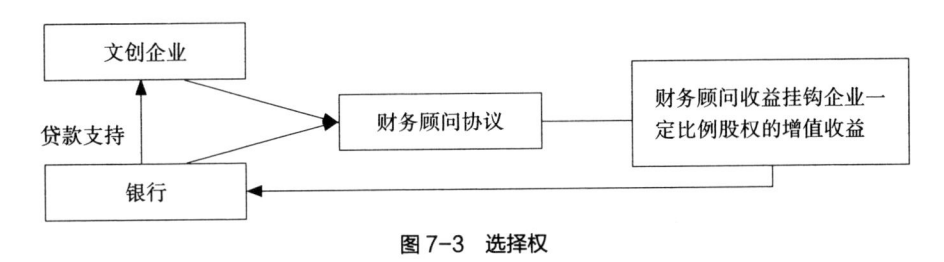

图 7-3　选择权

五是影视夹层融资。类似海外影视行业投资基金运作模式，即将银行表内融资、影视剧私募基金及制作公司自有资金投入相结合，进行优先劣后安排，实现直接融资与间接融资的封闭运作，形成三方夹层融资模式。例如，杭州银行文化创意支行为杭州某影视投资管理公司提供影视夹层融资方案，在确保杭州银行优先还款权的基础上，对影视项目给予贷款支持。

六是新型债务融资工具。银行通过承销短期融资券、中期票据、中小企业集合票据等企业债务融资工具，支持文化企业债券市场融资。例如北京银行杭州分行等推出"满陇桂雨"和"宝石流霞"两期中小企业集合债权基金产品，为近百家文化创意类小企业提供1.6亿元融资支持。

二、文化金融中介服务体系

文化产业是朝阳产业，文化产业存在众多潜在的投资机会。文化资源是具有丰富价值的资源，这些观点都已被市场所认可，市场中不乏愿意投资于文化企业的资金，如何使这些资金与有价值的文化资源进行快速的对接是文化金融发展的关键核心问题。

促使资金与资源的高效对接是金融中介的功能之一，传统的金融中介理论认为金融中介通过规模经营及专业化运作，可以合理控制利率、费用、时间等成本，使投融资活动能够以适应社会经济发展需要的方式进行运作，从而满足相应的投融资需求。文化金融是文化与金融的一种产融融合，以文化企业便利的金融融资为关键目标，充分发挥文化金融中介服务的作用，可以提高文化企业的运营效率。[1]

（一）文化金融服务中心可以有效评估文化资源价值

文化金融服务中心为文化创意企业提供"一揽子"金融服务平台，其中文化产权交易所是便于文化企业对其所拥有的文化资源进行评估、交易、融资等多功能服务的平台。广义的文化产权交易所应该包括版权交易所、著作权交易所等多种形式的文化资源交易所。文化交易所的设立可以促进文化资源的流动，帮助文化企业进行文化资源的价值发现，利用其文化资源进行融资活动。对于整个文化产业来说，设立文化产权交易所有利于推动文化产权交易，文化创意成果的转化

---

[1] 张志伟，石瑶.关于文化金融服务体系建设的若干思考[J].西华大学学报（哲学社会科学版），2017（3）.

产生经济价值，促进文化产业与科技等其他相关产业的有效融合。

配合知识产权保护法等文化资源相关法律法规的不断完善，文化产权交易所应该打造广泛的交易平台，对我国法律法规明确产权后的企业文化资源，符合条件的可以在交易所平台进行交易，使文化资源在广泛的交易中通过市场确定其价值，更加便捷的交易渠道使企业文化资源的金融化更加便捷，使文化企业的融资更加便利。例如，于2009年经上海市人民政府批准成立的中国第一家文化产权交易所——上海文化产权交易所，是以文化版权、股权、物权、债权等各类文化产权为交易对象的专业化市场平台，通过境内外的分支机构，为各类出资主体提供灵活、便捷的投融资服务，是上海及国家文化体制改革的重要市场平台，也是上海国际金融中心和文化大都市建设中的一个重要组成部分。对演艺项目的核心文化无形资产，即著作权、表演权、特许权、文化创意相关权益、文化活动冠名权、文化品牌等文化资产，采用成本法、市场法和收益法等多种方法进行动量和定性相结合的价值评估，充分考虑演艺项目的成本因素、效益因素、可兑现因素、技术成熟程度因素、市场供求因素等的影响，利用评估机构的无形资产评估专业优势、标准优势、人才优势，通过对演艺项目资产进行评估，帮助企业将技术优势转化为市场优势，克服演艺机构货币或实物形式自有资本有限，难以满足银行在传统信贷体制下对风险控制要求的难题，以便充分利用互联网金融等创新金融服务方式，如通过互联网金融平台实现对演艺项目的众筹、版权质押融资等。

（二）文化金融服务中心是高效对接文化企业与金融企业信息的平台

金融企业本身虽然具有发现融资需求的功能，但是单靠金融企业各自的努力去发现广大的文化中小企业的潜在融资需求，是非常低效率的。如果存在一个平台可以整合市场上众多中小文化企业的融资需求信息，金融机构只需要在这个平台上有针对性地进行融资需求的进一步挖掘，那么这种融资需求的发现将更加高效，建设文化金融服务中心就可以满足这种需求。

文化金融服务中心可以通过集聚效应，聚合市场上广大中小文化企业的各种融资需求，同时整合银行、担保公司、小贷公司、保险公司、风投基金等各种金融资源，做到广大的中小文化企业与大量的金融机构的高效率对接，同时可以发挥其专业服务平台的优势，为各种文化资源进行分析整合，对金融机构创新设立适合文化企业融资的金融产品提供专业性的建议。

另外，地方政府很多都为发展文化产业提供了专项的扶持资金，这些资金种类繁多，一般的中小文化企业可能并不能全面地了解这些优惠扶持政策，文化金融服务中心也可以为中小文化企业提供获得政府支持资金相关方面的建议，提高政府资金的利用效率，更好地推动文化业的发展。

（三）文化金融专业服务机构能提供专家服务

文化企业，尤其是高附加值新兴文化企业，多为知识密集型企业，企业在文化资源的创造形成过程中需要大量智力要素的集聚，这一方面需要企业自身的文化资源禀赋，另一方面可能在文化资源创新的关键节点或部分环节上需要文化专家的助力。而中小文化企业如果单独寻找所需文化专家，成本可能就很高，这可能就会阻碍企业文化资源创新的进程。如果设立文化专家专业服务机构的话，企业可以直接在服务机构找到所需专业的专家，这样可以极大地降低企业对文化专家的寻找成本。文化金融专业服务机构的文化专家可以为中小文化企业包括为文化市场的个体参与者提供各种文化咨询服务，例如艺术品价值鉴定，这样便于相关艺术品金融化后进行份额细分；提供文化企业的天使投资、风险投资等直接融资咨询，帮助那些只懂文化市场而不了解金融市场、需要融资的中小文化企业提供适合其自身发展特点及实际需要的融资咨询。

例如，2011年3月1日在京成立的国家公共文化服务体系建设专家委员会，旨在推动我国公共文化服务体系的科学发展。专家委员会由来自北京大学、清华大学、中国社会科学院等学术科研机构和全国部分文化机构的39名专家组成，代表着我国公共文化服务体系理论研究的核心力量和一流水平。专家委员会的职责主要是为公共文化服务体系建设提供政策建议、业务咨询和理论指导。

（四）文化金融服务平台可以实现信息对称、资金高效利用

文化金融中介服务平台既可以由政府主导建立，也可以在文化产业的相关行业发展的过程中由需求自发形成，以行业协会的形式运作。作为一种广义的金融中介服务平台，其目的是服务广大中小文化企业，弥补中小文化企业发展中的各种资金、信息瓶颈；从提供服务的具体形式来看，更多的是提供一种公共服务，而西方经济学中公共选择理论以及相关实践都表明，公共服务由政府部门主导完成的形式是效率更高的模式。

金融企业自发搜寻积累的文化企业信息难以在业内共享。金融企业在竞争的市场环境下开展业务，其自身可能由于经营需要在经营过程中搜集分析到一些文化企业的融资需求、经营诚信、经营绩效等相关信息，但由于这种信息搜寻是有成本的，单个金融企业搜寻积累的相关有价值信息很难低成本地与其他金融企业共享。即使假设存在这种共享，由于市场主体经济人的假设，金融企业出于节约成本的需要，都会逐渐去等待来自其他金融企业的低成本信息而自身不再更加努力地去搜寻这种信息，这会导致这种搜集信息模式很难持续。所以，通过金融企业自发搜寻积累文化企业相关信息并且与其他金融企业低成本分享的模式是很难建立起来的。

政府主导模式建立平台在促进扶持资金高效发挥作用方面更具优势。政府主导建立文化金融中介服务平台，不仅在运营方面效率更高，而且政府主导设立的服务平台的运营人员也更熟悉政府的相关政策，在为文化企业提供信息服务、专家建议等方面可以更好地指出其可能获得的政府相关政策的支持。

因此，支持有条件的地区建设文化金融服务中心，通过政策引导、项目对接、信息服务、业务培训、信用增进、资金支持等方式，服务于文化企业和金融机构，促进文化与金融对接，扶持骨干文化企业和小微文化企业，搭建文化金融中介服务平台。推动文化产业知识产权评估与交易，加强著作权、专利权、商标权等文化类无形资产的评估、登记、托管、流转服务。[①]

例如，国家文化创意实验区自2014年12月成立以来，积极落实国家文化金融政策，主动服务首都全国文化中心建设，发挥改革创新、先行先试作用，在文化金融方面制定出台了一系列扶持政策，打通文化企业融资渠道，推动文化金融合作。经过三年多的发展，截至2018年7月，文创实验区文创企业注册数达到39297家，三年来新增文创企业2.3万余家，较2014年年末增长了143.8%。截至目前，文创实验区汇聚了88家文创上市公司。产业规模持续壮大，2017年，文创实验区规模以上文创企业实现收入1776.1亿元，占到同期全市比重近10%。2018年1—5月，实验区规模以上文创企业实现收入617.1亿元，同比增长10.2%。文化部和中国人民银行还将择机创建文化金融合作试验区，探索建立地方政府、文化、金融等多部门沟通协作机制，通过创新地方政府资金投资的方式，引导和促进金融机构创新金融产品和服务模式，搭建文化金融服务平台，完

---

① 陈东.中国电子竞技产业发展研究（1996—2015年）[D].济南：山东大学，2015.

善文化金融发展政策环境，集中优质资源先行先试，探索文化金融模式创新，作为政府部门推动文化金融工作的载体，并依托试验区作为文化金融政策的"试验田"和"样本库"[①]，见专栏7-9。[②]

> **专栏7-9　北京市首个文化金融服务中心**
>
> 　　2018年8月28日，北京市首个文化金融服务中心在北京朝阳国家文化产业创新实验区（简称"国家文创实验区"）正式投入使用。该中心有效整合了各类金融服务和政策资源，面向有融资需求的文化企业提供政策咨询、项目对接、金融业务办理、投融资合作等一站式专业服务，并为文化企业和金融机构举办业务培训、项目路演提供专门空间和精准服务。首批20家金融服务机构已集中入驻中心，为文创企业提供文创普惠贷、蜂鸟贷、创业快贷、银担通、税易贷等30余种特色金融服务产品，帮助文化创意企业便捷、优惠、一站式的金融服务。
>
> 　　国家文创实验区大力推动文化金融等重点领域创新，成立了全国首个文化企业信用促进会，设立全市首只区级文创产业发展基金，发布实施"蜂鸟计划"，通过"实验区移动APP"初步搭建起线上文化金融服务平台，探索形成了"信用价值筑基、政策支持架桥、融资服务为核、股权交易助跑"的金融服务体系，并与一批金融机构建立了良好的合作关系，积累了大量文化金融资源。
>
> 　　在此基础上，国家文创实验区积极促进政府与市场联动、市区联动、投贷联动，探索建设依托两大载体（文创实验区企业信用促进会和文化金融服务中心）、提供两个支撑（政策支撑和服务支撑）、形成两个闭环（"信用评级、快捷担保、见保即贷、贴息贴保"信用融资服务闭环和"创业孵化、风险投资、投贷联动、上市培育、政策支持"的股权融资服务闭环）的文化金融服务模式，满足企业债权融资和股权融资两类需求，

[①] 袁世一.加快文化金融发展的对策研究［J］.中国管理信息化，2015（3）.
[②] 李东阳.北京市首个文化金融服务中心在国家文创实验区启用［EB/OL］.（2018-08-29）［2018-10-19］.https://house.focus.cn/zixun/9131345be696ff39.html.

逐步构建起多层次、多渠道、宽领域的文化金融服务创新体系。

在国家深化金融改革的背景下，南京河西 CBD 鼓励金融创新，重点发展和完善科技金融、产业金融、文化金融以及互联网金融等特色金融体系，积极探索文化金融创新，推动金融资本、社会资本、文化资源相结合，构建文化金融创新的"南京模式"，创建"国家文化金融合作试验区"。文化金融体系的构建包括文化银行、文化产业发展基金、文化小贷公司、文化类融资担保、文化保险、多元化直接融资在内的文化产业金融服务链。通过政策引导、项目对接信息服务、业务培训、信用增进、资金支持等方式，服务文化企业和金融机构，促进文化与金融对接，扶持骨干文化企业和小微文化企业，搭建文化金融中介服务平台。推动文化产业知识产权评估与交易，加强著作权、专利权、商标权等文化类无形资产的评估、登记、托管、流转服务。鼓励法律、会计、审计、资产评估、信用评级等中介机构为文化金融合作提供专业服务。在清理整顿各类交易场所基础上，引导文化产权交易所参与文化金融合作。建立完善多层次、多领域、差别化的融资性担保体系，促进银行业金融机构与融资性担保机构加强规范合作，为文化企业融资提供增信服务。

第八章 我国文化创意金融产业政策分析

　　文化创意金融产业政策体系是以投资主体多元化、融资渠道多样化和资金效率最大化为取向的核心政策,以提高投资者相对收益、降低投资者风险为工具的激励政策,以提高金融服务水平、推进文化企业规范化经营和加强法律制度建设为支撑的保障政策等,共同构成以充分发挥文化产业金融市场功能为基础的、能够实现文化企业和金融机构共赢的、相对完善的政策体系。

第一节　中国文化创意产业政策概述

文化创意产业是发达国家经济转型过程中的重要产物，由于产业特点突出、产业优势明显，这一新兴产业越来越为各国所重视，其增长速度远高于整体国民经济增长速度，发展文化创意产业已经成为当今世界经济发展的新潮流和众多国家的战略性选择。文化金融产业政策是国家宏观经济调控政策的核心，与国民收入政策、货币政策、财政政策、投资政策等密切相关。产业政策包括产业组织政策和产业结构政策，其目标是追求规模效益，保护合理竞争，避免垄断；产业结构政策的目标是使资源得到最优的配置。

一、文化创意产业政策概念

"产业政策"的概念最初出现于想赶超英国工业革命成果的德国，是由德国历史学派的代表李斯特在他的《政治经济学国民体系》一书中首次提出的。后来许多欧美国家也采用了这个思想，一直沿用至今。产业政策是国家或地方政府从产业发展的全局着眼，系统设计的有关产业发展和产业结构演变的政策目标和政策措施的总和，是国家干预或参与经济的一种较高级的形式。产业政策指导产业的发展方向，调节各产业间的相互关系。文化创意产业政策是指国家或地方根据特定的文化创意产业发展问题和文化创意产业发展规律的基本要求，对文化创意产业行为进行规范、引导、激励、约束的规定。

文化创意产业的发展不仅关系到我国产业结构的转换升级和经济可持续发展，同时也对我国建设先进文化、维护国家文化安全、提高文化软实力、提高文化的国际竞争力和影响力有着重要意义。而制定科学、合理的文化创意产业政策是实现我国文化创意产业健康、快速发展的重要前提条件。文化创意产业政策是我国产业政策的重要组成部分。文化创意产业政策目标不仅仅是追求发展的速度、产值等经济目标，也是对国家政治、文化、社会等综合目标的全面的考虑，同时涉及构筑国家文化安全、满足公民精神文化需求等问题。

文化金融产业政策的逐步建立和完善，对中国文化改革和文化发展有着里程碑的意义，无论是文化金融产业宏观的管理体制，还是微观的运行机制，都结束了计划经济时代政府对文化的包办模式，使我国的文化产业发展更适应全球化，特别是社会主义市场经济条件下文化发展的客观要求。同时，中国文化金融产业政策将金融机制引入文化产业，在政策上使文化产业与金融产业并轨前行，使金融成为文化资源配置的基础性力量，从政策上解决了长期以来存在的金融与文化"两张皮"问题，实现了文化金融一体化。在文化金融产业政策的引导下，我国注重培育新型的文化金融市场主体和市场体系，调整商品供求结构，实现文化市场的商品供求平衡；通过差别利率等信贷倾斜政策对文化金融的资金市场进行调节，有助于资金合理流动和优化配置；打破长期以来的文化管理条块分割、地区封锁、城乡分离的局面，促进区域市场和国内统一市场的发育和形成，形成"统一、开放、竞争、有序"的文化金融市场体系；建立"依法经营、违法必究、公平交易、诚实守信"的市场秩序；创造"公开、公平、公正"的市场竞争环境。从理论和实践上开启了具有中国特色社会主义文化发展的新格局。

二、我国文化创意产业政策特征

中国文化金融产业政策形成的背景是中国的改革开放和社会主义市场经济体制的建立和发展。改革开放对思想文化的解放及大众对文化生活的新需求，是催生文化市场形成和文化产业发展的原动力；而经济体制改革的成功经验和示范效应引发了文化体制改革，打破了长期以来由于体制束缚和财政预算约束所导致的国有文化事业单位的生存困境，国有文化事业单位创新生存和发展模式，使文化产业呼之欲出；随着市场经济的深入发展，国家宏观结构调整的需要和广大人民群众日益增长的精神文化生活需要的叠加，造就了文化产业的生成和发展。[1] 没

---

[1] 贾旭东.全球化背景下的中国文化产业政策及其影响[J].同济大学学报（社会科学版），2009（3）.

有金融的支持，文化产业将是无源之水，当文化产业形成之时，金融也同时介入了它的发展，并始终对文化产业的发展起着积极的推动作用。文化金融产业就是这样伴随着文化产业的形成而形成的。[①]

文化创意产业具有一些一般产业的属性，但又具有不同于一般产业的特殊性。文化创意产业既具有经济属性又具有很强的政治和意识形态性。因此，文化创意产业政策不仅要遵循产业发展的一般规律，而且要满足文化创意产业发展的特殊规律。它具有如下特性。

1. 区域性、综合化、集成化特色明显

文化创意产业的各项政策均是根据我国不同时期的经济发展战略而设计的，体现出政府的政策目标。《文化产业振兴规划》《关于加快培育和发展战略性新兴产业的决定》《中共中央关于深化文化体制改革，推动社会主义文化大发展大繁荣若干重大问题的决定》等政策的出台，均体现了文化创意产业日益成为国家产业政策的重点。

例如，中共中央政治局 2015 年审议通过的《京津冀协同发展规划纲要》，提出要在产业升级转移等重点领域率先取得突破，大力促进创新驱动发展，加快公共服务一体化，在文化产业区域构建及综合规划方面开了先河；同年 3 月 28 日，国家发展和改革委员会、外交部、商务部联合发布《推动共建丝绸之路经济带和 21 世纪海上丝绸之路的愿景与行动》，重点提出加强与沿线各国的文化交流、积极开展文化产业合作、塑造和谐友好文化生态的新要求，将文化驱动经济合作作为重要的增长点。

不难看出，国家决策层将文化产业发展与创意、创新、产业升级、区域经济发展等结合在一起，推动文化产业综合化、区域化、整体化发展的思路日益凸显，文化产业与其他产业、地区经济发展的融合也更加密切。在此大背景下，各地都在进行文化产业政策、资源、公共服务的整合，如北京、江苏南京等地纷纷成立文化产业综合信息服务平台或文化产业融合公共服务平台，在促进文化产业发展、文化金融创新等方面做出新的探索和努力，也提升了政府引导及产业促进效率。

---

① 郑敏.走向开放的中国文化金融政策环境分析［J］.科技情报开发与经济，2014（21）.

2. "互联网 + 文化 + 创意 + 创业"四核驱动助推增长

2015年，各部委推出一系列旨在推动云计算、互联网以及扶持创意、创业的政策法规，如国务院《关于促进云计算创新发展培育信息产业新业态的意见》以及《关于深化体制机制改革加快实施创新驱动发展战略的若干意见》等，都明确提出要大力强化创新所带来的内生经济增长活力，进一步夯实文化产业与创新、创业的内在联系，促进大众创业、万众创新的新局面、新常态。创客时代和创客实业，以及"互联网 +"已经成为重要的社会发展方向。同时，大数据条件下的数据发展、工业4.0都体现着未来发展的趋势，代表了文化产业发展方向。"双创"作为我国经济转型和保增长双引擎之一，将推动和形成继20世纪80年代的两个创业潮——个体户创业潮、90年代网络精英创业潮之后的第三次创业潮。而文化科技的创新、创意与创业在此轮高潮中具有举足轻重的作用，成为"双创"战略的一个引擎。

在文化产业领域里，就"文化产业到底包含哪些"的问题争论了很多年。但是，今天"互联网 + 文化 + 创意 + 创业"带来的是跨界融合。文化创意与设计服务要为装备业、轻工业、信息业服务，整体还要为旅游业、农业、甚至包括体育产业服务。总而言之，就是要与各产业融合在一起。文化产业发展到一定阶段，一定要进入到创意产业和创意经济的新阶段。因此，政策导向更要强调建立技术创新市场导向机制，完善创业投融资机制，建立健全良好的政策、制度环境。不仅将"文化 +、互联网 +、创业 +、创意 +"等因素更好地融合在一起，更注重在探索其相互结合过程中成功的经验、方式、方法，并形成更加合理、行之有效的市场化机制，以深入促进文化金融四核驱动当前我国国民经济转型、升级的历史性进程。在此背景下，互联网、文化、创意、创业等核心产业要素不断融合，成为文化产业及经济融合发展的亮点。

3. 侧重知识产权开发及保护

知识产权制度是一国保护科学技术和文化艺术成果的重要法律制度，对于促进科学技术进步、文化繁荣和经济发展具有重要意义和作用。我国知识产权保护制度的建设起步较晚。但是，实行改革开放后，为了更快地发展社会生产力和推动社会全面进步，应社会主义市场经济发展的需要，我国加快了知识产权保护制度建设的步伐。从战略支撑、知识产权质押融资、知识产权资本化等方面来看，相关政策加大了对知识产权的市场化开发及保护。2017年12月，国家知识产权局在《关于进一步推动知识产权金融服务工作的意见》中，提出积极实践知识产权资本化新模式，加强知识产权金融服务能力建设、强化相关工作保障机制等。国内兴起的科技金融，包括中关村创业大街等技术金融孵化机构的纷纷涌现，就顺应了这样的时代潮流与产业热点。作为文化产业生存与发展的关键，随着 IP 热潮的兴起，知识产权保护备受重视。相关部门出台的《使用文字作品支付报酬办法》《关于知识产权支持小微企业发展的若干意见》《深入实施国家知识产权行动计划（2014—2020 年）》《深入实施国家知识产权战略加快建设知识产权强省推进计划》等一系列政策，从人才发展机制改革、学术环境优化、侵权行为打击、知识产权强国建设和知识产权导向分配等多方面做出立足实际、着眼未来的全方位部署，加大了对知识产权的保护力度。

作为文化创意产业核心资产的版权在资本化方面具有极大潜力。在相关扶持政策的鼓舞下，国际版权交易中心等文化金融机构在版权金融、版权资本化等领域的探索一直在进行。包括联手多个金融机构一起开展针对版权产业融资需求的金融服务产品和模式创新，联合中国版权保护中心推动版权资产评估、质押、登记、托管、流转和变现机制的完善与创新，联合各类投资机构共建项目数据库及投融资服务平台，在建立健全配套服务机制方面进行了有益探索。一些专业的市场机构也在引入电影产业专业保险、成熟的版权资本机制、风控流程及版权的混合资本化模式方面做了大量工作，知识产权资本化大潮方兴未艾。

4. 税收政策倾向

2013 年由财政部发布的《关于推动文化文物单位文化创意产品开发的若干意见》中，对文化文物单位开发文化创意产品提出了两个统一的要求：始终把社会效益放在首位，实现社会效益和经济效益相统一；充分运用创意和科技手段，推动文化资源与现代生产生活相融合，实现文化价值和实用价值的有机统一，并为开发文化创意产品指明方向。2014 年财政部和国家税务总局颁布的《关于扶持动漫产业发展增值税 营业税政策的通知》中规定，对属于增值税一般纳税人的动漫企业销售其自主开发生产的动漫软件，按 17% 的税率征收增值税后，对其增值税实际税负超过 3% 的部分，实行即征即退政策。动漫软件出口免征增值税，促进了我国动漫产业的健康快速发展，增强了动漫产业的自主创新能力。

另外，在文化产业的发展中，中小企业投融资比较困难，有些政策可以向其倾斜。例如，财政部、国家税务总局联合发布的《关于小型微利企业所得税优惠政策的通知》中，决定自 2015 年 1 月 1 日至 2017 年 12 月 31 日，对年应纳税所得额低于 20 万元（含 20 万元）的小型微利企业，其所得减按 50% 计入应纳税所得额，按 20% 的税率缴纳企业所得税。

5. 多样性及适应性突出

实施文化创意产业政策的手段具有多样性，财政政策、税收政策、金融政策及必要的行政干预等都是实施文化创意产业政策的手段。因此，文化创意产业政策具有多样性的特征。文化创意产业政策的制定需要考虑到国内外经济形势的变化，满足国家经济发展的总体战略。在不同的经济发展阶段，应当采取不同的产业政策。因此，文化创意产业的目标、手段、内容等都会随着时间和经济形势的变化而变化，具有动态性的特征。

第二节　中国文化创意金融产业政策体系

文化产业与其他产业相比，具有市场规模大、投资回报丰厚的特点，在世界一些国家和地区，文化产业已成为重要的支柱型产业之一，这种特点使文化产业与金融业的结合具备了前提条件。在我国，从政府到民间都越来越意识到文化金融产业的重要性，伴随着市场政策引导文化金融经济的发展，各级政府出台了一系列有利于文化创意产业发展的政策，文化金融产业沿着有利于产业兴盛的方向发展。

一、文化产业政策的演化

改革开放四十年来，在"政府驱动型发展模式"下，文化创意产业发展迅猛，每前行一步，都离不开国家政策的驱动和指导。国家对于文化产业政策的调整主要有以下四个发展阶段。

（1）政策催生文化产业时期。1978—1987年的十年间，是文化产业政策催生文化产业时期。1978年我国开始实行改革开放，一时间各行各业都显现出蓬勃的发展势头，政府开始出台一些政策鼓励文化活动。1980年，中共中央开始实施贯彻第四次全国文学艺术工作者代表大会精神，在总结和反思的基础上，再次确立了文艺工作"百花齐放、百家争鸣"的方针。这是我国当代文化政策极具特色的转折点，文艺工作开始向多元化发展。1984年，开展"以文补文"活动，国家鼓励文化事业单位利用知识举办讲座、设计广告，对报社和出版社开展有偿服务和经营活动，以此来补贴文化经费，为更好地开展文化服务工作提供资金保障。

（2）政策培育文化产业时期。这一时期，各类文化产业政策相继出台，文化政策以引导和培育市场为主。国家开始利用政策的引导作用，推动文化产业发展。1991年，"文化经济"出现在《文化部关于文化事业若干经济政策意见的报告》中。1992年,党的"十四大"报告中明确提出要"完善文化经济政策"。同年,"文化产业"这个概念第一次出现在国务院办公厅编著的《重大战略决策:加快发展第三产业》中。1997年,中共十五大报告指出,"深化文化体制改革,落实和完善文化经济政策"是践行中国特色社会主义的文化建设之道的重中之重。国务院推出诸多关于文化产业发展的金融、财政和税收政策,有力地鼓舞了我国文化产业的发展劲头。1998年,在国家文化部设置了文化产业司,在政府职能中将"促进文化产业发展"纳入其中。这一时期,随着社会主义市场经济的建立,政府逐渐放开对文化活动的监管,并开始引导文化事业向文化产业迈进。

这些政策激发了文化创作的热情,丰富了文化活动的类型,为文化活动的开展做了引导,为文化产业发展做了铺垫。

(3)政策促进文化产业发展时期。这一时期,各类文化产业政策开始密集出台,文化产业开始形成,并逐步提升到国家战略性地位。2000年10月,在《中共中央关于制定国民经济社会发展第十个五年计划的建议》中,"文化产业"概念在文化产业政策中正式运用,并首次提出"完善文化产业政策",将文化产业列入国民经济和社会发展计划之中,2001年3月,在《国民经济和社会发展"十五"规划纲要》中,文化产业在经济发展中的重要地位被确认,文化产业开始和文化事业共同发展。2005年,国务院出台了《关于深化文化体制改革的意见》,这一时期,广电和新闻出版单位开始依据"创新机制、面向市场"的转型方针进行国有文化事业单位企业制改革。2009年,我国第一部文化产业长期规划——《文化产业振兴规划》出台,标志着文化发展已上升到国家战略层面;2010年,党的十七届五中全会上,把文化产业列入国家战略性支柱产业之中;2012年,《"十二五"时期文化产业倍增计划》指出,文化产业已成为国民经济和社会发展战略的重要组成部分,这标志着我国文化产业发展步入新阶段。这一时期,文化产业政策开始密集出台,层次也越来越高,文化产业逐渐上升到国家战略的层面。

(4)十八大以来我国文化产业政策发展。党的十八大以来,党中央、国务院进一步加强顶层设计,制定实施《深化文化体制改革实施方案》《国家"十三五"时期文化发展改革规划纲要》等文件,全面推进文化体制机制改革创新,文化产业增速始终高于GDP增速,保持强劲发展势头。在加强顶层设计的同时,还呈现出三大亮点。其一是文化立法取得大突破。2015年，我国博物馆行业第一个全国性法规文件《博物馆条例》正式实施，用制度保障来推进博物馆事业规范化、专业化发展。2016年11月颁布的《电影产业促进法》是我国文化产业领域的第一部正式法律，该法律的施行推动了电影行业从行政法规监管转向专门法律监管。其二是用创意活化文物，文物保护得到重视。2016年《关于推动文化文物单位文化创意产品开发的若干意见》等政策的出台，以故宫文创为代表的用创意激发文物活力的优秀案例，标志着文物保护迈向新纪元。其三是进一步强化对知识产权的保护。《使用文字作品支付报酬办法》《关于知识产权支持小微企业发展的若干意见》《深入实施国家知识产权行动计划（2014—2020年）》《深入实施国家知识产权战略加快建设知识产权强省推进计划》等一系列政策的出台，从人才发展机制改革、学术环境优化、侵权行为打击、知识产权强国建设和知识产权导向分配等多方面做出立足实际、着眼未来的全方位部署，加大了对知识产权的保护力度。

二、文化创意产业政策组成

文化创意产业政策体系主要包括四大类，即战略规划、开发策略、财税金融政策和制度保障。首先，战略规划即发展战略，是对文化创意产业的未来进行长期、总体的规划。它包括国家产业战略规划和地方产业战略规划，具有长期性、全局性的特点。其次，开发策略包括产业推进政策、行业促进政策、集聚发展策略、进出口促进政策以及文化创意产业分类认定政策等，具有种类繁多、指导性强的特点。再次，财税金融政策，主要解决文化创意企业，尤其是中小型企业资金不足、融资难、产业基础设施建设等问题。主要包括财政资金支持政策、消费信贷政策、投融资政策等，推动文化与资本对接，缓解文化创意产业的融资瓶颈。财税金融政策具有直接性的特点，对成长期的企业具有很好的扶持作用。最后，制度保障主要包括组织保障政策、人才保障政策、知识产权保障政策、文化创意产业的服务组织保障政策等。我国已经建立并不断完善知识产权保护的政策体系，形成了以《国家知识产权战略纲要》为主线，以《中华人民共和国专利法》《中华人民共和国商标法》《中华人民共和国著作权法》为基础，以《中华人民共和国著作权法实施条例》

《中华人民共和国专利法实施条例》等知识产权行政法规为支撑的知识产权保护政策法规体系。

三、文化创意金融产业政策的分类

（一）从政策性质的角度

文化创意金融产业政策可以划分为奖励性政策和限制性政策。奖励性政策的目的是鼓励产业发展，推动产业升级；限制性政策的目的在于规范行业发展方式、限制恶性竞争等。

（二）从作用对象的角度

文化创意金融产业政策可以划分为产业政策、行业政策、集聚区政策等。产业政策是将文化创意产业作为一个整体来设计政策，通过鼓励、规范、限制等手段对产业的发展给予指导；行业政策是对文化创意产业内部的各个子行业的发展给予鼓励、规范、限制等；集聚区政策是对文化创意产业发展过程中出现的集聚现象进行鼓励、规范或限制。

（三）从作用层次的角度

文化创意金融产业政策可以划分为宏观经济政策和微观经济政策。宏观经济政策是指采用财政政策、货币政策等来解决整个文化创意产业所出现的各种问题；微观经济政策是指通过影响微观经济主体，即文化创意企业或个人的决策和行为来引导整个产业的发展。

（四）从发行部门的角度

文化创意金融产业政策可分为国家层面政策以及地方层面政策。由国务院办公厅、中央办公厅、文化部、国家发改委等国家中央机关部门发布的属于国家层面政策；由地方政府、市委等地方政府部门发布的属于地方层面政策。详见表8-1、表8-2。

表 8-1 国家层面文化创意产业政策

文件名称	发布机关	发布时间	主要内容
"十三五"国教科普与创新文化建设规划	科教部、中宣部	2017年5月	到2020年，科学精神进一步弘扬，创新创业文化气氛更加浓厚，广泛开展科技教育，传播与普及，提升全民科学素质整体水平
"十三五"时期文化科技创新规划	文化部	2017年5月	文化科技创新是国家科技创新的重要组成部分，是社会主义文化强国的关键支撑力量，随着新一轮科技革命和产业变革孕育兴起，信息网络、大数据、智能创造等高新技术广泛渗透到创作、生产、传播、消费的各个层面和环节
关于加强文化领域行业组织建设的指导意见	中央办公厅、国务院办公厅	2017年5月	坚持中国特色社会主义发道路，始终把社会效益放在首位，坚持积极引导发展和严格依法管理并重，通过明确职能定位，做好培育发展，更好发挥自身优势，激发全社会文化创造活力
"一带一路"，文化发展行动计划（2016—2020年）	文化部	2017年1月	高举中国特色社会主义伟大旗帜，以邓小平理论、"三个代表"重要思想和科学发展观为指导，深入贯彻落实习近平总书记系列重要讲话精神，坚持社会主义先进文化前进方向，认真贯彻落实《愿景与行动》的整体部署
社会领域产业专项债券发行指引	国家发改委	2017年8月	为贯彻落实《国务院办公厅关于进一步激发社会领域投资活力的意见》(国办发〔2017〕21号)精神，积极发挥企业债券融资对社会领域产业发展的作用，支持企业发行文化产业专项债券等社会领域产业专项债券

资料来源：根据公开资料整理。

表 8-2 地方层面文化创意产业政策

文件名称	发布单位	发布时间	主要内容
关于加快文化创意产业发展的意见	湖南省人民政府	2014年7月	促进文化创意产业发展的财政保障、用地保障等多项支持政策，提出要保障产业用地，优先安排重大文化创意产业项目用地计划

续表

文件名称	发布单位	发布时间	主要内容
湖南省人民政府办公厅关于支持马栏山视频文创产业园建设发展的若干意见	湖南省人民政府办公厅	2018年2月	优先支持产业园有关项目申报国家政策和资金支持;充分运用各种产业投资基金,按照市场化运作的原则,引导社会资本投资园区产业项目;支持湖南广播电视台牵头,对现有芒果基金扩充规模和调整范围,设立马栏山文化创意产业投资基金,促进产业园建设
北京市文化创意产业发展专项资金项目奖励实施细则(试行)	北京市国有文化资产监督管理办公室	2016年2月	对已完成并取得良好社会效益和经济效益的文化创意产业项目进行资金奖励。在开发新型文化资源、培育文化品牌、扩大文化市场规模、推动文化创新、创意产业园区升级发展和促进文化"走出去"等方面具有带动性与示范性
关于促进文化消费的意见	北京市人民政府	2015年2月	加强文化消费供给、培育文化消费理念、引导文化消费行为、丰富文化消费业态、拓展文化消费空间五个方面的重点任务,并通过一系列有力的扶持政策和保障措施加以支撑
上海市关于深入推进文化与金融合作的实施意见	上海市人民政府	2014年11月	完善文化金融合作机制、拓展文化金融合作渠道和优化文化金融合作环境三方面着手,提出要完善文化金融合作机制、拓展文化金融合作渠道、优化文化金融合作环境等三个大项和建立文化金融合作联席会议制度、鼓励支持文化企业上市、创建文化金融合作试验区等
关于深入推进文化创意产业与相关产业融合发展的实施意见	杭州市人民政府办公厅	2015年4月	紧紧围绕建设全国文化创意中心的战略目标,以知识产权保护利用和创新型人力资源开发为核心,坚持统筹协调、重点突破,市场主导、创新驱动,文化传承、科技支撑的基本原则,突出七大领域融合
中共南通市委、南通市人民政府关于促进文化产业发展的若干政策意见	中共南通市委、南通市人民政府	2014年3月	设立文化产业专项引导资金,利用相关发展专项资金,统筹扶持文化产业发展。市财政从2014年起每年统筹安排专项资金不少于5000万元,并随市本级财力增长逐步提高

资料来源:根据公开资料整理。

第三节　中国文化创意金融产业政策的瓶颈

文化产业的发展需要大量的资金投入，它虽然有高收益的优势，但也有资金回笼慢的缺陷，仅仅依靠文化企业自身的资金和政府的财政支持是远远不够的。文化产业作为市场行为，必须合理地运用金融工具和金融杠杆，依靠资本市场的运作推动其发展，而金融业也需要借助文化产业的平台开拓新的发展空间，可以说，投融资是文化产业发展的助推器。文化产业和其他产业一样，其发展和成长离不开金融支持。[1] 构建产业发展和金融支持的积极互动与良性循环的机制，是促进文化产业和金融业发展、实现文化企业和金融机构（及其他投资者）共赢的关键。文化产业快速发展态势将会引发文化产业资金需求激增，其他产业的快速发展态势也会引发资金竞争性需求的扩大，这两个因素必将使文化产业金融支持不足问题呈现日趋加剧的趋势。[2]

一、政策缺失滞后、针对性弱

我国文化金融产业的发展时间不长，政策滞后的现象比较明显，在很多方面缺乏必要的政策支持。文化产业作为投资收益较慢，但却又是与民族精神及人民大众的文化生活息息相关的一个产业，自然离不开政府财政资金的支持。但是长期以来，无论是各大图书馆、文物馆，还是各种中小文化企业，都过于依赖政府的财政资金支持。加上国家相关的政策缺失，相关的文化金融法律法规还没有健全，政策所允许的融资手段少，缺乏对文化金融产业的保护性政策，再加上许多

---

[1] 赵东亮.我国文化产业投融资机制建设浅析[J].会计师，2012（6）.
[2] 侯英.文化产业金融支持体系创新研究[J].经济问题，2016（3）.

文化单位的事业单位性质和产权不明晰的限制，无法发行融资券或债券，也无法实施股权置换、买壳上市、借壳上市等融资手段，往往造成文化产业发展中资金不足等问题。[①]

近十年来，我国在加强知识产权保护方面采取了许多措施，建立了一套相对比较完善的知识产权保护服务体系，但在知识产权体系的法律法规方面还存在一些不完善的地方。例如，我国对表演者、录音录像制作者的保护范围过于狭窄，只有复制权、发行权、出租权和通过信息网络向公众传播权这四项经济权利受到保护。文化创意产业的核心是创意，而创意同时具有"无形资产"和财产权的性质，创意一旦被利用，就会产生巨大的经济利益。但是，由于创意的抽象性和模糊性，使得传统的知识产权体系已经不能满足保护创意的需求。随着互联网的飞速发展，软件计算机等知识产权问题将会更加突出，一套与时俱进的知识产权保护法律法规是迫切需要的。

尽管我国陆续出台了许多文化创意产业的资金扶持政策和税收优惠政策，但是由于对文化创意产业的内部结构认识不清，我国的财税支持政策缺乏行业针对性。文化创意产业主要是依靠知识和创意，其资产大多体现为无形资产，但是企业在纳税时，这类智力投入是不能抵扣的。若没有合理的、有力的扶持政策，文化创意产业将很难引入社会资本。

二、政策依赖性强、市场意识薄弱

从我国文化创意产业政策的制定情况来看，我国的文化创意产业属于政府主导型产业，主要依靠政府的强制力来推动产业的发展。我国文化创意产业领域的市场主体很大一部分是由事业单位转变而来的，市场经济的意识还不强烈，总是寄希望于政府的各种优惠政策和财政支出政策的支持，带有很大程度的计划体制模式。[②] 因此，我国的文化创意产业呈现出竞争力不强、政策依赖严重的现象。《中国文化品牌发展报告》（2016）指出，目前，国内的动漫企业有85%处于亏损

---

① 郑敏.我国文化产业政策体系中存在的问题及原因分析［J］.新西部，2016（18）.
② 邹超.我国文化创意产业政策现状、问题及对策分析［J］.内蒙古财经大学学报，2013（3）.

状态。高度"计划型"政策使得文化创意产业很容易成为政府的"面子工程",甚至是某些人的牟利工具。

三、政策可操作性弱、流程不完整

现有的文化金融产业政策不够具体、明确,可操作性不强,很多政策只是停留在概念上,缺乏实际运作的可操作性。比如,国家的多个文件中都指出,要打破地区封锁和条块分割,提倡文化企业跨地区、跨媒体、跨行业经营,优化文化产业结构。同时,有些文化金融政策的形成和产生过程的民主化和程序化不规范,有的政策缺乏法律依据,没有经过充分的论证,导致部分政策的流程过程不完整,在执行中缺乏必要的支撑环节和周密的实施计划。

文化创意产业具有高投入、高风险的特点,做好前期的发展规划和发展思路,有利于发挥我国文化创意产业的优势,规避风险,加速发展。从我国的文化创意产业政策的制定情况来看,总是为了解决某一问题而出台某些政策,但是政策与政策之间的作用会抵消或强化,使得文化创意产业政策的实施没有达到预定的效果,甚至会被变相利用,严重违背政策制定的初衷。

四、监管考核机制不完善

我国的财政支持文化产业资金缺乏后期的监管和考核机制,导致资金的使用效率不高甚至是对投资资金的浪费,造成了金融机构投资文化企业风险大等问题。

文化金融产业的有序发展,需要政府通过制定、完善相应的政策加以调控,完善的文化金融产业政策是事关文化产业持续健康发展的重要因素。根据市场经济和文化金融产业发展的现实要求,建立健全完善而且具有可操作性的文化金融产业政策支撑体系,通过投融资体制的制度创新拓宽资金融通渠道,加大对文化产业的投入,逐步形成以公有制为主体,多种经济成分、多种经营方式、多层次、多渠道、多体制办文化的新格局,尽快形成以政府投入为主导,以企业投入为主体,以市场融资为主力的文化投入机制,对于做大做强文化产业十分必要。

第四节　完善中国文化创意金融产业政策体系

一、指导思路与体系构建

（一）文化金融创新须分别着眼于文化供给与需求

从文化供给角度来看，文化金融不仅应努力为大型文化企业提供综合性、多样化的金融服务，也应该根据中小文化企业所面临的难点给予充分的金融支持。从文化需求角度来看，文化金融既应涵盖居民文化消费过程中所产生的金融需求，也应涵盖在此过程中产生的个人理财、财富管理等各类需求。

（二）应着力发展具有文化特殊性的金融机构

文化金融的提供主体可以是现有金融机构，如银行、证券、保险、信托等；也可以是准金融机构和类金融组织，如小贷公司、担保公司、融资租赁公司、互联网金融企业等。如推动商业银行打造具有文化特色的分支行，组建专业化的文化产业投资基金，大力发展文化金融方面的信用保障、风险分担、投资咨询等类型的企业。此外，甚至还可鼓励居民进行"自金融"的创新，实现个人之间的资源互换与整合，从而服务于各类文化创意项目的发展。

（三）须满足多类型的金融服务功能

现代金融体系的基本功能通常包括融资与投资、支付清算、风险管理、信息与信用管理等，在这些领域，都可以推动文化金融的创新。例如，新型移动支付的快速发展，可以进一步拓展文化消费金融的服务平台，使得企业在老百姓日常消费场景中可以更加便利地嵌入其他金融服务。再例如，文化融资业务的健康发展还离不开有效的风险管理机制，因此，保险或担保、信用评估等同样也是文化金融发展的重要内容。同时，文化金融功能的实现还需要多层次的金融市场支撑，其中，货币市场、债券市场、股权市场都不可或缺，场内市场和场外市场也可相互补充。再有，对于大中型文化企业来说，逐步走向国际化也是必然趋势，因此还需要跨境文化金融市场的深度支持。

（四）努力建设"友好型"服务环境

为保障文化金融的健康发展，要加强相关法制建设，例如不断完善知识产权保护工作，及时修改完善商标法、著作权法等专门法律及其实施条例，加大对文化产品及服务的侵权行为的制裁力度。再例如，应构建服务于文化金融创新发展的公共服务体系，规范文化无形资产的资本化管理，建立高效的文化无形资产价值评估体系，完善文化产权交易市场与登记机制，积极探索建设文化行业信用管理与增信服务机制等。还比如，应完善版权公共服务体系，不断健全版权作品登记、转让合同备案和版权质押登记制度等，从而保障相关权利主体能更加有效地管理文化版权的未来收益权，从而为相关金融服务和创新奠定基础。

（五）构建合理完备的文化创意金融政策体系

合理完备的政策体系为文化创意金融产业的发展提供了良好的环境。根据产业发展的不同时期出台不同的扶持补贴政策，进一步发展文化创意金融产业。另外，还可根据行业的特征及需求，针对不同文化行业制定相适应的政策予以支持。具体设计见表8-3和表8-4。

表8-3　根据产业的发展程度来设计的文化创意产业政策体系

产业发展程度	具体产业	相关政策	相关财税政策
新兴产业（初始期）	动漫网络游戏、数字艺术、视频等	直接支持为主	直接补贴、贷款优惠、政府采购等
发展型产业	广告会展、设计服务、艺术品交易、传媒业	直接和间接相结合	贷款体系、税收优惠、政府采购等
成熟期产业	文化艺术、新闻出版、电影电视、娱乐休闲等	间接支持为主	税收优惠、政府采购、后期奖励

表 8-4　根据产业的经济性特征来设计的文化创意产业政策体系

具有的经济特征	主要行业类型	政策	政策持续性	目标
文化产品与服务的意识形态、精神性、公共性、准公共性	新闻出版行业：新闻服务、出版服务、发行服务等	直接财政拨款、政府基金资助	长期	扶持和弘扬共产主义精神、传承传统理论价值、支持艺术原创性行业的生存和发展
具有明显的外部性、其产品或服务兼具典型私人物品性质	广播电视电影、文化艺术服务等	税收优惠、施行区别对待的财政政策：对高新技术文化创意产业给予特殊补贴和激励	针对具有领头作用的产业、"走出去"的产业，中小企业及发展初期的产业给予政策的支持	鼓励采用新技术、具有高附加值的文化产品的生产
具有明显的私人物品特性，同时还具有很强的产业相关性	文化休闲娱乐服务、工艺美术品的生产、文化用品的生产、文化专用设备的生产	税收优惠	待该产业发展成熟，可逐步放手	扩大此类行业对其他产业及地区经济的辐射与带动作用

二、中长期战略与政策协调

（一）通过部际会商制度加强部门间的协调

文化创意产业的发展问题不是几个单项政策和几个单项文件就能解决的，需要综合的、多方面的政策支撑，而且政策与政策之间必须进行有效的协调。文化创意产业的跨界性需要各个部门之间的协调和配合。然而，我国的文化创意产业的跨部门协作不足，它不仅仅影响了单个政策的实施效果，也不利于各部门集成政策的推行。我国文化创意产业跨部门协作不足的原因是多方面的。首先，总的来看，我国文化行政管理的条块分割现象严重，形成了多头管理、多头执法的现象。其次，我国的文化行政管理机构既有国际层面的文化部等单位，还有省、市、地、县等行政区，这就造成了互不相属、互不干预的局面。各个地区之间、行政机构之间都有自己的政策，使得政策很难统一协调。

解决协调的首要任务就是实现部门间管理职能的协同。现行的比较有效的就是部际会商制度，即集成部际间的优势资源，共同组织和实施专项行动计划，构建部与部之间融合发展的文化创新体系。首推此项制度的就是文化部和科技部会商制度的建立，不仅有利于构建文化创意产业政策体系，还有利于增强部门间的政策的执行力。

（二）通过协调保持政策的稳定性和连续性

每个政策的制定和执行都不是独立的，而是相互联系、相互制约的。每个政策的目标和作用方式都可能会影响其他政策的制定和实施，也会影响各级管理主体和市场参与主体的经济预期、参与的积极性、具体的发展规划等。因此，政策的变动不能过于频繁，应保持政策的稳定性和连续性。文化创意产业的政策既有总体性的政策，也有具体的行业政策；既有中央相关部门出台的政策，也有不同省市制定的区域性政策。由于政策间相互联系、相互影响，保持政策的系统性和协调性是当前的首要问题。

目前我国还没有统一的、具有领导性的促进文化创意产业发展的综合性专责机构。我国的文化创意产业分属多个部门管理，如文化和旅游部、国家广播电视总局等。文化创意产业政策的执行需要多个部门的协同配合才能完成。从当前的发展趋势来看，产业融合是必将进行的，文化创意产业的跨部门配合、互相协调来保持政策的稳定性和连续性也变得越来越重要。

（三）通过政策组合来扩大政策的效应

近年来，中央财政为文化创意产业提供了强有力的财政支持保障。但是，财政投入效率不高的问题仍然存在。究其原因，财政管理体制、财政投入模式和现行的文化管理体制、文化发展形势、文化产业的特殊性没有对接好占主要方面。面对新形势、新挑战，运用财政、金融、税收等政策间的组合，将会产生扩大的政策效应。从我国已经出台的许多税收优惠政策来看，这些税收政策总是散落于各个税种之间，优惠范围、优惠手段缺乏协调和配合，存在方法单一、效果不突出等问题。在现行税法中，涉及文化创意产业的税收政策大多以临时通知为主。要想发挥国家财政资金的杠杆作用，就必须与其他领域的各项政策密切配合，带动社会资金的投入。[①]随着我国经济的快速发展，社会和民间资本积累较快，资本市场已经初步形成，但

---

① 许一帆.文化产业金融支持机制创新探索［J］.生产力研究，2013（7）.

缺乏相应的引导机制。财政资金是有限的，只有通过财政资金的杠杆作用，才能促进文化创意产业的投资主体多元化、融资渠道多元化，才能构建完善的创意产业投融资体制，带动银行、金融机构、社会资本的投入。

（四）结合自身优势合理定制战略规划

从国家层面来看，文化创意产业的发展规划应结合自身的优势和国家的未来发展定位，制定科学、合理的发展目标。例如，可以将技术特征明显（如网游、软件设计等）和精神体验（如广播电视、旅游等）等一些市场竞争力相对较强的行业作为未来一段时期的发展重点。从各行业来看，相比于国家从宏观层面对文化创意产业进行规划，具体的行业规划则更加注重中观层面的具体发展目标和微观层面的具体措施。在制定行业的中长期规划的时候，要深入了解行业发展的挑战和机遇，分阶段制定目标，确立具体的发展内容和发展重点。从地方层面来看，各省、市要根据本地的发展基础、资源条件、发展环境等因素，依据国家的宏观政策目标，制定本地文化创意产业发展的中长期发展规划。地方性的中长期发展规划应充分体现本地的特色，突出针对性，强化对本地文化创意产业发展的指导意义。

三、政府引导市场与文化创意企业发展

各级政府在制定文化金融政策和推动文化金融创新时，迫切需要减少"拉郎配"的行为，也要避免"拍脑袋"式政策下的"跑马圈地"。如文化金融产业园区建设、文化要素市场的布局等。最终应该真正转向以市场化机制为主线，创造文化与金融"自动聚合"的内在模式。在发展文化创意产业的初级阶段，政府起着不可替代的、自上而下的主导作用。但是随着文化创意产业的发展，政府的主导作用将不利于激发文化创意企业的积极性和创造性，使得它们对政策的依赖性加强。[1] 所以，我们需要彻底地转变政府的职能，按照"政府引导、市场主导、企业主体"的发展模式，通过政策引导，引入市场机制，拓宽文化产业的融资渠道。

---

[1] 邹超.我国文化创意产业政策现状、问题及对策分析［J］.内蒙古财经大学学报，2013（3）.

政府财政资金对文化产业的投入是有限的，要发展文化产业，还必须引入市场机制，通过财政政策的引导，鼓励社会力量投资文化企业。

（一）引导文化创意产业投融资机制创新

建立多元的文化产业融资渠道，健全文化产业的投融资体系。比如，大力推进以版权融资为核心的知识产权融资，版权融资是商标、专利权质押贷款的延续和深化，也是知识产权融资的重要组成部分。政府要更好地发挥引导、推动作用，鼓励国有资本成立的风投基金进入文化创意产业，鼓励商业银行构建以项目评估为主体的贷款风险评估机制，着手开发适用于文化创意中小企业的信用风险评估体系，扶持企业渡过创意初期的难关，然后再适时退出。

进一步拓宽多元化融资渠道，引导社会资金进入文化创意产业，形成多渠道、多形式的产业融资体系。鼓励文化创意企业利用企业债券、公司债券、短期融资、中长期票据、中小企业集合票据、资产债券、外汇信用凭证等多种金融工具，拓展融资渠道；要放宽政策，允许社会资本、养老基金、保险基金等设立文化创意产业发展基金，鼓励其建立文化类信托投资公司，发起文化创意产业专项信托计划，重点扶植中小文化创意企业；同时要发挥资本市场的融资功能，加强适合创业板市场的中小文化创意企业项目的筛选、培训、辅导和推介工作，鼓励成长性文化创意企业通过中小企业板、创业板上市融资；鼓励已经上市的企业通过公开增发、定向增发、企业债券等再融资形式进行融资、并购和重组；支持、引导社会资本以股份制、联营、独资等形式，参与兴办国家政策许可的影视制作、放映、演艺、娱乐、书报刊印刷、发行、会展、中介服务等文化创意企业。

（二）出台相关优惠政策引导文化产业利用社会资金的力度

政府要进一步降低对中小文化企业的融资门槛设置，如在国家政策允许的范围内制定专门的收费和税收政策，给予文化企业和机构更多的财税政策优惠，降低文化企业经营的边际成本，使有发展前景的中小文化企业在发展的初期阶段，就能在政策的支持下得到一定的财政拨款支持或得到充足的社会发展资金，以更好地推动文化产业的发展。同时，要适应新的市场经济环境的要求，对政府财政投入的一些公益性领域，也要逐步从"养单位"为主向"买服务"为主转变，以激发各类文化生产企业的积极性，维护市场公平。另外，健全相应的融资担保体系，优化文化金融产业专项资金评估政策，建立健全对文化产业拨款资金合理有效的绩效评价机制。建立起行之有效的、无论是公益性的文化事业单位还是经营性的文化企业单位都共同执行的文化产业拨款、资金使用有效的绩效评价机制，这套机制要从文化产业的特殊规律出发，兼顾文化产业的意识形态性质，从经济效益和社会效益两方面切入进行绩效评价，并且要按照经营绩效评价的结果对财政资金申请的文化产业单位实行优劣排序，按效率安排财政资金。

四、政策流程与可操作性

要解放思想，转变观念，在充分认识文化产业意识形态特性的同时克服在文化金融产业政策上的放宽了"怕出事"的思想，要充分尊重文化金融产业的经济属性和其自身的发展规律，制定出适合文化金融产业发展的新政策。要弥补目前文化金融产业政策相对滞后、缺失的缺陷，清理已有的法律法规及规章，对已经过时的条文进行修改，依据中国文化金融产业的现实需要，建立健全相关的法律法规，做到有法可依。要加强对文化金融产业的保护性、扶持性政策，强化文化金融产业政策的可操作性，要提高政策的科学化水平和民主化程序，注重政策的稳定协调性，并制订周密的、配套的政策实施计划，使文化金融产业的各项政策具有可操作性。建立并完善中国文化金融产业政策，是落实国家加快文化产业振兴发展规划的必然要求；是适应社会主义市场经济、适应文化产业发展规律、切实转变财政投入方式的积极探索；是发挥财政资金示范和杠杆作用，引导和带动社会资本投入文化产业领域，推动构建完善的文化产业投融资机制的重要手段，对于全面实施国家文化发展战略，推动文化产业又好又快发展，将产生重大而积极的意义。

五、财政投入与政策监管

（一）加大政府对文创金融产业基建、人才财政投入

文化产业的发展离不开政府的政策引导和财政资金的扶持。但从公共财政的角度来看，在信息不对称和供给资金有限的条件下，财政资金在一般情况下会优先提供给实力较强的国有企业，而文化产业作为新兴产业，尤其是文化产

业中的中小企业，都是正处在发展起步阶段的非国有文化企业，它们大多都很难得到相应的资金支持，基本处于自我求生存和发展的无助状态，目前的投资方式不利于文化产业的发展。因此，要从政策上加以引导和规定，加大政府对文化产业的财政资金支持力度，尤其是要加大对文化产业中小型企业的融资支持。从市场投资的角度来看，针对文化产业的投资无论是用于文化基本建设投资，还是用于文化知识产权投资和用于培育文化战略后备资源的投资，其投资周期都比较长，风险也相对大，加上文化意识形态的属性，还常常出现市场失灵的情况。因此，"公共财政要在这个方面介入文化产业的发展，以弥补市场失灵和市场缺陷，推动文化市场经济的正常运行，以改进文化产业投入资源配置效率形成有效的产业生产链"。"要建立制度化的政府公共财政对文化产业的资助补偿机制，建立并完善支持文化产业发展的财政政策，如通过设立文化专项扶持基金支持文化产业的发展，还可以通过对文化企业实施税收减免等优惠政策，比如降低税率、完善文化产业投融资中的差别税率政策、通过优惠的税收政策鼓励企业和个人的捐赠及赞助行为等，鼓励文化产业的发展"。另外，进一步完善文化事业建设费征用和专项资金制度。例如，从1997年1月1日起我国开始在全国范围内开征的文化事业建设费，征收方法是按照各营业性娱乐场所和广播、电视、报纸、期刊等广告媒介以及户外广告经营单位等的营业收入的3%征收，文化事业建设费的征收和使用在一定条件下有力地推动了中国公益性新闻出版业的发展。政府对文化产业的投入，不应是"撒胡椒面式"的面面俱到，而是要科学合理地制定文化产业发展规划，界定财政支持文化产业的范围，突出支持重点，要向基本公共文化需求倾斜、向农村文化建设倾斜、向保障文化行政管理部门转变职能倾斜。另外，文化产业中的公益性部分、涉及国家安全的文化产业和文化服务基础设施，以及代表国家水准和具有民族特色的艺术院团等，也应该成为财政对文化产业的投资重点。

（二）加强政策监管机制

确保投资效益随着中国文化金融产业规模的不断扩大，文化产业专项资金的额度将不断增加，这对优化中国文化金融产业投融资资金及专项资金评估政策的出台提出了迫切的要求。要尽快出台效果评估和监督政策，优化文化产业投融资资金和专项资金的评价过程，完善资助项目申报标准、申报流程和评审规则，合理确定资金投向；还要按照科学化、精细化管理要求加强资产财务监管，特别是要对文化专项资金的使用效果进行评估，提高资金的使用效率，确保国有资产保值增值，提高国家财政资金使用效益。此外，还要从制度上进一步规范文化企业的产权管理、重大事项决策、经营者业绩考核等，为文化产业的健康发展提供保证。

主要参考文献

[1] 蔡灵芝.国外文化产业金融支持模式及启示[J].合作经济与科技,2016(24).

[2] 常玉娥.浅议文化创意产业及其辐射影响力[J].当代经济,2012(12).

[3] 陈亚伟.中国文化产业对经济增长影响的实证分析[J].经济研究导刊,2017(26).

[4] 陈怡.文化金融专营机构发展模式[J].中国金融,2015(20).

[5] 郭玉志.基金打通产业融资链[N].中国企业报,2010-06-02.

[6] 韩健.福建:发挥财政职能作用 推进海洋经济发展[J].中国财政,2015(22).

[7] 侯英.文化产业金融支持体系创新研究[J].经济问题,2016(3).

[8] 贾旭东.全球化背景下的中国文化产业政策及其影响[J].同济大学学报(社会科学版),2009(3).

[9] 兰建平,傅正.创意产业、文化产业和文化创意产业[J].浙江经济,2008(4).

[10] 李春影.中国文化产业经济增长影响因素的实证研究[J].时代金融,2016(15).

[11] 李嘉珊.国际文化贸易研究[M].北京:中国金融出版社,2008.

[12] 李文群.中国文化产业发展的财政与金融政策研究[M].北京:中国财

政经济出版社，2009.

［13］李晓君.金融支持文化产业发展探究：以潍坊市为例［J］.潍坊学院学报，2015（1）.

［14］李燕华.重庆市文化产业与金融合作策略研究［D］.重庆：重庆大学，2015.

［15］李镇西.中国文化金融导论［M］.北京：中国书店出版社，2013.

［16］林霆.南京河西CBD科技文化特色金融服务体系建设探讨［J］.江苏科技信息，2015（1）.

［17］刘惠坚.基于高技能创意产业人才培养的对策研究［J］.科技管理研究，2012（24）.

［18］栾相科.政府引导起步 机构积极响应：产业投资基金典型案例［J］.中国战略新兴产业，2016（18）.

［19］沐牧.保定市高校文化创意产业人才培养机制研究［J］.产业与科技论坛，2015（24）.

［20］沈杰，周继洋，王雯莹.上海文化创意人才认定标准和发展环境［J］.科学发展，2018（5）.

［21］宋俊平.当前我国金融支持文化产业面临的主要问题、国外经验及启示［J］.现代经济信息，2012（20）.

［22］王彤玲.审美经济时代文化创意产业人才培养模式的转变［J］.科技经济导刊，2016（28）.

［23］魏鹏举.中国文化产业投融资的现状与趋势［J］.前线，2014（10）.

［24］西沐.文化金融：文化产业新的发展架构与视野［J］.北京联合大学学报（人文社会科学版），2014（1）.

［25］西沐.中国艺术金融产业引论［M］.北京：中国书店出版社，2012.

［26］西沐.中国艺术品市场概论［M］.北京：中国书店出版社，2009.

［27］奚建华.从文化产业到文化创意产业：现实走向与逻辑路径［J］.浙江学刊，2007（6）.

［28］徐丹丹.北京文化创意产业发展的金融支持研究［M］.北京：经济科学出版社，2011.

［29］徐鹏程.金融资本与文化产业融合障碍何在［J］.印刷杂志，2016（11）.

［30］许一帆.文化产业金融支持机制创新探索［J］.生产力研究,2013（7）.

［31］杨涛,金巍.中国文化金融发展报告（2017）［M］.北京：社会科学文献出版社,2017.

［32］杨涛,金巍.中国文化金融发展报告（2018）［M］.北京：社会科学文献出版社,2018.

［33］余晓泓.美国文化产业投融资机制及启示［J］.改革与战略,2008（18）.

［34］喻静,林孔团.浅析文化创意产业相关概念［J］.经济研究导刊,2012（30）.

［35］袁世一.加快文化金融发展的对策研究［J］.中国管理信息化,2015（3）.

［36］张彬.中日文化产业投融资比较［J］.商业经济研究,2012（4）.

［37］张洪生,金巍.创新的力量：美丽中国建设路径探析［M］.北京：中国传媒大学出版社,2014.

［38］张洪生,金巍.中国文化金融合作与创新［M］.北京：中国传媒大学出版社,2015.

［39］赵敏祥.中外城市创意人才培养的实践与启示［J］.现代经济,2013（5）.

［40］郑敏.走向开放的中国文化金融政策环境分析［J］.科技情报开发与经济,2014（21）.

［41］邹超.我国文化创意产业政策现状、问题及对策分析［J］.内蒙古财经大学学报,2013（3）.

后记

"文化",就其性质而言,是人类在社会历史发展进程中,在创造物质财富过程中创造的精神财富。"文化"与经济金融的关系,是灵魂和躯体的关系。经济是一个国家的躯体,文化是一个国家的灵魂。中华民族珍贵的文化遗产是我国文化产业发展的源头活水,是中国发展的根脉,是我国文化自信的底气。习近平总书记指出:"中华优秀传统文化是中华民族的精神命脉,是涵养社会主义核心价值观的重要源泉。"培育、弘扬与践行社会主义核心价值观,不能离开中华优秀传统文化。让文化通过金融的支持,更好地升华为民族认同感、亲和力与凝聚力,为增强文化自觉与文化自信贡献力量。当前大力发展文化产业,是党和国家在新形势下提出的重要国家战略。要实现我国文化产业的不断发展,一方面要挖掘历史文化当代价值,探索传统文化的现代表达,通过文化创意产品传承中国传统文化,打造中国文化的市场品牌;另一方面要积极探索金融在文化产业的创新性应用,大力创新文化金融生态。在科技创新引领文化创意产业的发展过程中,强有力的资本保障是推动文化创意产业改革和结构升级的关键。

文化创意产业作为从现代服务业独立出来的一个以创造力为核心的新型产业,它是文化、创意、创新、经济、科技等诸多要素交互融合发展而成的产物,是新经济时代具有创造财富巨大潜力的重要阵地。文化创意与金融要融合的初衷,是文化的产业发展需要金融的助力,而金融的发展也需要文化产业的各种产品和内容。文化是核心,为魂,为本;金融是助力,为器,为用。两者相生相融，互为促进。文化产业金融化的过程正在成为文化创意产业发展的一种积极的建设性的推动力量。随着文化经济的发展，金融日益广泛地影响着文化产业和文化事业的方方面面，金融配置文化产业资源、调节文化经济、服务文化发展的功能越来越得以体现。

中国"文化创意+"金融发展的问题既蕴含着国际文化金融问题的一般性，又有自己的特殊性。既需要探索和总结我国用金融推动文化产业的发展的有效做法，也要吸取各个国家及地区在以金融创新助力文化传承与繁荣的经验。在此方面，政府部门、金融机构、研究机构及理论界学者都给予了大力关注。中央及各部委就文化体制改革及文化金融融合的顶层设计出台了多个文件；地方各级政府和各金融机构对文化金融进行了积极的探索和努力。从各类与文化金融相关的政策文件和实际层面产融互动的演变看，我国文化创意与金融融合就是从"支持"到"合作"的过程，文化创意产业和金融的互动呈现层层递进的关系。在学术界层面，杨涛、金巍等每年出版的《文化金融蓝皮书：中国文化金融发展报告》深度追踪了我国文化金融在政策引导、技术革新、需求变动等多种因素的影响下不断展现出新的产业动态、特征及发展趋势；西沐、徐鹏程、魏鹏举等就文化金融的本质、金融资本与文化创意产业融合路径等多方面展开了丰富的研究。这些研究成果集合了理论层面的探讨，也体现在实践层面的政策建议。同时也为本书积淀了大量素材，提供了研究的思路。本书从框架的制定、内容的撰写吸取了众多前人的成果，目的是从多方面总结并加强对我国文化创意与金融融合发展研究。在此，对前人的研究在本书的贡献表示感谢！此书的写作过程中，王里瑶、曹黛茜、邱思琪、瞿盼望、刘碧等同学在资料收集及部分章节的初稿撰写工作中做了大量的工作。

文化创意产业的发展需要金融的支持，同时，当代金融的创新也需要与文化创意产业相融合。随着文化产业领域市场化程度进一步提高，现代数字技术和移动互联网的影响力日渐深入，文化创意与金融融合所呈现的新业态、新模式将得到进一步发展。

2019年3月